어린이/비인간의 목소리

호모 아토포스 라이브러리 03

어린이 / 비인간의 목소리

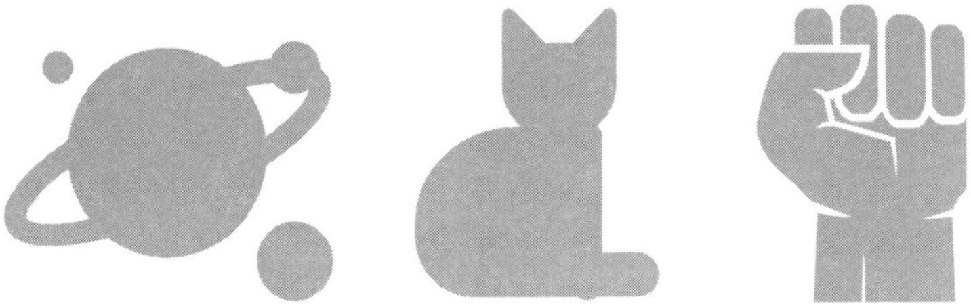

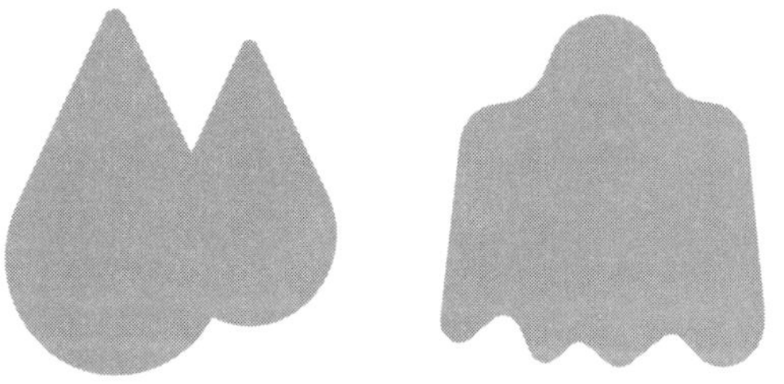

고지혜 · 권선경
이은우 · 장영은
최기숙 · 최빛나라
최은혜 · 허윤

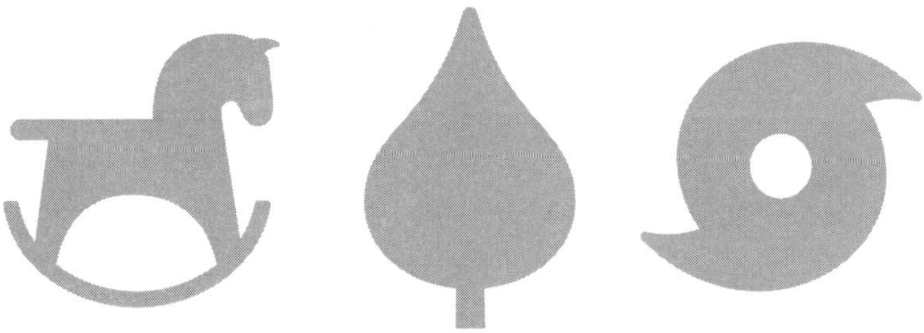

보고사
BOGOSA

호모 아토포스 라이브러리 발간사

　고려대학교 민족문화연구원은 2022년 한국연구재단의 인문사회연구소지원사업에 선정되어 〈호모 아토포스의 인문학: 한국 문학/문화의 '이름 없는 자들'과 비정형 네트워크〉라는 주제의 연구를 시작했습니다. '호모 아토포스'라는 개념을 창안하고, 이를 하나의 인식틀로 삼아 한국 문학/문화 연구의 패러다임 전환을 시도하고자 하는 연구입니다. '호모 아토포스'란 희랍어 '토포스(Topos)'에 결여 혹은 부정의 접두사 '아(a)'가 결합한 말로서 어떤 장소에도 고정될 수 없거나 정체를 헤아릴 수 없는 존재 및 상태를 의미합니다. 요컨대 호모 아토포스는 시공간/국적/인종/종교/지역/성별의 경계를 성찰하게 하는 존재이며, 무수한 경계 안팎에 대한 예리한 시각을 소유한 존재라고 할 수 있습니다. 본 연구팀은 앞으로 젠더/섹슈얼리티, 장애/질병, 비인간 등을 교차하며 이들 존재를 여러 각도로 조명하여 그 구체적 형상을 그려보고자 합니다. 이 연구를 통해 그동안 우리 사회에서 쉽게 명명되지도, 명확하게 규정되지도 않아 왔던 호모 아토포스들이 가시화됨으로써 기존 질서와 체계를 반성적으로 사유하고 새로운 길을 모색할 수 있는 가능성이 확인될 수 있길 기대합니다.

　포스트 팬데믹, 기후 위기, 국가 분쟁 등 현재 우리가 당면한 문제들은 더 이상 국지적인 차원에 한정되지 않습니다. 재난에 의해 '자리를 잃은 자'는 누구이며 어떻게 생겨나고 어떤 방식으로 살아가는가에 관한 고찰은 시대적 요청에 응답하는 일인 동시에 사회적 공통 의제를 제시하는 인문학 본연의 책무를 다하는 것이기도 합니다. 우리 사회의 빛과 그늘을 드러내는 중요한 존재로 호모 아토포스를 의미화하는 것 또한 조금이나마 시대적 책임을 짊어지는 일일 수 있다고 생각합니다. 〈호모 아토포스 라이브러리〉는 연구 성과들을 모은 총서로서 학술서·번역서·인문 교양서 등으로 구성됩니다. 이 총서를 접하는 많은 이들이 '호모 아토포스의 인문학'을 통해 우리 사회 속 '이름 없는 자들'의 자리와 몫에 대해 다시금 성찰해 볼 수 있길 희망합니다.

2025년 5월
연구책임자 이형대

책머리에

『어린이/비인간의 목소리』는 고려대학교 민족문화연구원 〈호모 아토포스의 인문학: 한국 문학/문화의 '이름 없는 자들'과 비정형 네트워크〉 연구팀의 2차년도 세부 주제인 '호모 아토포스×어린이×비인간'을 중심으로 한국 문학/문화 속에서 발견되는 구체적 사례들을 분석하여 그 성과들을 집약한 결과물이다. '어린이'와 '비인간'은 오랫동안 '보편 인간'에 대한 타자로 규정되고 또한 인식되어 온 존재이다. 이들을 중심에 놓고 고찰하는 작업은 '인간' 중심의 인식틀을 비판하고 인간 바깥의 생 존재를 사유하려는 방법론적 실천에 해당한다. 우리 연구팀은 어린이와 비인간을 통해 사회적 소외의 양상을 새롭게 조망하고, 인간 중심적 휴머니즘의 위계와 경계를 해체할 수 있는 대안적 인문학의 가능성을 모색하고자 했다.

먼저 제1부는 기존의 인간 중심적 인식틀에 도전하고, 비인간 및 소외된 존재들의 목소리를 통해 현실 사회의 위계와 차별, 그리고 인간 내면의 폭력성을 드러내는 연구들을 수록하고 있다. 최빛나라의 「배회하는 비인간」은 중국의 「모란등기(牡丹燈記)」가 베트남과 일본에서 각각 「목면수전(木棉樹傳)」, 「모란등롱(牡丹燈籠)」으로 번역·번안된 양상을 면밀히 검토함으로써 인간과 비인간의 관계를 다층적으로 분석한다. 이 연구는 동일한 원천 텍스트가 동아시아 각 지역에서 어떻게 다르게 변용되고 해석되는지를 비교하면서, 인간 중심 담론이 초래하는 폭력성과 비인간화 문제가 서사적으로 고발되는 양상을 살핀다. 번역과 번안을 거치며 형성된 동아시아의 '인귀(人鬼)' 서사는 인간과 비인간의 경계를 흔들며 그 경계 너머에서 발생하는 차별과 억압, 내면화된 폭력성을 드러낸다. 본 연구는 기존의 인간 중심적 인식 틀에 대한 비판적 성찰과 함께, 인간 외 존재와의 새로운 소통 및 공존의 가능성을 제시한다는 점에서 중요한 의의를 지닌다. 허윤의 「'일할 수 없는 몸'을 전유하는 페미니스트 SF의 상상력」은 로봇이나 인조인간이 인간을 노동에서 해방시킬 것이라는 기대와 달리, 근대 시민권 체계에서 노동이 시민의 의무이자 권리 획득의 전제 조건으로 작동하는 구조를 비판적으로 분석한다. 허윤은 노동 가능한 신체를 가진 자만이 시민권을 향유할 수 있는 현실 속에서, 장애인·퀴어·여성 등 '일할 수 없는 몸'으로 규정된 존재들이 배제되는 현실에 주목한다. 또한, 과학기술이 신체의 한계를 극복해 비장애중심주의를 개선할 것이라는 트랜스휴머니즘적 기대가 오히려 사회적으로 구성된 신체 판정 기준 앞에서 한계를 드러냄을 지적한다. 이 연구는 근대 시민권 체계와 능력주의적 가치관의 문제를 비판적으로 성찰하며, 향후 트랜스휴머니즘 및 페미니스트 이론 발전에 중요한 함의를 제공한다.

제2부에서는 아동 주체가 형성되고 문화 정체성이 확산되는 과정을 다각도로 살폈다. 최기숙의 「'신대한소년'과 '아이들보이'의 문화생태학」은 1908년부터 1911년까지 발간된 월간지 『소년』과 후속 어린이 월간지 『아이들보이』를 중심으로, '소년'이 단순한 연령 개념을

넘어 근대적 자질과 문화적 감각을 갖춘 새로운 역사적 주체로 형성되는 과정을 분석한다. 이 연구는 『소년』이 '신대한소년'과 '세계인'으로 성장하는 젊은 주체를 배출하는 문화적 장으로 기능했으며, 『아이들보이』가 어린이들이 문학과 놀이를 통해 근대 문화를 체험하도록 기획된 매체임을 밝힌다. 이 연구는 당시 매체가 근대적 주체 형성과 문화 정체성 확산에 미친 영향을 재조명함으로써, 한국 근대 문화의 기원을 이해하는 데 중요한 이론적·역사적 시각을 제공한다. 최은혜의 「프로문학 진영의 사회주의 아동 만들기」는 문예 대중화 논쟁 이후 프로문학 진영이 아동 대중을 확보하고 의식화하기 위해 펼친 전략을 분석한다. 1930년대 『별나라』와 『신소년』은 '동심을 가진 어린이'가 아닌 혁명을 이끌어 갈 사회주의 아동을 주체로 설정하여 전인적 사회주의 아동 만들기를 시도한 실천의 장으로 기능했다. 이 연구는 과학적·사회주의적 지식 보급, 문학을 통한 정동 형상화, 그리고 독자 대중의 직접 참여 독려라는 세 가지 대중화 전략을 통해, 두 잡지가 아동 대중을 대상으로 한 독창적인 문화 생산의 핵심 역할을 어떻게 수행했는지를 면밀히 조명한다. 최은혜의 분석은 아동이 단순한 소비 대상이 아니라 중요한 정치·문화적 주체로 구성되었음을 밝힘으로써, 한국 근대 문화 연구와 이념 동원 연구에 새로운 시각과 이론적 함의를 제공한다. 장영은의 「트라우마의 반복적 재현과 수행성」은 다큐멘터리 〈폴란드로 간 아이들〉을 중심으로, 한국전쟁 고아들이 폴란드에서 겪은 트라우마가 단순히 소멸되거나 잠재되는 것이 아니라, 새로운 관계 형성과 치유의 원천으로 전환되는 과정을 면밀히 분석한다. 이 다큐멘터리는 1951년부터 1959년까지 폴란드로 이송된 약 6,000여명의 전쟁고아들과 그들을 돌본 폴란드 교사들이 언어와 문화의 장벽을 극복하며 상처를 공유하고 환대를 실천한 경험을 조명한다. 또한, 트라우마가 반복적으로 재현되는 과정을 통해 과거의 고통이 현재의 기억과 정체성 속에서 지속적으로 재구성됨을 분석함으로써, 캐시 커루스가 주장한 '트라우마의 수행성'과 '상처의 연대' 개념을 실천적으로 드러낸다. 이 연구는 트라우마적 기억이 오늘날 사회와 문화에서 어떻게 의미를 재생산하고 치유와 상호 이해의 기반을 마련하는지에 대한 중요한 통찰을 제공한다.

제3부에서는 전통과 현대의 문화적 가치와 정체성이 다양한 미디어 콘텐츠 속에서 어떻게 재구성되고 전승되는지를 다각도로 탐구한다. 이은우의 「생명/서사의 탄생과 돌봄을 주관하는 삼신 신격의 특성」은 전통 무속 신앙에서 출산과 양육을 담당했던 삼신 신격을 드라마 〈도깨비〉를 통해 재해석한다. 드라마 속 삼신은 붉은 의상과 푸성귀 같은 문화 코드를 활용해 모성의 상징성을 효과적으로 표현하며, 전통적 돌봄 관행을 기반으로 유사 가족 관계를 형성하여 자본주의적 위계 질서를 재구성한다. 또한, 삼신은 스토리텔러의 역할을 수행함으로써 인간뿐 아니라 비인간까지 포괄하는 새로운 관계망과 돌봄의 연대를 만들어낸다. 이은우는 삼신 신격이 전통적 생명 창조와 돌봄의 가치를 현대 서사로 어떻게 확장·전승하는지를 밝혀내어, 현대 사회 문제 해결에 있어 돌봄의 연대가 가지는 중요성을 강조한다. 고지혜의 「1980년대 이티(E.T.)의 문화사」는 한국 아동청소년 문화사에서 ET콘텐츠가 가지는 의미를 고찰한다. 전통적 SF 요소와 달리, 〈E.T.〉는 '지구 방문' '약하지만 다정한 외계인' '외계인과 감정의 동기화' '지구 어른들로부터 외계인 친구의 수호'를 중심으로 두 문화의 접촉

을 재구성한다. 이처럼 이티라는 지적인 외계 생명체와 지구 어린이의 만남은 기존의 적대적 SF 이미지를 전복시키고 긍정적 문화 접촉의 전환점을 마련하였다. 고지혜의 연구는 이러한 분석을 통해 1980년대 한국 아동청소년 문화와 크로스미디어 스토리텔링의 새로운 전환점을 이해하는 데 중요한 학문적 통찰을 제공한다. 한편, 권선경의 연구는 어린이 애니메이션 〈신비아파트〉 시리즈에 나타난 무속적 해원구조의 콘텐츠화 양상과 그 의미를 분석한다. 이 연구는 〈신비아파트〉가 전통 무속 신관념에 기반한 해원굿을, 개별 원혼들을 승천시키는 '내화'와 이를 가능하게 하는 구조적 장치인 '외화'로 재구성하는 과정을 밝힌다. 특히, 무속적 신관념이 원혼을 고스트피규어로 전환시켜, 해당 원혼이 개별 회차에서 퇴장하지 않고 고스트볼을 통해 지속적으로 소환되는 방식과 무속의 원혼 인식 틀을 넘어 어린이 원혼까지 확대된 점을 주목한다. 이 연구는 〈신비아파트〉가 전통 무속의 해원 구조를 현대 애니메이션 콘텐츠로 재구성함으로써, 문화적 정체성과 소외된 존재에 대한 인식을 확장시키는 데 기여함을 밝힌다. 또한, 전통적 신관념이 현대 서사 속에서 어떻게 변용되고 사회문화적 기억을 계승하며 새로운 미디어 환경에 적응하는지를 드러낸다.

『어린이/비인간의 목소리』에 담긴 사례와 분석은 단순히 학문적 호기심에 머무르지 않는다. 사회 곳곳에 깊게 뿌리내린 위계와 차별의 구조를 되돌아보게 하고, 긴 시간 주변부로 밀려나있던 어린이와 비인간의 목소리에 다시금 조용히 귀 기울이게 한다. 잊혀지거나, 말해지지 못했거나, 혹은 말할 수 없도록 만들어진 존재들의 삶은, 이제 더 이상 소수자·타자의 자리에만 머물러 있지 않다. 이 연구서는 그들의 자리를 되묻고, 인간 너머의 생과 감각에 대한 새로운 사유를 촉진하는 사유의 지평을 제시하고자 한다. 이 책을 펼치는 독자들 또한 그 낯설고 미묘한 목소리들 속에서 자신만의 반향을 찾아내고, 그것이 자신이 속한 세계를 새롭게 바라보는 눈으로 이어지길 바란다. 익숙함을 넘어서는 질문, 들리지 않았던 존재들의 숨결, 그리고 사라지는 것들과 맺는 관계의 방식 속에서 우리 모두가 보다 넓고 유연한 공존의 상상력을 나눌 수 있기를 희망한다.

2025년 5월
저자 일동

차례

호모 아토포스 라이브러리 발간사 ··· 5
책머리에 ··· 7

제1부

비인간의 목소리

배회하는 비인간 | 최빛나라 ··· 19
1. 들어가며 ·· 19
2. 「모란등기」, 초인간에 의한 (비)인간의 굴복 ······················ 25
3. 「목면수전」, 인간의 '비인간적' 횡포 ··································· 34
4. 「모란등롱」, 비인간에 대한 '인간적' 대우 ··························· 43
5. 나가며 ·· 47

'일할 수 없는 몸'을 선유하는 페미니스트 SF의 상상력 | 허윤 ··· 53
1. '노동하는 시민'이라는 형상 ··· 53
2. 일할 수 없는 몸을 생산하는 사회 ·· 57
3. 비장애중심주의(ablism)와 역진화의 시간 ··························· 64
4. 비인간의 인식론과 성차의 탈자연화 ···································· 71
5. '일할 수 없는 몸'의 경계를 넘어가기 ·································· 79

제2부

어린이라는 주체

'신대한소년'과 '아이들보이'의 문화 생태학 | 최기숙 ⋯ 85

1. '소년'이라는 근대적 문화 주체 ⋯⋯⋯⋯⋯⋯⋯⋯⋯⋯⋯⋯⋯⋯ 85
2. '신대한소년', 신문화 주체의 탄생 ⋯⋯⋯⋯⋯⋯⋯⋯⋯⋯⋯⋯ 87
3. '신대한소년'의 문화적 소양과 자질 ⋯⋯⋯⋯⋯⋯⋯⋯⋯⋯⋯ 99
4. 근대적 신생아, 『아이들보이』의 문화적 역할 ⋯⋯⋯⋯⋯⋯ 111
5. 근대적 '어린이', '어린이 문화'의 서곡 ⋯⋯⋯⋯⋯⋯⋯⋯⋯ 118

프로문학 진영의 사회주의 아동 만들기 | 최은혜 ⋯ 121

1. 예술대중화의 시대, '아동 대중'의 발견 ⋯⋯⋯⋯⋯⋯⋯⋯⋯ 121
2. 과학적·사회주의적 지식의 보급 ⋯⋯⋯⋯⋯⋯⋯⋯⋯⋯⋯⋯ 127
3. 노동하고 투쟁하는 아동의 정동 형상화 ⋯⋯⋯⋯⋯⋯⋯⋯ 135
4. 무산 아동 독자의 참여와 실천 독려 ⋯⋯⋯⋯⋯⋯⋯⋯⋯⋯ 141
5. 결론 ⋯⋯⋯⋯⋯⋯⋯⋯⋯⋯⋯⋯⋯⋯⋯⋯⋯⋯⋯⋯⋯⋯⋯⋯⋯ 147

트라우마의 반복적 재현과 수행성 | 장영은 ⋯ 151

1. 폴란드에 위탁된 한국전쟁 고아들 ⋯⋯⋯⋯⋯⋯⋯⋯⋯⋯⋯ 151
2. 상처의 연대는 어떻게 가능한가? ⋯⋯⋯⋯⋯⋯⋯⋯⋯⋯⋯⋯ 155
3. 침묵과 증언 ⋯⋯⋯⋯⋯⋯⋯⋯⋯⋯⋯⋯⋯⋯⋯⋯⋯⋯⋯⋯⋯ 161

제3부

미디어의 재현

생명/서사의 탄생과
돌봄을 주관하는 삼신 신격의 특성 | 이은우 ··· 169

1. 들어가며 ·········· 169
2. 기록으로 살펴보는 삼신 신격의 특성 ·········· 172
3. 드라마 〈도깨비〉에 투영된 삼신 신격의 특성 ·········· 181
4. 나오며: 삼신 신앙의 계승과 의의 ·········· 208

1980년대 이티(E.T.)의 문화사 | 고지혜 ··· 215

1. 문화현상으로서의 이티(E.T.) ·········· 215
2. 외계인에 대한 호기심과 크로스미디어 스토리텔링의 확산 ·········· 220
3. 한국적 토착화를 통한 SF 모험 서사의 확장 ·········· 236
4. 1980년대 한국 아동청소년 문화사와 ET콘텐츠 ·········· 249

어린이 애니메이션 〈신비아파트〉 시리즈에 반영된
무속적 해원구조의 콘텐츠화 양상과 의미 | 권선경 ··· 253

1. 어린이 애니메이션 〈신비아파트〉 시리즈에 주목하는 이유 ·········· 253
2. 〈신비아파트〉의 구성적 특성과
   무속적 해원구조의 콘텐츠화 양상 ·········· 256

3. 〈신비아파트〉 시리즈에 반영된
   무속적 해원 구조의 콘텐츠화의 의미 ··· 271
4. 맺음말 ··· 277

참고문헌 ··· 281

찾아보기 ··· 295

수록 논문 출처 ··· 299

제1부

비인간의
목소리

배회하는 비인간

동아시아 인귀교환(人鬼交驩)의 번역과
서사적 의미

최빛나라

I'll be back
- 영화 〈터미네이터〉(1984)

1. 들어가며

이 연구는 중국 소설 『전등신화(剪燈新話)』 속 「모란등기(牡丹燈記)」가 동아시아 곳곳에 전파되어 번역·번안된 양상을 인간과 비인간의 관계를 중심으로 살펴보고 그 특징을 분석하는 데에 목적이 있다. 그동안 동아시아 전기소설(傳奇小說)의 대표작으로서 지속적으로 비교 논의되었던 『전등신화』와 그 번역·번안 사이의 관계를 보다 새로운 방식으로 해석해보고자 하는 것이다.

중국 명나라의 작가 구우(瞿佑, 1341~1427)에 의해 쓰인 문어체 소설 『전등신화』는 베트남의 『전기만록(傳奇漫錄)』, 일본의 『가비자(伽婢子)』, 그리고 한국의 『금오신화(金鰲新話)』 창작에 지대한 영향을 끼쳤다. 베트남 작가 완서(阮嶼, ?~?)¹는 『전등신화』에 수록된 21여 편의 단편을 대부분 수용하여 『전기만록』이라는 이름으로 20편의 번안을 실었다. 일본 작가 천정료이(浅井了意, ?~1691)는 『전등신화』에서 16편, 『전등신화』의 속편이라 할 수 있는 이정(李禎, 1376~1451)의 『전등여화(剪燈餘話)』에서 2편, 김시습(金時習, 1435~1493)의 『금오신화』에서 2편을 번안하여 『가비자』에 수록했다. 『전등신화』 수록 작품에 대한 번역·번안 작업이 베트남과 일본에서는 대체로 모본과 일대일 대응으로 이루어진 반면, 한국의 경우 여러 단편을 한데 섞어 하나의 이야기로 재생산함에 따라 수록된 작품의 수가 5편으로 매우 적고, 내용 또한 여타 동아시아의 작품집과 비교해 차이가 크다. 본고에서 집중하고자 하는 「모란등기」의 번역·번안 역시 베트남과 일본에는 「목면수전(木棉樹傳)」과 「모란등롱(牡丹燈籠)」이라는 일대일 대응 작품이 있지만, 『금오신화』에는 해당하는 번역·번안 작품이 존재하지 않는다.

중국의 『전등신화』, 베트남의 『전기만록』, 일본의 『가비자』, 그리고 한국의 『금오신화』는 작자가 분명하고, 또한 여러 단편을 아우른 '집(集)'이라는 점에서 공통적이다. 이에 따라 그동안의 비교 논의에서는 주로 그 '소설집'이 작자의 개인 생애 및 의식과는 어떠한 관계를 가지는지, 혹은 작자가 살아간 당대 사회와는 어떠한 관련이 있는지에 대해 주목해왔다.² 즉 '소설집'을 관통하는 하나의 맥락을 통해 작

---

1 베트남에서는 작자명을 주로 '阮與'로 표기하고 응우옌 즈(Nguyễn Dữ)라고 읽으며 '阮璵·阮餘·阮嶼'로 표기된 판본이 있다고 설명한다. 본고에서는 『전기만록』을 한국어로 번역한 박희병, 『베트남의 기이한 옛이야기』, 돌베개, 2000 및 관련한 한국의 선행연구에 따라 '완서'로 표기하였다.

자 의식과 작품의 주제를 밝히는 데에 연구의 경향이 치우쳐 있었던 것이다. 그러나 '하나의 맥'을 벗어나서도 혹은 '다른 맥'을 찾는 방식으로도 이들 작품은 읽을 수 있고, 또한 읽어야 한다. 이는 근래 주춤해진 『전등신화』 및 그 번역·번안에 대한 비교 논의가 다시 활기를 띠게 하는 방식이기도 하다.

이 연구에서는 '소설집'이 아닌 '단편'의 비교를 통해서, 특히 하나로 꿰이지 않는다고 판단되어 왔던 특이 작품에 주목하여 이러한 작업을 수행하고자 한다. 바로 동아시아의 「모란등기」 계열 작품들이다. 「모란등기」 및 그 번역·번안작들은 '기이함을 전한다'는 '전기(傳奇)'의 특성이 여실한 작품이다. 이들 작품 속 주인공이라 할 수 있는 인간 남성은 귀녀(鬼女)를 만나 성관계를 맺고, 이후 귀녀에 붙들려 죽음에

---

2 한영환, 『한·중·일 소설의 비교연구: 『剪燈新話』, 『金鰲新話』, 『도기보오꼬』를 중심으로』, 정음사, 1985; 장개종, 「한·중·월 전기소설의 비교연구: 『金鰲新話』, 『剪燈新話』, 『傳奇漫錄』」, 성균관대학교 박사학위논문, 1994; 전혜경, 「한·중·월 전기소설의 비교연구: 『剪燈新話』, 『金鰲新話』, 『傳奇漫錄』을 중심으로」, 숭실대 박사학위논문, 1994; 김수성, 「금오신화와 전등신화의 비교 연구: 환경성과 시간 구조에 관하여」, 성균관대학교 박사학위논문, 1994; 최용철, 「중국 금서소설의 국내전파와 영향」, 『동아시아문학의 연구』, 국학자료원, 1997; 이학주, 「동아시아 전기소설의 예술적 특성연구: 『剪燈新話』, 『金鰲新話』, 『伽婢子』, 『傳奇漫錄』을 중심으로」, 성균관대학교 박사학위논문, 1999; 박희병, 「한국·中국·베트남 전기소설의 미적 특질 연구」, 『대동문화연구』 30, 성균관대 대동문화연구원, 2000; 이재성, 「금오신화 가비자의 비교 연구」, 대구대학교 박사학위논문, 2001; 박일용, 「금오신화와 전등신화에 나타난 애정 모티프의 형상화 방식과 그 의미」, 『민족문화연구』 35, 고려대 민족문화연구원, 2001; 정환국, 「금오신화와 전등신화의 지향과 구현화 원리」, 『고전문학연구』 22, 한국고전문학회, 2002; 김영호, 「전등신화의 전래와 동아시아」, 『일본문화연구』, 동아시아일본학회, 2011; 김수연, 「韓中日 傳奇小說에 나타나는 '鬼'와 '死'의 미학」, 『한중언어문화연구』 32, 한국중국언어문화학회, 2013.

이른다. 귀신이 된 남자는 귀녀와 함께 어울려 다니며 마을에 병을 일으키다가 인간계에서 결국 퇴장하게 된다.

베트남과 일본의 번안이 중국 작품을 모본으로 삼은 점은 주지의 사실이다. 이에 따라 동아시아 세 나라의 작품은 모두 생자(生者)와 사자(死者)의 교환(交驩)에서 비롯한 괴기 사건을 공통적으로 다루고 있다. 인간 세계에서 악행을 펼치는 귀신을 작품의 주인공으로 하여 비극적이지도 행복하지도 않은 결말을 맺고 있다는 점에서 「모란등기」와 그 번안 작품들은 "기괴함을 펼쳐보이는 데 주력하고 있는 듯한 소설"이라고 평가되었다. 『전등신화』 및 그 번역·번안의 대다수 작품이 실제 역사 속 난세를 배경으로 삼아 현실 사회에 대한 우의를 내포하고 있는 반면, 「모란등기」 계열은 "무목적의 목적"을 추구하여 이야기 자체의 흥미, 즉 유희적 취미가 미적 관심의 목적이 된 작품이라고 본 것이다.[3]

그러나 「모란등기」·「목면수전」·「모란등롱」을 '소설집'에서 분리해 살펴보면 이들 작품 역시도 분명한 목적성을 띠고 현실 세계에 대한 우의를 드러내고 있다는 사실을 알 수 있다.[4] '인귀교환'이라는 기

---

[3] 박희병, 「한국·중국·베트남 전기소설의 미적 특질 연구」, 『대동문화연구』 30, 성균관대 대동문화연구원, 2000, 64쪽. 이학주 또한 『동아시아 전기소설의 문학세계』, 북스힐, 2002, 148쪽에서 동아시아 전기소설의 대부분이 남녀 사이의 사랑을 주축으로 원한해소 및 애정장애를 극복하는 이야기를 담고 있지만, '간혹' 「모란등기」·「모란등롱」·「목면수전」 같이 귀신의 작폐를 물리치는 이야기도 있다고 하였다. 「모란등기」와 그 번역·번안을 '전기소설집'의 전체 주제에서 '간혹' 맥락을 벗어난 돌출된 작품들로 판단한 것이다.

[4] 김영호는 「『오토키보코(伽婢子)』의 비교문학적 고찰: 권3의 제3화 「보탄보로(牡丹燈籠)」을 중심으로」, 『일본학연구』 35, 170쪽에서 「모란등롱」이 일본문학사에서 가지는 중요성에 비해 선행연구가 상당히 부족하다고 지적하며, 그 이유를

묘하고 불가사의한 설정은 현실에서는 존재하지 않지만 상상 속에서는 실재하는 세계를 언어적으로 구축한다. 이를 통해 작품은 현실 세계가 누락시키거나 소외시킨 대상들에게 서사적 공간을 부여함으로써, 현실에서 은폐되거나 억압된 '타자'의 존재론을 드러내게 된다.[5] 그러한 맥락에서 "무목적의 목적"을 취한다고 평가되어 온「모란등기」류 역시 현실에서는 배제된 존재, 즉 비인간화[6]되어 온 존재들을 조명함으로써 그들에 대한 재현과 고발이라는 서사적 의미를 획득한다. 중국·베트남·일본의 세 작품은 인귀의 교환과 그 결말을 통해 인간과 비인간 사이에 규정된 간극, 그리고 이를 훼손하고 전복하려는 존재의 의미를 드러내어 현실 세계의 문제를 폭로하고 있기 때문이다. 이는 곧 인간과 사회가 지닌 근본적인 문제에 대한 성찰로 이어지게 된다. 나아가 이 작품들은 독자로 하여금 문학의 본질, 즉 현실 너머로 확장된 상상력과 비가시적 존재의 가치를 묻는 태도에 대하여 숙고하

『가비자』 자체가 『전등신화』를 너무 충실히 번안한 나머지 인물, 사건, 시대적 배경, 공간적 배경의 '일본화'의 방법이 규명되고 나면 더 이상 새로운 해석을 찾아내기 어렵기 때문이라고 밝혔다. 또한 논자가 비교문학적 시각에서 일본의 「모란등롱」을 탐구한 결과, 중국의 「모란등기」와 베트남의 「목면수전」이 '요괴퇴치'를 주제로 삼은 반면, 「모란등롱」은 원전의 결말부분을 삭제시킴으로써 '연애담'으로 전환되었다고 보았다. 그러나 동아시아의 '모란 귀신 이야기'들은 모두 각기 다른 방식으로 '인간과 비인간의 관계'를 통해 인간이 폭력성을 드러내고 있다는 점에서 동질적이다. 이에 대해서는 본론에서 구체적으로 다루도록 하겠다.

5 최기숙, 「귀신의 처소, 소멸의 존재론: 『금오신화』의 '환상성'을 중심으로」, 『돈암어문학』 16, 돈암어문학회, 2003, 7~8쪽 참조.
6 비인간화는 도덕적 이탈을 유발한다. 비인간화를 자행하는 사람들은 단지 희생자의 비인간성뿐만 아니라 인간 이하성을 주장한다. 비인간화를 자행하는 사람들은 언제나 희생자들을 폭력을 조장하는 존재로 식별한다. 인간에게 해를 끼치는 '인간 이하'의 존재를 박멸하는 것은 도덕적으로 올바른 일로 여겨진다. 데이비드 리빙스턴 스미스 저, 김재경·장영재 역, 『인간 이하』, 웨일북, 2022, 319쪽 요약.

도록 만든다.

「모란등기」와 그 번안작들은 "무목적의 목적"을 표방하지 않으며, 오히려 비인간을 통해 인간의 횡포와 이면을 고발하려는 명확한 의도를 담고 있다. 또한 이들 작품은 모본과 번안본이라는 관계 속에서 인귀(人鬼) 사이에서 발생하는 괴기한 사건을 동일하게 다루면서도, 현실 문제를 폭로하는 방식은 제각각 달리하여 동아시아의 '인귀교환' 서사를 한층 풍부하게 만든다. 결과적으로 비인간 형상을 통해 현실에서 억압된 이들의 목소리를 복원한다는 점에서, 「모란등기」·「목면수전」·「모란등롱」은 인간중심적 사고의 폭력성을 다각도로 성찰하게 하는 현실 우의의 작품이라 할 수 있다.

이렇듯 「모란등기」·「목면수전」·「모란등롱」은 공통적으로 '인귀교환'이라는 주제를 매개로 현실을 반영하면서 동시에 동아시아적 상상력을 구현하고 있다는 점에서 주목할 만하다. 그러나 이들 세 작품이 비인간 형상을 통해 인간 사회의 문제를 드러내는 방식은 각기 다르며 그 문화적 맥락 또한 상이하다. 이에 이 연구에서는 각 작품에 나타난 인간과 비인간의 관계를 보다 구체적으로 분석하고, 이를 통해 드러나는 의미를 고찰하고자 한다. 나아가 결론에서는 한국의 『금오신화』에서 「모란등기」의 번역·번안이 이루어지지 않은 배경을 함께 살펴봄으로써 동아시아 인귀교환 서사의 번역 양상과 비인간 존재의 문화적 의의를 보다 심층적으로 논의하고자 한다.

2.「모란등기」, 초인간에 의한 (비)인간의 굴복

동아시아 '모란 귀신 이야기'의 원형이 된 중국의「모란등기」는 인간과 비인간의 관계에서 비롯하는 기이와 공포의 상황을 드러내는 한편, 귀신뿐 아니라 인간까지도 '초인간' 앞에 나약해지는 모습을 그려낸 특이한 작품이다. 인간과 비인간 사이의 문제는 비인간이 인간의 일상생활 공간에서 활보하면서 발생한다. 인간 세상에 발을 들인 비인간에 대해 인간이 어떠한 방식으로 대처하게 될지는 작품의 서두에서부터 암시된다.

> 원나라 말기 방국진(方國珍)이 절강의 동쪽 지방을 점거하고 있을 때의 일이다. 당시에는 매년 정월 보름날이 되면 명주(明州)에서는 밤새도록 등롱을 내걸고 온 도시의 남녀들이 모두 뛰쳐나와 마음껏 구경을 하곤 했다.[7]

작품 제목에 '모란등(牡丹燈)'이 사용된 것은 작품의 서사적 배경과 밀접한 관련이 있다. 중국에서는 매년 정월 보름날, 즉 원소절(元宵節)에 집집마다 밤새도록 등롱을 걸어두는 풍속이 있었다. 바로 산등(散燈) 행사이다.「모란등기」는 원소절 밤, 인간 남성이 쌍두 모란등을 들고 나아가는 귀녀와 마주치는 장면에서 본격적으로 '인귀교환'의

---

7 구우, 최용철 옮김,「모란등롱」,『전등삼종(상)』, 소명출판, 2005, 160쪽. 方氏之據 浙東也, 每歲元夕, 於明州張燈五夜, 傾城士女, 皆得縱觀(같은 책, 169쪽). 이후 「모란등롱」의 번역과 원문의 인용은 구우 지음, 최용철 옮김,「모란등롱」,『전등 삼종(상)』, 소명출판, 2005, 160~168쪽과 169~174쪽을 활용하고 원문의 의미를 살려 수정할 필요가 있는 부분에 대해서는 필자가 윤문함.

서사가 시작된다. 남녀 주인공의 첫 만남이 도시의 남녀노소가 각양각색의 무늬로 장식된 등롱의 불빛을 구경하던 순간에 이루어졌다는 점에서, 이 장면은 낭만적인 분위기를 자아내기도 한다. 그러나 원소절의 산등이 지닌 의미를 상기해보면 오히려 긴장감이 고조된다. 원소절의 산등은 귀신을 물리치기 위한 목적으로 밤새 등불을 밝히는 풍속이기 때문이다. 이러한 산등이 이루어지는 때에 귀녀는 '모란등'을 직접 앞세우고 인간들의 도시에 나타난 것이다. 중국 「모란등기」의 줄거리는 다음과 같다.

> 원나라 말기인 지정(至正) 20년의 정월 보름날 저녁, 교생은(喬生)은 쌍두 모란등(牡丹燈)을 든 시녀 금련(金蓮)를 앞세우고 걸어가는 부여경(符麗卿)을 보고 반해 길을 뒤따른다. 홀연 뒤를 돌아본 부여경에 교생은 수작을 걸어 자신의 집에서 하룻밤 정을 나눈다. 그렇게 시작된 관계를 보름쯤 이어갈 무렵, 이웃 노인이 부여경의 정체가 귀녀인 것을 알고 그 사실을 교생에게 일러주자 그제야 교생은 혼비백산한다. 노인의 조언으로 위법사(魏法師)를 찾아가 도움을 구한 교생은 얻어온 부적으로 귀녀의 출입을 막는다. 이로부터 한 달이 지나, 술에 취한 교생은 부여경의 관이 보관되어 있는 사원을 지나 집으로 돌아가고자 한다. 사원에서 부여경을 다시 만나게 된 교생은 부여경에 의해 관 속으로 끌려 들어가 죽는다. 이후 귀신이 된 교생은 부여경과 함께 쌍두 모란등을 든 시녀를 앞세우고 길을 돌아다니고 이를 본 사람들은 중병에 걸리거나 발작한다. 두려움에 떨던 주민들은 위법사에게 도움을 청하나, 위법사는 자신으로서는 어쩔 도리가 없다 말하며 사명산(四明山)의 철관도인(鐵冠道人)을 찾아가라고 조언한다. 철관도인은 주민들의 요청을 처음에는 거절하나 결국에는 산에서 내려와 신장(神將)들을 호출해 교생과 부여경, 그리고 그들의 시녀를 징치한다. 주민들은 감사의 인사를 올리려 사명산을 다시 찾았

으나 철관도인이 간 곳을 알 수 없었다. 이에 다시 위법사를 찾았으나 그는 벙어리가 되어버린 후였다.

「모란등기」는 인귀 남녀가 우연히 만나 즐거움을 나누는 서정적인 이야기로 시작되지만, 부여경의 정체가 드러난 이후에는 공포를 유발하는 괴기 서사로 전환되며, 결국 인간 세계를 어지럽히는 귀신이 징치되는 퇴마 이야기로 귀결된다. 이때 교생, 부여경, 금련, 이웃 노인, 위법사, 철관도인, 그리고 주민 등 등장인물들은 모두 생사의 경계를 사이에 두고 각기 다른 위치에 서 있는 존재들임에도 '생'의 장소에 함께 뒤섞여 있다는 점이 주목할 만하다.

부여경과 금련은 작품의 초반에서부터 '비인간'으로 등장하는 인물이다. 부여경은 살아서는 아름다운 인간 여성이었으나 죽어서 귀신이 된 존재로, 애정의 대상으로 여겨지기도 인간을 병폐에 빠뜨리는 악귀로 여겨지기도 한다. 시녀로 등장하는 금련은 사실 부여경의 무덤에 부장품으로 함께 묻힌 인형이다. 금련은 인간으로서 살아본 경험이 전혀 없는 완전한 비인간이라는 점에서 엄밀하게는 부여경과도 다른 존재라 할 수 있다. 이처럼 부여경과 금련은 서로 다른 존재론적 배경을 지니고 있음에도 불구하고, 인간은 이들을 일괄적으로 '비인간'으로 간주하며 배제하고자 한다. 이러한 인식은 단순한 구분이나 경계 설정을 넘어, '비인간' 존재에 대한 폭력적 억압으로 이어진다. 부여경은 정체가 드러나는 순간 애정의 대상에서 위험한 존재로 전락하여 퇴치의 대상으로 전환되고, 금련 역시 인간 사회의 질서를 위협하는 불가해한 존재로 낙인찍혀 소멸된다. 이 과정에서 인간들은 '생'의 공간을 정화하기 위해 비인간 존재를 제거하는 데 주저하지 않으며, 이는 인간 중심적 질서를 유지하기 위한 폭력적 기제로 기능한다. 결국, 작품 속에서 드러나는 '비인간'에 대한 태도는 인간 사회가 타자적 존재를 어떻게 인식하고 다루는지를 보여주는 상징적 장치라 할 수 있다.

한편 이웃 노인, 위법사, 주민들은 작품의 서두에서부터 결말까지 인간으로 등장한다. 이 중 이웃 노인은 교생과 부여경의 교환이 파탄 나는 데에 결정적인 역할을 한 인물이다. 이웃 노인은 담벼락의 구멍을 통해 엿본 부여경이 귀녀라는 사실을 단번에 알아차린다. 그도 그럴 것이 교생의 눈에는 아름다운 여인으로 보인 부여경이 이웃 노인의 눈에는 "분을 잔뜩 바른 해골"[8]로 보였기 때문이다. 또 다른 인간 인물인 위법사는 부여경의 출입을 일차적으로 저지하는 데 기여했다는 점에서 신이한 존재로 여겨질 수 있다. 그러나 실제로는 단지 부적이라는 방편을 활용할 줄 아는 수준에 머물러 있는, 비교적 낮은 등급의 능력 보유자에 불과하다. 이는 귀신으로 말미암은 사회 병폐를 자신은 해결하지 못하니 철관도인을 찾아가라 이르는 부분, 그 자신조차도 철관도인의 징계에서 벗어나지 못한 존재로 그려지는 부분에서 보다 확실해진다. 나머지 주민들도 마찬가지이다. 그들은 교생, 부여경, 금련과 같은 비인간 존재들의 출현에 대해 스스로 대응할 능력을 전혀 갖추고 있지 못하다. 위법사나 철관도인과 같은 외부 인물에게 의존해 문제를 해결하려 할 뿐이다. 이러한 모습은 인간이 비인간 존

---

8 이웃에 사는 한 노인이 의심스러워서 몰래 담벼락에 구멍을 뚫고 들여다보았다. 그랬더니 분을 잔뜩 바른 해골이 교생과 더불어 등불 아래 다정하게 함께 앉아 있는 게 아니던가[鄭翁疑焉, 穴壁窺之, 則見一粉髑髏與生幷坐於燈下, 大駭].

재 앞에서 얼마나 무력한지를 여실히 보여준다.

이웃 노인, 위법사, 주민을 통해 살펴본바 「모란등기」 속 인간은 문제를 해결하는 주체가 아니라, 외부의 힘에 기대어 위기를 넘기려는 수동적인 존재로 그려진다. 이는 곧 인간이 서사의 중심에서 사건을 주도하기보다는 비인간 존재에 의해 영향을 받고 흔들리는 주변적 위치에 놓여 있음을 의미한다. 결국 이웃 노인, 위법사, 주민들은 '비인간'과 뚜렷이 대립되는 완전한 인간으로서, 비인간이 자아내는 공포 앞에 무력하고 나약한 존재로 형상화되었다고 할 수 있다.

그러한 점에서 교생과 철관도인은 보다 특수한 위치에 놓인 인물들이다. 먼저 교생은 살아 있는 인간 남성으로 등장하지만, 이후 귀신으로 변하고 결국에는 퇴치당하는 운명을 겪는다. 이처럼 생사(生死)를 넘나드는 존재 변환은 사실상 작품 서두에 설정된 교생의 처지에서부터 이미 예비되어 있다.

> 지정(至正) 20년에 교씨(喬氏) 성을 가진 서생이 진명령(鐵明嶺) 고개 아래에 살고 있었는데 얼마 전 아내를 잃고 혼자 몸으로 무료하게 지내면서 밖으로 나다니지도 않고 그저 문간에 기대서서 오가는 사람을 구경하고 있을 따름이었다.[9]

남자 주인공인 교생은 상처한 지 얼마 되지 않은 처지로 나타난다. 죽은 아내를 그리워하는 교생은 그 슬픔이 지극하여 바깥 세상에 대한 관심과 활동을 끊고 집안에서 머물 뿐이다. 교생은 아내가 돌아간

9　至正庚子之歲, 有喬生者, 居鎭明嶺下, 初喪其耦, 鰥居無聊, 不復出游, 但倚門佇立而已.

'저' 세상에 대해 생각을 끊지 못하고 '이' 세상에 대해서는 무료함을 느끼기에 단절된 생활을 하고 있었던 것이다. 중국 영파부(寧派府) 남쪽에 위치한 "진명령(鎭明嶺) 아래"라는 실존 공간, 즉 인간 세상에 속한 사람임에도 불구하고 교생은 비인간계에 한쪽 발을 걸쳐두고 있는 듯한 형상이다.

인간과 비인간의 경계에 놓인 교생의 정체성은 부여경과의 만남에도 영향을 끼친다. 이웃 노인의 눈에 "분을 바른 해골"로 보인 부여경의 모습이 교생에게는 요염하고 아름다운 여인으로 비쳤다는 사실은, 교생이 같은 세계의 존재로서 귀녀를 인식할 수 있는 비인간적 정체성을 지니고 있었음을 보여준다. 부여경은 예기치 않았던 교생과의 만남과 즐거움을 "인연"[10]이라 표현하며 받아들였다. 이는 인간 세계에 머물고 있는 귀녀가 오직 비인간 세계에 걸쳐 있는 인간에 의해서만 교환의 대상으로 인식될 수 있음을 알게 한다.

> 그로부터 매번 검은 구름이 짙게 깔린 낮이거나 혹은 달빛이 흐린 밤이면 이곳에서 교생과 여인이 손을 잡고 함께 거닐며 나다니는 것이 보이곤 했는데 그때마다 시녀가 쌍두 모란등을 들고 앞서 길을 인도하고 있었다. 그들을 만나는 사람들마다 곧바로 중병에 걸려 열에 들뜨거나 온몸을 덜덜 떨면서 발작을 하곤 했다. 천도재(薦度齋)를 지내거나 소·돼지·양과 술로써 하는 큰 제사를 지내면 간혹 낫는 수도 있었지만 그렇지 않으면 병상에서 일어나지 못하였다.[11]

---

10 "애초에 그대와 약조한 바가 없었건만 오늘밤 이처럼 달빛 아래서 서로 만나게 되었으니 아마도 인연이 있었던 모양이군요. 결코 우연만은 아니겠지요[初無桑中之期, 乃有月下之遇, 似非偶然也]."

11 自後雲陰之晝, 月黑之宵, 往往見生與女攜手同行, 一丫鬟挑雙頭牡丹燈前導, 遇

교생이 죽은 후, 이제 교생·부여경·금련은 함께 인간 세계를 배회한다. 교생과 부여경은 손을 맞잡고, 그 앞의 금련은 쌍두 모란등을 들어 길을 인도한다. 주민들은 자신들과 마찬가지로 진명령 아래 살던 지역 주민 교생이 이제 귀신이 된 모습을 본다. 살아 있는 남녀가 손을 꼭 잡고 길을 활보하는 것조차 남사스럽고 손가락질 받을 일일 텐데, 귀신이 된 교생은 살아생전의 공간을 비인간 부여경과 성큼성큼 걸으며 주민들에게 불편감과 이질감을 불러일으킨다.

다정한 귀신 남녀를 직접 마주한 사람들은 중병에 걸리거나 열에 들뜨고 혹은 발작을 일으키는 등의 증세를 보인다. 이러한 병증이 귀신들에 의해 직접 유발된 것인지, 아니면 손을 맞잡고 거리를 배회하는 존재들로부터 비롯된 강한 감정적 자극이 원인인지는 그 인과가 명확히 드러나지 않는다. 다만 죽은 자의 넋이 극락으로 갈 기원하는 천도재나 정성을 다한 제사를 통해서는 병증이 치유될 수 있고, 그러한 사실을 주민들 역시 인지하고 있다는 것은 분명하다. 그럼에도 불구하고 주민들은 귀신을 극진히 대접하거나 문제를 평화적으로 해결하려 하지 않는다. 오히려 철관도인이라는 신이로운 존재에 의지하여 '귀신 퇴치'라는 폭력적 해결 방식을 택한다.

> 그곳 주민들이 너무나 두렵고 겁이 난 나머지 다투어 현묘관(玄妙觀)의 위법사를 찾아와 일일이 하소연을 하였다. 법사가 말했다. (…) "듣자 하니 철관도인이란 분이 사명산의 꼭대기에 살고 계신데 귀신을 잡아다 벌주는 데 특별히 영험이 있으시다 하니 그분을 찾아가 사정하는 게 나을

之者輒得重疾, 寒熱交作; 薦以功德, 祭以牢醴, 庶獲瘥可, 否則 不起矣.

듯 싶소이다." 그 말을 들은 사람들은 사명산으로 몰려갔다. (…) 과연 그곳에는 초가집 한 채가 있었고 도사 한 분이 책상에 기대어 동자가 백학을 길들이는 모습을 바라보고 있었다. 사람들은 도사의 앞에 나아가 둘러서서 절을 하고는 자신들이 찾아온 까닭을 말했다. 그 말을 다 듣고 나서 도사는 정색을 하더니 이렇게 거절했다. "난 그저 산중에 숨어 사는 선비에 불과하오이다. 이제 머지않아 죽을 목숨인데 무슨 기막힌 도술을 부릴 수 있겠소? 당신들이 남의 말을 잘 못 들은 게 틀림없소이다." "저희들이야 원래 그런 속사정을 알 길이 있겠습니까. 다만 현묘관에 계신 위법사님의 가르침을 따라 이곳으로 찾아오게 된 거지요." 사람들이 이렇게 대답하자 도인은 비로소 궁금증이 풀린다는 듯이 중얼거렸다. "이 늙은 것은 지난 예순 해 동안이나 산을 내려간 적이 없었는데 그 녀석이 쓸데없이 주둥이를 놀려대는 바람에 참으로 귀찮게 되었군."[12]

철관도인은 진명령 아래 사는 주민들이나 위법사와는 거리가 있는 인물이다. 그렇다고 해서 부여경·금련, 그리고 귀신이 된 교생과 가까운 존재도 아니다. 철관도인은 주민들의 생활 공간에서 멀리 떨어진 사명산 꼭대기에서 동자들의 시중을 받고 학을 기르며 살고 있다. 인간 세상을 떠나 자연과 벗하여 늙지 않고 오래 산다는, 그야말로 신선과 같은 인물이다.

주민들은 위법사의 조언에 따라 산을 헤치고 물을 건너 철관도인을 만난다. 절하여 간절히 도움을 청하는 주민들에게 철관도인은 '거절'

---

12 居人大懼, 競往玄妙觀謁魏法師而訴焉. 法師曰, (…) "聞有鐵冠道人者, 居四明山頂, 考劾鬼神, 法術靈驗, 汝輩宜往求之." 衆遂至山. (…) 果有草庵一所, 道人憑几而坐, 方看童子調鶴. 衆羅拜庵下, 告以來故, 道人曰, "山林隱士, 旦暮且死, 烏有奇術! 君輩過聽矣." 拒之甚嚴. 衆曰, "某本不知, 蓋玄妙魏師所指教耳." 始釋然曰: "老夫不下山已六十年, 小子饒舌, 煩吾一行."

의 의사를 밝힌다. 자신은 사태를 해결할 수 있는 도사가 아니라 그저 평범하게 늙어가는 노인일 뿐이라는 것이다. 철관도인은 인간 세상의 일에 관심이나 흥미가 없을뿐더러 주민들을 고통에서 구제해주어야 한다는 의무감도 느끼지 않는다. 그러나 철관도인의 능력에 대해서는 이미 위법사가 증언한 바 있다고 주민들은 말한다. 철관도인은 그제서야 "쓸데없이 주둥이"를 놀려대는 바람에 "귀찮은 일"을 하게 되었다고 투덜거린다. "귀찮은 일", 즉 '인간 구제'를 수행하기 위해 하산한 철관도인은 결국 교생·부여경·금련을 잡아들이기에 이른다.

> 철관도인이 판결문을 다 쓰자 유사가 이를 실행에 옮겼다. 이때를 당하여 교생과 부려경 그리고 금련이 다함께 애달프게 통곡을 하면서 앞으로 끌려가지 않으려고 하였으나 금 갑옷의 신장은 뒤에서 몰고 앞에서 끌며 억지로 데리고 나갔다. 도인은 천천히 옷깃을 스치며 사명산으로 되돌아갔다. 이튿날 사람들이 모두 찾아가 감사의 인사를 하고자 하였으나 그는 보이시 않고 나만 초가집만 덜렁 남아 있을 뿐이었다. 급히 헌묘암으로 위법사를 찾아가 물어보려고 하였더니 그는 이미 벙어리가 되어 아무 말도 할 수 없게 된 상태였다.[13]

철관도인은 '판결'을 내리는 위치에 있다. 위법사처럼 '부적'과 같은 일시적인 방편을 사용하는 것이 아니라, 신장(神將)을 거느리면서도 귀신의 처분을 결정할 수 있는 권능을 지녔다. 또한 철관도인의 판결과 징치는 귀신에 한정되지 않는다. 관심도 없는 인간 문제에 개

---

13 判詞已具, 主者奉行急急如律令. 卽見三人悲啼躑躅, 爲將吏驅挫而去. 道人拂袖入山. 明日, 家往謝之, 不復可見, 止有草庵存焉. 急往玄妙觀訪魏法師而審之, 則病瘖不能言矣.

입하게 만든 위법사 역시도 다시는 말을 할 수 없도록 '벙어리'로 만들어 버린 것이다. 이는 철관도인이 인귀 외의 존재, 인간과 비인간을 아우르는 징치의 권한을 가진 초월적 존재, 즉 '초인간'이기에 가능한 일이다. 결국 중국의 「모란등기」는 단순히 '악귀 퇴치'가 아니라, 인간에 대한 단죄까지 함께 그려내는 보다 복합적인 '심판의 이야기'라 할 수 있다.

3. 「목면수전」, 인간의 '비인간적' 횡포

베트남의 「목면수전」 또한 중국 「모란등기」와 마찬가지로 인간과 비인간의 관계에서 비롯하는 기이와 공포의 상황을 드러내는 작품이다. 그러나 두 작품은 작품의 주제를 구현하는 방식에서 뚜렷한 차이를 보인다. 「모란등기」가 '원소절'이라는 특정일을 기점으로 '인귀교환'의 서사를 전개해나가는 데 반해 「목면수전」은 명확한 시간적 배경을 설정해두지 않았다. 그러나 '산등'의 목적인 '귀신 퇴치'는 오히려 「목면수전」의 작품 전반에서 보다 깊고 강렬하게 나타나 긴장감을 형성한다. 「목면수전」의 '인간'은 '비인간'으로 인해 발생하는 문제를 해결하기 위해 혈안이 되어 있다. 그 과정에서 펼쳐지는 '귀신 퇴치' 행위는 지나치게 폭력적이어서 도리어 '비인간적'으로 여겨질 정도이다. 베트남 「목면수전」의 줄거리는 다음과 같다.

북하(北河) 사람 정충우(程忠遇)는 배를 세내어 남쪽에서 장사하는데 유계교(柳溪橋) 아래에 배를 대놓고 늘 저자를 왕래했다. 그때마다 시녀를 거느리고 다니는 섭경(葉卿)을 보고 반했으나, 타향에 묵고 있는 자신의 처지 때문에 말을 걸어보지는 못한다. 어느 날 섭경이 시녀를 향해 "오늘밤 그윽한 회포를 풀어보고 싶다" 말하는 것을 듣고 용기를 낸 충우는 드디어 수작을 걸어 자신의 배에서 섭경과 정을 나눈다. 그렇게 시작된 관계를 한 달쯤 이어갈 무렵, 충우는 나그네라는 자신의 처지가 불안하니, 가까운 곳에 있을 섭경의 집에 가보고 싶다고 청한다. 사면이 덩굴로 뒤덮인 섭경의 집은 사실 무덤이었고, 그곳에는 섭경의 관과 점토로 만든 여자 인형이 함께 있었다. 섭경의 정체를 안 충우는 달음박질쳐 도망한다. 이 일로 병이 든 충우 앞에 섭경은 계속해서 나타난다. 동료인 뱃사람들은 섭경의 부름에 응하려는 충우를 밧줄로 묶어 막는다. 그러나 충우는 섭경의 곁으로 가 이 세상을 벗어나겠다고 소리친다. 어느 날 사라졌던 충우는 섭경의 관을 안고 죽은 채로 발견된다. 이후 귀신이 된 충우는 섭경과 즐겁게 손 잡고 다니며 사람들에게 찾아와 제사 지내줄 것을 요구한다. 마을 사람들이 관을 깨뜨려 충우와 섭경의 해골을 강물에 던져 버리자, 귀신 남녀의 혼백은 강가의 목면나무에 달라붙는다. 사람들이 나무를 베려 해도 꼼짝하지 않자, 나무 옆의 절에 묵고 있던 도인은 스스로 나서 귀신을 퇴치한다.

「목면수전」은 인귀 남녀가 일정 기간 감정을 주고받으며 관계를 발전시키는 아름다운 사랑 이야기로 시작하지만, 섭경의 정체가 드러난 이후에는 공포와 안타까움을 동시에 지니게 되는 괴이한 이야기로 전환된다. 이후 인간과 귀신의 극렬한 대립 끝에 귀신이 퇴치되면서 '인귀교환'의 서사는 마무리된다. 등장인물은 정충우, 섭경, 섭경의 시녀, 도인, 뱃사람들, 마을 사람들 등이다. 이들 역시 중국「모란등기」의 인물들과 마찬가지로 생사의 경계를 사이에 두고 서로 다른 지점에 속한 존재들임에도, '생'의 장소에서 함께 뒤섞여 있다.

정충우(程忠遇)는 북하(北河)의 미남으로 집안이 아주 부유했다. 배를 세내어 남쪽에서 장사했는데 유계교(柳溪橋) 아래에 배를 대놓고 늘 남창(南昌)의 저자를 왕래했다. (…) 타향에 묵고 있는 처지라 그녀가 누구인지 어디 물어볼 데도 없고 해서 연정만 품은 채 답답한 마음이었다. (…) 충우는 당시 동료 상인들과 함께 묵고 있었는데 그중에 뭘 좀 아는 자가 있어 충우에게 이렇게 말했다. "우리들은 객지에 머물고 있으니 행동을 조심하고 혐의될 만한 일은 피하고 멀리해야 마땅하오."[14]

주인공 정충우는 '이' 지역 사람이 아닌, '타' 지역 출신의 상인으로 등장한다. 집안도 부유하고 외모도 잘나서 연애 대상으로서 훌륭한 조건을 갖추었지만, 이는 '객(客)'이라는 정체성 앞에서 하등 쓸모가 없다. 타향에서 마주친 아름다운 여인에게 감히 쉽게 말 한번 붙여보지 못할 정도로 정충우는 위축되어 있다. 이는 단지 정충우의 개인적 성향 때문만은 아니다. '이 지역' 사람들이 싫어하고 꺼릴 만한 행동은 하지 말아야 한다는 동료 상인의 충고처럼, 타지인은 '객지'에 발을 제대로 붙이지 못하고 살아가는 부유(浮遊)의 존재이기 때문이다.

충우는 섭경에게 "저는 본래 먼 곳의 나그네이건만 우연히 당신과 좋은 인연을 맺었습니다."[15]라고 말한다. 그러나 '이 지역'에서 생업을 이어가면서도 결코 '이 지역'의 일원이 될 수 없는 정충우의 정체성은, 섭경과의 만남에 필연성을 부여한다. 이는 중국「모란등기」의 교생과

---

14 程忠遇, 北河美男子也, 家貲極厚. 賃舟南販, 泊柳溪橋下, 常往來南昌市間. (…) 但異鄉旅次, 無從質問, 含情鬱結而已. (…) 時並宿商友, 其中有識者, 謂忠遇曰, "吾子在羈旅中, 宜深自韜匿, 遠避嫌疑." 번역과 원문은 완서 지음, 박희병 옮김, 「목면나무로 들어간 남녀」, 『전기만록: 베트남의 기이한 옛 이야기』, 돌베개. 2000, 38~45쪽, 243~246쪽을 활용하고 수정이 필요한 부분은 필자가 윤문함.
15 "我本遠客, 偶結良緣; 然咫尺仙居, 未嘗躡跡, 非所以安 遊子之情也."

부여경이 인간과 비인간 세계의 경계를 넘나드는 존재로서 인연을 맺을 수 있었던 것과 유사하다. 마찬가지로 충우와 섭경 또한 '이곳'에 정착하지 못하고 '저곳'과의 경계를 오가는 경계적 존재였기에 서로에게 도달할 수 있었던 것이다.

실제로 섭경은 마을 사람들 사이에서 이미 죽은 지 반 년이 지난 '망자'로 기록되어 있다.[16] 이처럼 섭경은 '이곳'에 살아 있는 주민이 아닌, 마을 외곽의 경계 공간에 시신이 안치된 '저곳'의 '죽은 자'이다. 그렇기에 그녀는 '이곳'에 살고 있던 여러 주민들 가운데 한 사람이 아니라, 오직 '나그네' 정충우의 눈에만 띄어 사랑의 인연을 맺을 수 있었던 것이다.

> 그녀[섭경]는 갑자기 출몰하기도 하고, 백사장에서 큰소리로 충우를 부르기도 했으며, 선창(船窓)에 다가와 나지막한 목소리로 속삭이기도 했다. 충우는 그때마다 대꾸했으며, 몸을 일으켜 달려가려 했다. 뱃사람들이 밧줄로 묶자 충우는 고래고래 욕을 퍼부었다. "내 처가 있는 곳엔 누대의 즐거움이 있고 난초 향기가 난단 말야! 그곳으로 가 티끌 같은 이 세상을 벗어날 거야! 너희들이 무슨 참견이야! 왜 나를 묶는거야?" 어느 날 저녁이었다. 뱃사람들이 곤하게 잠이 들었다가 날이 밝아 깨어보니 충우가 없어진 지 이미 오래였다. 황급히 교외로 달려가 보니 충우는 섭경의 관을 안고 죽어 있었다.[17]

---

16 스무 살 난 화옹의 손녀가 있었는데 죽은 지 반 년쯤 되었으며 빈소가 마을 외곽에 있다고 했다(有晦翁孫女年二十, 死已半載, 殯在外郭矣).
17 其女亦倐忽來往, 或於沙磧大呼, 或就船窗細語. 忠遇每時時應答, 欲翻身馳去. 舟人以繩苦繫, 則罵曰, "我妻所處, 在樓臺之樂, 有蘭麝之薰. 行當赴之, 斷不爲塵籠絆著, 汝曹何預? 强以繩索相加哉!"一夕, 船夫熟睡, 經明始覺, 則亡已久矣. 急趨外郭, 已見抱棺而死.

베트남 「목면수전」의 섭경은 중국 「모란등기」의 부여경과 비교해, 보다 적극적으로 인간 남성을 자기의 세계로 끌어들인다. 섭경은 자신이 귀녀라는 사실을 알고서 도망친 충우를 시시때때로 찾아가 큰 소리로 부르기도 하고, 나지막하게 속삭이기도 한다. 「모란등기」의 부여경이 위법사의 부적 처방 이후 교생의 집에 출입하는 일을 멈추고, 교생의 '실수'가 있기 전까지 재회를 위해 적극적으로 움직이지 않았던 것과는 다른 양상이다. 이렇듯 두 작품 속 '귀녀'의 주체성과 서사적 역할은 뚜렷한 대비를 이룬다. 충우는 섭경의 부름에 응하기 위해, 자신을 놓아달라 동료들에게 소리치면서 귀녀를 자신의 "처"라고 칭한다. 또한 "티끌" 같은 '이 세상'에서 벗어나 귀녀 섭경의 세상으로 가겠다고도 말한다. 이후 충우는 도망쳐 나왔던 장소로 스스로 돌아가 섭경의 관을 끌어안고 죽음으로써 섭경과 같은 귀신 존재가 되기에 이른다. 이처럼 「목면수전」 속 인간과 비인간의 교환은 비인간의 적극적인 개입과 인간의 자발적인 선택을 통해 이루어지며, 인간을 비인간의 세계로 끌어들이는 방향으로 전개된다.

이후 음산하고 흐린 밤이면 두 사람이 손을 잡고 가면서 노래도 하고 웃기도 하는 것이 사람들 눈에 띄었다. 이따금 사람들이 기도하는 곳에 찾아와서 자기들 제사도 지내 줄 것을 요구했는데, 조금이라도 원하는 대로 해주지 않으면 화(禍)와 해(害)가 뒤따랐다. 마을 사람들은 이를 견디지 못해 몰래 무덤을 파 관을 깨뜨리고 남녀의 해골을 강 가운데 던져 버렸다.[18]

---

18 此後凡陰黑之宵, 見二人握手同行, 或歌或笑. 往往索人之祈禱, 要人 之薦祭, 稍不如願, 禍害尋作. 鄕人不勝其患, 潛發塚破棺, 併男女骸骨, 散之江中.

「목면수전」의 귀신은 적극성을 띤다. 이제 귀신이 된 충우도 섭경과 함께 인간 세계에 적극적으로 개입하며 그 존재를 드러낸다. 중국 「모란등기」의 남녀 귀신이 손잡고 길을 배회한 데에서 그쳤다면, 베트남 「목면수전」의 남녀 귀신은 노래도 하고 웃기도 하며 사람들 앞에 모습을 나타냄으로써 '자기' 존재를 인간 세상에 확인시키는 '교환' 행위를 보다 공개적으로 실현한다. 나아가 이들은 사람들의 기도처에 직접 찾아가, "제사 지내 달라"라고 귀신이 바라는 바를 인간에게 당당히 요구하기까지 한다.

'제사'는 죽은 자의 넋을 위로하기 위해 산 자가 다할 수 있는 정성의 표현이다. 그러나 「목면수전」의 인간은 그러한 예우를 거부한다. 중국 「모란등기」에서도 마을 주민들은 교생과 부여경을 위해 제사 지내지 않았지만, 베트남 「목면수전」의 산 사람은 그보다 더한 짓을 벌인다. 귀신의 요구를 거부한 데서 그치지 않고 충우와 섭경의 관을 깨부수어 해골을 꺼낸 다음 이를 강물에 던져버리기까지 한 것이다. 이처럼 「목면수전」의 인간이 비인간을 대하는 방식은 단순한 무시나 회피를 넘어, 잔인한 횡포에 가깝다.

베트남 목면나무와 꽃

강가에는 절이 있었는데 절에는 수령이 백 년쯤 된 목면(木棉)나무가 서 있었다. 둘의 혼백은 마침내 이 나무에 달라붙어 요괴가 되었다. (…) 어떤 도인이 나무 옆의 절에 묵고 있었다. 당시 강물은 차고 달빛은 맑고 천지가 고요했는데 두 남녀가 벌거벗고 다니면서 웃고 떠들었다. 잠시 후 그들이 절에 와서 무엇인가 질문하며 말을 걸었다. 도인은 그들이 봄바람 난 남녀로서 달빛 아래에서 서로를 부르는 것이려니 했으며, 행실을 추하게 여겨 문을 굳게 닫고 나가지 않았다.[19]

그러나 인간의 '비인간적' 행태 앞에 비인간은 전혀 위축되지 않는다. 오히려 인간의 횡포가 심해질수록 귀신은 더욱 적극적으로 모습을 드러내고, 더욱 격렬한 방식으로 교환한다. 「목면수전」의 귀신들은 손을 맞잡고 거리를 배회하는 데 그치지 않고, 함께 발가벗고 춤추며 노래한다. 관과 유골이 파괴된 이후, 목면나무에 달라붙은 귀신 남녀는 연애 방식 또한 이전보다 훨씬 도발적인 형태로 전환한다.

베트남에서는 'Thần cây đa, ma cây gạo(신은 반얀나무에 깃들고, 귀신은 목면나무에 깃든다)'라는 속담이 있을 만큼, 오래전부터 목면나무(cây gạo)가 귀신이나 정령이 깃드는 신령한 나무로 여겨져 왔다.[20] 실제로 베트남에서는 목면나무와 관련된 귀신 설화나 민간신앙이 다양하게 전승되어 왔는데, 이러한 민속적 맥락 속에서 「목면수전」에 등장하는 목면나무는 귀신들이 인간 세계에 '머물기 위한' 공간적 거점

---

19 江上有寺, 寺有木綿古樹, 相傳已百餘年, 遂依樹爲妖. (…) 有道人宿樹傍古刹, 時江寒月淡, 萬籟俱寂, 見二人, 裸逐笑鬨移時. 俄就禪關扣問. 道人疑其懷春男女, 乘月相招, 且醜其爲人, 閉門堅臥.

20 Diệu Hương, 「Huyền tích về ma cây gạo」, 『Pháp luật Việt Nam』(https://baophapluat.vn/huyen-tich-ve-ma-cay-gao-post437602.html) 검색일: 2025.1.25.

이자 교환의 방편으로서 특별한 상징성을 획득한다.

이제 남녀 귀신은 마을 주민들과 소통하려는 움직임을 멈추고, 목면나무 주변 사찰에 기거하고 있는 도인을 찾아가 문을 두드려 말을 건다. 그러나 도인과의 소통도 실패로 끝난다. 도인은 "봄바람 난 남녀가 달빛 아래에서 서로 부르는 것이려니" 대수롭지 않게 여기고 넘겨버렸으므로 비인간이 "물으려(扣問)"[21]한 것이 무엇이었는지 알 수 없다. 다만 앞서 주민들에게 제사를 요청했던 점을 고려할 때, 자신들의 넋을 달래는 의식을 부탁했을 가능성이 크다. 그러나 도인은 알아차리지 못했다.

흥미로운 점은, 도인이 비인간의 소통 시도에는 응답하지 못했으면서도 정작 "인간 구제"[22]에는 자발적으로 나섰다는 사실이다. 인간들로부터 직접적인 요청이 없었음에도 도인은 스스로 사태에 개입한다. 그는 자신을 "사람을 구제하는 것을 본분으로 삼는 자(以濟人爲業)"라 밝히며, "일이 이 지경에 이른 것을 이미 목도한 이상, 개입하지 않는다면 이는 물에 빠진 사람을 보고도 구하지 않는 것과 다름없다"라고 말한다. 이러한 발언과 행동은 도인이 본질적으로 '비인간'에 가까운

---

21 한국어 번역서 박병희, 앞의 책, 돌베개, 2000, 246쪽에서는 저본에 "扣門"으로 되어 있으나 "扣門"으로 바로 잡았다고 밝혔다. 그러나 베트남어본에서는 "扣問"의 의미를 살려 "다가와 문을 두드리며 질문하였다(Xảy đến gõ cửa thiền mà hỏi)"로 현대어역하고 있다. Dữ Nguyễn, Nguyễn Thế Nghi · Nguyễn Quang Hồng, 「Mộc Miên thụ truyện」, 『Truyền Kỳ Mạn Lục Giải Âm』, Nxb. Khoa học xã hội, 2018, tr.73

22 "사람을 구제하는 게 제 본분입니다. 일이 이 지경에까지 이른 것을 제가 이미 목도했으니 만약 손을 쓰지 않는다면 이는 물에 빠진 사람을 보고도 구하지 않는 것과 같겠지요(道人沈吟良久, 曰: "我以濟人爲業, 事有至此, 已曾面覩, 若不垂法手, 是見溺而不援也)."

중재자나 초월적 존재가 아니라, 철저히 인간 중심의 가치관에 치우친 인물임을 드러낸다. 결국 도인이 개입하는 대상은 귀신이 아니라 인간이며, 그의 '구제' 역시 '귀신 구제'가 아니라 '인간 구제'로 한정될 수밖에 없다.

> 아아, 예로부터 산도깨비나 물귀신은 천하의 근심거리가 되지 못했다. 하지만 욕심이 많은 사람에게는 이것들이 혹 달라붙기도 한다. 충우는 무식한 장사꾼이니 깊이 책망할 것까지는 없다. 또한 저 도인은 백성들을 위해 해악을 제거했으니 그 공덕이 크다고 하겠다.[23]

결과적으로 「목면수전」의 귀신 역시 '퇴치'되기에 이르렀다. 그러나 「목면수전」은 귀신에 괴롭힘 당한 인간은 선하고 여린 존재이고, 인간 세상에 혼란을 가져온 귀신은 징치되어야 마땅한 악한 존재라고 말하지 않는다. 이러한 시각은 작품 끝에 부기된 찬자의 평에서 보다 분명해진다.

찬자는 "예로부터 산도깨비나 물귀신은 천하의 근심거리가 되지 못"했다고 전제하면서, "욕심 많은 사람"에게 달라붙는 것이 문제라 말한다. 즉, 비인간은 본래 해악적 존재가 아닌데 인간의 욕심이 그것을 재난으로 바꾼다는 것이다. 또한 귀신에 사로잡혀 귀신이 된 '충우'는 잘못이 없으며, 결과적으로 귀신을 퇴치한 '도인'도 칭찬할 만하다 하였다. 결국 찬자가 비판하는 대상은 귀신 퇴치에 혈안이 되어 관을 부수고 해골을 흩어버린 인간들이다. 인간으로서는 차마 저지를 수

---

[23] 嗚呼! 魑魅魍魎, 雖自古不以爲天下患, 然匹夫多欲, 庸或犯之. 忠遇商人無識, 不足深責矣. 彼道人爲民除害, 功德宏茂

없는 횡포를 부린 자들이야말로 문제의 핵심이라는 것이다. 이로 미루어볼 때, 「목면수전」은 귀신이라는 타자적 존재를 통해 인간의 폭력성과 도덕적 일그러짐을 그려냄으로써 인간과 인간 세상을 비판적으로 조명하는 작품이라 할 수 있다.

4. 「모란등롱」, 비인간에 대한 '인간적' 대우

일본의 「모란등롱」은 베트남 「목면수전」에 비해, 중국 「모란등기」의 내용과 유사한 점이 훨씬 더 많다. 「목면수전」과 비교해 원전에 충실한 번역/번안을 가한 작품이 「모란등롱」이기 때문이다. 이러한 양상은 줄거리를 통해서도 대체로 파악이 가능하다. 그러나 「모란등롱」은 인간과 비인간의 관계에서 비롯하는 기이와 공포를 그리면서도, 여타 동아시아의 작품과는 다른 방식으로 비인간의 문제를 해결하고 있다는 점에서 뚜렷한 차별점을 지닌다. 「모란등롱」의 줄거리는 다음과 같다.

> 오조경극(五条京極)에 사는 적원신승(荻原新丞)은 7월 보름날 밤, 아리따운 여인이 몸종에게 모란등을 들려 앞세우고 걸어가는 모습을 보고 반한 적원을 여인이 뒤를 쫓아간다. 홀연 뒤를 돌아본 여인에 적원을 수작을 걸어 자신의 집에서 하룻밤 정을 나눈다. 그렇게 시작된 관계를 스무날 남짓 이어갈 무렵 이웃 노인이 여인의 정체가 귀신인 것을 알고 그 사실을 적원에게 알려주자 그제야 적원은 두려워하기 시작한다. 노인의 조언으로 동사(東寺)의 경공(卿公)을 찾아가 도움을 구한 적원은 얻어

온 부적으로 귀녀의 출입을 막는다. 이로부터 50일 정도가 지나, 경공에게 감사 인사를 드리고 술에 취해 집으로 돌아가던 적원은 여인에 대한 미련이 남아 있었던지 여인의 관이 보관되어 있는 사찰 앞에 이르러 문안을 들여다본다. 순간 나타난 연인과 재회한 경공은 여인에 의해 무덤 속으로 끌려 들어가 죽는다. 이후 귀신이 된 적원은 여인과 함께 모란등을 든 여종을 앞세우고 길을 돌아다닌다. 이들은 본 사람은 중병에 걸린다는 소문이 돌자 주민들은 두려움에 떤다. 이를 안타깝게 여긴 적원의 친척들이 추선공양을 올리자, 귀신 남녀는 다시 나타나지 않는다.

살펴본 바와 같이 인명과 지명 등의 고유명사가 일본식으로 변경되어 있다는 점을 제외하면 「모란등롱」의 내용은 대체로 중국의 「모란등기」와 유사하다. 그러나 차이점 역시 뚜렷하다. 특히 중국 「모란등롱」에서도 효과를 발휘했던 작품 서두의 시간 배경 설정에서부터 그 차이가 확연히 드러난다. 일본의 「모란등롱」은 중국 「모란등기」와 같은 문제를 비슷한 이야기를 통해 다루면서도, 이를 '독자적 방식'으로 해결할 것임을 작품 서두에서부터 암시한다.

해마다 칠월 보름부터 스무나흘까지는 집집마다 조상님의 혼령을 모셔놓은 제단에 공물을 올리고 제를 지낸다. 그리고 갖가지 모양의 초롱을 만들어 제단을 밝히거나 상점 처마에 매달기도 하고, 때로는 조상님 묘소의 석탑 앞에 놓아두기도 한다. 초롱 장식도 가지가지여서 꽃이나 새, 풀이나 나무 모양으로 예쁘게 만들고 그 안에 불을 밝힌 후 밤새도록 걸어둔다. 사람들은 아름다운 초롱을 구경하느라 그냥 지나치지 못한다. 또한 이 기간 동안에 장안 곳곳에서 아이들은 한데 어울려 신나게 춤을 추기도 하고 어른들은 신분의 고하를 막론하고 목청 좋은 사람의 선창에 맞추어 찬불가를 부르며 덩실덩실 춤을 추곤 하였다.[24]

「모란등롱」 첫머리에 제시되는 시간적 배경은 칠월 보름날, 우란분절(盂蘭盆節)이다. 우란분절은 깜깜한 밤에 등불을 밝혀 공양함으로써 망자의 영혼을 달래는 날이다. 마찬가지로 '보름날 밤을 밝히는 등불'이지만, 이는 「모란등기」 속 원소절의 산등 의식과는 상반된 의미를 지닌다. 「모란등롱」은 '모란등'이라는 주요 소재를 원본에서 끌어와 그대로 사용하면서도 '우란분'을 작품의 배경으로 삼아 귀신에 대한 '퇴치'를 '공양'으로 전복시켰다. 즉 「모란등롱」은 작품 서두에서 정월 보름을 칠월 보름으로, 원소절을 우란분절로, 퇴치의 등불을 공양의 등불로 치환함으로써 뚜렷한 '차이'를 확보한 것이다.

이러한 설정은 작품의 결말에 지대한 영향을 끼친다. 결말 역시 '퇴치'가 아닌 '공양'으로 장식되기 때문이다. 「모란등롱」에 등장하는 적원, 귀신 여인, 귀녀의 몸종, 이웃 노인, 경공은 각각 중국 「모란등기」의 교생, 부여경, 금련, 이웃 노인, 위법사에 대응하는 인물들이다. 그러나 일본 「모란등롱」에는 인간과 비인간 모두를 징치하는 철관도인이나 '제사'를 거부하고 도사에게 귀신 퇴치를 요청하는 주민들은 등장하지 않는다.

24　毎年七月十五日から二十四日までは、都の民家では精霊の棚を作って、故人の魂を祭るならわしになっている。その魂祭には、さまざまの灯籠を作って棚や軒に飾り、また墓に赴いて石塔の前にともす。灯籠には花鳥や草木の模様が優美に描かれていて、終夜ともされている道々には、見物の客がひきもきらずに往来した。この期間には盆踊りの踊り子たちもやってきて、いい声で頌歌(仏や人の功徳を礼賛する歌)をうたい、身ぶりよく踊る。京の街並は、この期間、上下とも、みなかくのとおりなのだった。번역은 아사이 료이, 이용미 옮김, 「모란등롱」, 『오토기보코』, 세창출판사, 2013, 90~99쪽을, 원문은 淺井了意 著, 江本裕 譯, 「牡丹の灯籠」, 『伽婢子』, 教育社, 1980, 79~90쪽을 활용함.

비가 내리고 하늘이 흐린 밤이면 적원과 여인이 손을 맞잡고 여종에게 모란 초롱을 들려 앞세운 채 거리를 거니는 모습이 종종 사람들의 눈에 뜨이곤 하였다. 이들과 마주친 사람들은 중병에 걸린다는 소문이 돌자 주위 사람들은 두려움에 떨었다. 이를 안타깝게 여긴 적원의 친척들이 법화경(法華經)을 천 번 독경하고 수많은 사람들이 동시에 하루 동안 필사한 법화경을 무덤에 넣는 등, 추선공양(追善供養)을 올렸더니 이들은 두 번 다시 나타나지 않았다고 한다.[25]

위의 인용문은 일본 「모란등롱」의 결말부에 해당한다. 결말에서 귀신이 '인간'의 공간에서 자취를 감추게 된다는 점은 중국과 베트남의 작품과 동일하지만, 그 '퇴장'은 일본만의 매우 독특한 방식으로 도모되고 있다. 중국과 베트남의 작품에서는 귀신에 대한 제사가 인간에 의해 거부되거나 외면되었던 반면, 「모란등롱」에서는 오히려 그 제사가 정성스럽고 융숭하게 이루어진다. 더욱이 이 제사는 귀신의 요청에 따른 반응이 아니라, 인간이 자발적으로 나서서 치른 의식이라는 점에서 여타 동아시아 작품들과 분명한 차별성을 보인다.

손을 맞잡고 도시를 배회하는 귀신 남녀와 마주치면 중병에 걸린다는 소문이 퍼지자, 지역 사람들은 두려움을 느낀다. 그러나 그 공포는 귀신에 대한 폭력이나 배척으로 이어지지 않는다. 오히려 적원의 친척들이 나서 법화경을 천 번 독경하여 천도재를 지내고, 수많은 사람

---

25 雨が降ったり空曇る夜は、荻原と女が手を組み、女の童に牡丹花の灯籠を持たせて出歩き、これに出会った者は重く煩うということで、近辺の人々はひじょうに怖がった。荻原の一族がこれを嘆いて、一千部の法華経を読み、一日頓写(大勢の人が集まって一日で一部の経を写し終えること)の経を墓に納めて弔ったところ、亡霊はふたたび現れなかったという。

들이 또한 스스로 나서 사경(寫經)한 법화경을 무덤 속에 넣어주는 등, 귀신의 넋을 달래주려고 노력한다. 이러한 추선공양(追善供養)은 죽은 사람의 명복(冥福)을 위해 산 사람이 대신해서 선업을 닦는 일을 말한다. 「모란등롱」은 「모란등기」에 드러난 비인간에 대한 인간의 혐오와 배척을 서사 속에 수용하면서도, 그것을 인간들의 자발적 반성과 공덕 실천을 통해 극복하는 독자적인 해법으로 전환시킨다. 이는 인간과 비인간의 관계를 재구성하려는 시도로, 동아시아 인귀교환 서사 속에서 「모란등롱」이 지닌 고유한 위치와 문화적 특수성을 분명히 드러내는 지점이라 할 수 있다.

5. 나가며

이 연구는 중국의 「모란등기」를 원전으로 삼아, 베트남의 「목면수전」과 일본의 「모란등롱」이 어떻게 번역·번안되었는지를 살펴보았다. 아울러 번역 과정에서 형성된 '인귀교환' 서사를 통해 각 작품이 인간과 비인간의 관계를 어떠한 방식으로 드러내고 있는지를 분석하였다. 그 결과 세 작품 모두 '죽음' 이후에도 지승으로 완전히 떠나지 못하고 이승을 배회하는 귀신을 중심인물로 삼고 있으나, 귀신을 대하는 인간의 태도나 귀신이 취하는 행위 양상은 서로 상이하게 전개됨을 확인할 수 있었다. 「모란등기」·「목면수전」·「모란등롱」은 인간 중심적 사고가 '비인간'을 어떻게 규정하는지를 보여줄 뿐만 아니라, 그로 인해 발생하는 폭력성과 그 대응 방식이 각 지역의 문화적 맥락

속에서 어떻게 다르게 드러나는지를 보여준다는 점에서 의의가 크다.

우선, 동아시아의 '모란 귀신 이야기' 속 귀신들은 한결같이 "사회적 죽음"[26]을 맞이한 존재들이다. 곧 생물학적 죽음만이 아니라, 공동체로부터 충분한 예우나 장례 절차조차 받지 못한 채 비인간화되는 처지에 놓인 이들이다. 「모란등기」 속 부여경, 「목면수전」의 섭경, 「모란등롱」의 이름조차 주어지지 않은 귀녀 등은 모두 이승에서 온전히 보내지지 못한 채 남겨진 존재들로, 생전의 억울함이나 미련을 해소할 수 없는 상황에 놓여 있다. 그렇기에 이들은 산 자의 세계를, 더군다나 인간 도시의 중심부를 배회하며 자신을 호명해 줄 인간을 찾아 적극적으로 말을 걸고자 노력한다. 그러나 인간들은 이들을 두려워하거나 일시적인 쾌락을 주고받는 대상으로만 여길 뿐, 정작 귀신의 목소리에 성실히 응답하려 들지 않는다. 결국 이 '소통 불가능' 상황이 지속되면 귀신은 관 속으로 인간을 끌어들여 죽음으로 이끈다거나, 병을 퍼뜨린다거나, 직접적인 해코지를 가하는 등의 극단적 행동을 택할 수밖에 없어진다.

중국의 「모란등기」에서 마을 주민들은 귀신 부부가 일으키는 재해를 스스로 해결하지 못해, 결국 철관도인 같은 초인적 존재에게 의존한다. 이는 귀신을 무력화시키는 일종의 대리 처벌 방식으로, 통제할 수 없는 비인간적 존재를 외부의 힘을 빌려서라도 억압하고자 하는 인간의 태도를 반영한다. 반면 베트남의 「목면수전」에서는 인간들이 귀신을 제사로 달래기는커녕, 도리어 관을 깨뜨려 해골을 강에 던져

---

26 박일용, 「『전등신화』 소재 명혼소설과 〈만복사저포기〉의 귀녀(鬼女) 형상과 그 상징적 의미」, 『문학치료연구』 53, 2019, 193쪽 각주 19 참조.

버리는 횡포한 행동을 보인다. 이는 귀신에게 가해지는 폭력이 얼마나 직접적이고 가혹해질 수 있는지를 상징적으로 보여주는데, 작품의 찬자는 이를 통하여 인간이 스스로 만들어낸 공포를 얼마나 잔인한 방식으로 표출하고 있는지를 비판적으로 폭로한다. 한편 일본의 「모란등롱」은 이야기 결말에서 귀신을 '퇴치'하기보다, 법화경을 독경하고 사경(寫經)한 경전을 무덤에 넣어주는 등 비교적 온화한 공양 방식을 택한다는 점에서 이채롭다. 이처럼 중국·베트남·일본의 '모란 귀신 이야기'는 모두 귀신을 인간 세계의 '이질적 침입자'로 설정하지만, 그에 대한 처분 방식은 각기 다르게 구성한다. 이를 통해 각 지역이 보이는 폭력적 상상력은 어떻게 다르고, 비인간 존재에 대한 문화적 대응 논리는 어떻게 다르게 작동하는지를 선명히 확인할 수 있다.

한편, 『금오신화』에는 「모란등기」·「목면수전」·「모란등롱」과 같은 1:1 대응의 번역·번안 작품이 포함되어 있지 않다. 그러나 향후 한국 전기소설인 「만복사저포기」와의 비교는 보다 흥미로운 지평을 열어줄 수 있으리라 기대된다. 왜냐하면 『금오신화』의 「만복사저포기」 역시 살아 있는 인간 남성(양생)과 귀녀(하씨)의 '인귀교환'을 다룬다는 점에서, 「모란등기」류 작품들과의 구조적·주제적 연관성을 지니기 때문이다.

그러나 「만복사저포기」는 인간과 비인간의 관계 설정이나 결말이 「모란등기」류 작품들과는 현저히 다른 양상을 보인다. 예컨대 「만복사저포기」에서 양생은 귀녀인 하씨와 정을 통하는 데 그치지 않고, 그녀가 속한 '귀녀'들의 세계에 보다 적극적으로 발을 들여놓는다. 이는 「모란등기」류 작품에서 흔히 볼 수 있는 '인간 남성의 공포와 배신' 서사와 구별되는 지점이다. 인간과 비인간의 경계를 넘나드는 양생의 태도는 귀녀의 이야기를 경청하고 그 감정에 공감하는 모습으로 이어지는데, 이는 곧 비인간 역시 소통 가능한 존재일 수 있다는 가능성을 암시한다.[27] 다시 말해,「모란등기」류 서사에서 귀신들이 간절히 바랐던 '이야기하기'는 반복적으로 차단되었지만,「만복사저포기」에서는 생자(生者)과 사자(死者)가 일정한 공명의 관계를 맺을 수 있음을 보여준다. 이와 같은 비교 관점은 결국 다음과 같은 근본적인 질문을 다시 제기하게 만든다. '귀신'이란 무엇인가? '비인간'은 어떻게 규정되며, 왜 '인간 이하'로 평가되는가? 그 과정에서 누가 폭력을 행사하고, 누가 피해자가 되는가? 이와 같은 물음을 통해 우리는 비인간에 대한 인간의 태도가 지닌 폭력성과 배제의 구조를 재차 확인하게 된다.

결국「모란등기」·「목면수전」·「모란등롱」그리고「만복사저포기」를 아울러 궁극적으로 포착해야 할 메시지는, 인간의 세계를 배회하는 존재를 어떻게 대우할 것인가, 그리고 왜 그들은 이승을 맴돌며 산 자를 괴롭게 하는가라는 질문에 다름 아니다. 나아가 이 이야기들은 경계 바깥의 존재와의 적절한 소통·이해·공감이 결여될 때 어떤 비극이 초래되는지를 분명히 보여주는 동시에, 특정 존재를 '비인간'으로 규정하거나 경계 바깥으로 밀어내는 인간의 폭력성을 다시금 환기시킨다. 공동체의 책임과 윤리가 부재하는 한, 귀신은 물론 모든 경

---

[27] 제때에 표현되지 못한 감정, 발설되지 못한 내면은 마치 장전된 화약이 폭발하듯 귀신이라는 충격적 존재로 현현한다. 비탄에 젖은 귀신의 음성에 귀 기울일 때, 그래서 그(녀)를 이해의 태도로 포용할 때에만 그(녀)는 타인뿐만 아니라 자기 자신으로부터, 스스로 얽어맨 귀신의 몸으로부터 해방될 수 있다. 이해는 소통이고 소통은 생명의 원천인 '숨'의 시작, 너와 나의 경계를 넘나드는 생명 활동의 단초이기 때문이다. (…) 그 음성에 귀 기울이는 것은 어쩌면 인간으로서 지켜야 할 매너이자 의무인지 모른다. 최기숙,『처녀귀신』, 문학동네, 2010, 174~175쪽.

계 밖의 존재들이 '비인간'이라는 이름으로 낙인찍히고 배제당할 수밖에 없기 때문이다.

이번 연구에서 논의가 미치지 못한 영역, 곧 한국의 「만복사저포기」와 동아시아 「모란등기」 계열 작품들을 본격적으로 비교·분석하는 작업은 유의미한 후속 과제로 남는다. 소통이 불가능한 귀신에게 인간이 폭력을 행사하는 서사와, 소통 가능성을 열어 둠으로써 귀신과 인간이 상호 '공명'을 시도하는 서사는 어떠한 미적·사상적 효과를 발휘하는지, 그 공명 과정은 또 어떤 윤리적 함의를 지니는지 구체적으로 밝힐 필요가 있다. 이러한 논의가 더욱 풍부해진다면, 비단 '모란귀신 이야기'에 국한되지 않고 동아시아 문학 전반에 나타나는 인간과 비인간의 관계에 대해 더욱 깊은 이해와 성찰에 도달할 수 있으리라 기대한다.

'일할 수 없는 몸'을 전유하는 페미니스트 SF의 상상력

김보영 소설을 중심으로

허윤

대니   저와 같은 사람인 줄 알았어요. 표정도 그랬고, 몸을 움직이는 모습도요. 쉬지 않았어요. 저처럼요. 아기를 돌보고, 행복하게 해주고 싶어하는 사람이었어요. 다른 AB들이 어딘가 있다고 들었는데, 올드타운에는 저 혼자라 궁금했어요. 그런데 그런 사람이 또 있는 거예요.
    - 윤이형, 「대니」, 『러브레플리카』, 문학동네, 2016, 42쪽.

1. '노동하는 시민'이라는 형상

    윤이형의 소설 「대니」에서 육아용 로봇 대니는 손자를 돌보는 할머니를 보고 자신과 같은 존재라고 생각한다. 쉬지 않고 일하는 할머니가 자신과 같은 로봇이라고 판단한 것이다. 할머니 역시 '젊고 아름다운 청년'이 자신에게 말을 걸었을 때, 그가 인간이 아니라고는 생각하지 않는다. 효율적으로 육아를 하기 위해 타인의 감정을 살필 수 있는 능력을 갖춘 로봇 대니는 할머니의 피로나 고통 등을 읽어낸다. 재생산 노동에 시달리던 할머니의 고통에 귀를 기울인 것은 대니뿐이었다.

대니는 불평 없이 아이들과 놀아주면서, 할머니가 힘들어할 때마다 그를 돕는다. 소설은 그가 할머니를 위해 사건을 저지르고, 할머니가 경찰서에서 취조를 받는 장면에서 시작한다. 대니는 인간에게 해를 끼치면 안 된다는 로봇의 대원칙을 위반했다는 이유로 폐기될 상황에 놓인다. 하지만 할머니를 가혹한 노동에 방치한 책임은 누구도 지지 않는다.

로봇은 1920년대 조선에 인조인간, 인조노동자로 소개되었다. "뎐화로 불러내면 령리하게 대답할뿐아니라 시키는 일을 담박에 하기시작하나니 사람처럼 반항을 한다든지 게을음을 부리고 괴롭다고 쉬는 일이 업스며 언제든지 정확하고 충실하게 끈임업는 노력을 하는 터이며 또 라디오를 응용하면 천리나 이천리박게서라도 ○○○○ 명령을 내릴수 잇고 뜻대로 사용할 수 잇는 편리하기 짝이업는"[1] "인조인간은 밥도 먹지 안을 뿐 아니라 술도 담배도 물도 안먹으며 주야의 구별도 업시 불면불휴로 혹사하여도 조곰도 불평을 말하는 법이 없"[2]다. 괴로움 없이 늘 웃으면서 아이를 돌보는 대니처럼, 잠도 자지 않고 쉬지도 않으면서 계속 일할 수 있는 로봇의 등장은 인간을 노동으로부터 해방시켜줄 수 있을 것으로 기대되었다. '로봇'이라는 말을 만들어낸 차페크(Karel Capek)의 희곡 「로봇(Rossum's Universal Robots)」은 1925년 박영희의 번역으로 『개벽』에 전문이 실린다. 이전에도 여러 차례 일부가 번역된 상태였다. '강제노동'을 뜻하는 체코어 로보타(robota)에

---

1 「(통속강화)인조인간(1), 잠자지도 않고 쉬지도 않고서 일을 하는 꼭 사람같은 기계」, 『중외일보』, 1928.3.6. ○은 잘 보이지 않는 활자.
2 「(통속강화)인조인간(3)」, 『중외일보』 1928.3.9.

서 온 로봇은 자본주의와 SF가 만나 인간성을 실험한 장이 되었다.[3] "인간의 고로를 업시하기위하야 로봇트라는 인조인간을제조하야 그 로말미아마 인류가 멸망하기에 이르는"[4] 이 작품에서 인조인간 로봇은 노동자 계급을 표상한다. 노동하는 자와 노동하지 않는 자로 나뉘는 세계에서 로봇은 구원자인 헤레나의 도움으로 혁명을 일으키고, 자신들의 권리를 획득하였다. 지배 계급이었던 인류는 로봇의 적으로 명명되고, 로봇에 의해 살해당한다.[5] 1920년대 조선에 도착한 SF는 무산 계급 노동자의 문제와 접속되어 혁명의 가능성을 이야기했다. 쉬지도 못하고 일하는 노동자가 계급 혁명을 통해 노동자 해방을 완수하는 것이다.

평등한 인간이라는 근대적 세계관을 완성하는 데 노동이 핵심에 놓인 것은, 일할 수 있는 몸이 시민권의 토대로 여겨지게 된 근대사회의 형성과 연결된다. 초기 시민권은 재산을 가진 사람들에게 먼저 주어졌다. 재산이 있어야만 투표를 하고 정치에 참여할 수 있었다. 이후 시민들의 집합이 확장되면서 재산은 없지만 일을 통해 소득을 얻는 노동자에게도 시민권이 주어졌다. 즉 노동이 재산만큼 안정적인 이익을 창출해낼 수 있는 것으로 여겨진 셈이다. 이에 재산에 버금가는 안정성을 근로소득에 부여하기 위해 단체보험, 사회보험이 생겨났고, 빈민 구호는 고용 안정 및 사회보험에 접근하지 못하는 시민들에게 적용되는 수당의 권리로 재해석되었다. 이로 인해 노동 수익을 통해

---

3 마크 오코널, 노승영 옮김, 『트랜스휴머니즘』, 문학동네, 2018, 151~155쪽.
4 마해송, 「마음의 극장 버레의 생활 1」, 『조선일보』 1927.9.17.
5 여덜뫼, 「카렐 차펙크의 인조노동자: 문명의 몰락과 인류의 재생」, 『동아일보』 1925.2.9.

세금을 납부하는 자가 시민으로, 일하지 않는/못하는 자는 비시민으로 여겨진다. '기꺼이 일하겠다'는 마음가짐은 시민의 최고 의무가 된 것이다.[6] 그러나 실업률이 상승하고 일자리가 희소해지기 시작하는 1980년대 이후 시민권에 수반되는 사회권의 이행은 비판에 부딪혔다. 그런 점에서 2000년대 소설에서 일하는 존재로서의 인간성을 검토한다는 것은, 지금 사회가 시민과 시민권에 대해 어떻게 해석하는지를 보여주는 것이기도 하다.

이 글에서 다룰 SF 작가 김보영은 소설을 통해 한국사회의 정상성을 전유하여 재질문하는 작업을 진행한다. 이성애자-비장애인-남성 중심의 근대적 세계관에 대한 반성으로부터 도래한 SF는 출발에서부터 소수자 정치와 조우할 수밖에 없다. 특히 페미니스트 SF에서 포스트휴먼적 상상은 남성중심적 세계에 대한 반발로부터 시작되어 다각도로 이어진다. 강은교와 김은주는 "페미니즘과 SF의 조우를 페미니즘 대중화의 일환으로만 분석하는 것도, SF의 장르적인 특성으로만 분석하는 것도 충분치 않다"[7]고 지적하면서 김보영 소설에 대한 페미니스트적 접근을 시도하였다. 유전자 개량, AI, 사이보그 등 SF소설의 장르 공식을 충실하게 활용하는 김보영은 2000년대 중반부터 한국 SF 장에서 오랫동안, 그리고 끈질기게 활동한 작가다. 그는 SF를 보편소설의 영역으로 끌어들인 작가로 여겨졌으며, 낯섦과 인식이라는 SF의 시학에 충실한 작가로서 인간성에 대한 인식을 갱신한다는 평가를

---

6 헤르만 R. 판 휜스테런, 장진범 옮김, 『시민권의 이론』, 그린비, 2020, 187~199쪽.
7 강은교·김은주, 「한국SF와 페미니즘의 동시대적 조우: 김보영의 「얼마나 닮았는가」와 듀나의 「두번째 유모」를 중심으로」, 『여성문학연구』 49, 한국여성문학학회, 2020, 36~62쪽.

받았다.[8] 포스트휴먼적 관점에서 김보영의 소설을 살펴보는 연구는 근대성에 대한 비판을 모색하는 포스트휴머니즘이 선보이는 인간관과 시공간적 특성을 고찰한다.[9] 김보영은 인간과 비인간, 장애와 비장애, 여성과 남성 등 이원화된 세계의 규칙을 전유함으로써 근대성의 규율인 '일하는 몸' 이후의 세계를 탐구한다. "당신이 사이보그이며, 사이보그가 곧 당신이다."[10]는 선언처럼 인간성과 정상성에 대한 근본적 비판이, 김보영의 소설에서 전개되고 있다.

2. 일할 수 없는 몸을 생산하는 사회

기술의 발전을 통해 인간의 물질적, 신체적 한계를 극복한다는 트랜스휴머니즘은 SF의 단골 소재로 등장한다. 과학기술을 이용한 우수한 유전자로의 개량은 인간의 신체가 가진 한계를 극복하고 풍요로운 삶을 약속하는 것처럼 보였다. 이러한 생명 권력은 인구 통제를 통해서 일련의 정치 경제적 문제를 통제/통치한다. 사망 대 출생의 비율, 출산율, 인구증가율과 같은 수치는 공동체를 관리하기 위해 통

---

8   우미영, 「한국 현대소설의 '과학'과 철학적, 소설적 질문」, 『외국문학연구』 55, 한국외국어대학교 외국문학연구소, 2014, 121~142쪽.
9   노대원, 「포스트휴머니즘 비평과 SF」, 『비평문학』 68, 한국비평문학회, 2018, 110~133쪽; 연남경, 「여성 SF의 시공간과 포스트휴먼적 전망」, 『현대소설연구』 79, 한국현대소설학회, 2020, 105~139쪽.
10 캐서린 헤일스, 허진 옮김, 『우리는 어떻게 포스트휴먼이 되었나』, 열린책들, 2013, 14쪽.

치성의 대상이 된다. 특히 출산율이나 인구증가율은 즉각적으로 생산 인구와 연결된다. 행정기관과 의료기관은 생산가능한 인구를 정상화 (normalizing)하고, 이는 곧 권력 기술 체계의 역사적 결과가 된다. 주체들 스스로 정상성을 내면화하도록 만드는 것이다. 국가의 통치행위는 어떤 인간 집단을 장애화하고, 인정화하고, 젠더화하면서 불평등 효과를 유발시키는 사회적, 경제적, 정치적 계층화와 연결된다.[11] 건강하고 우수한 인간을 재생산하는 것은 법적으로 허용되며, 실상은 권장되는 것이기도 한 셈이다. 우생학적 사유는 아주 쉽게 정당화된다. 19세기 초 제정된 미국 독립전쟁 연금법은 법적, 사회적 복지의 범주에서 장애를 정의했다. 이에 따르면, 장애는 경제적으로 생산적인 노동을 할 수 없는 상태를 의미했다. 실명, 다리 절단, 마차 사고로 인한 손 부상 등의 손상으로는 장애인으로 정의되지 않았다.[12] 즉 일할 수 있는 상태인가 아닌가에 따라서 장애 여부가 결정되고, 어떤 상태가 일할 수 있나, 없나를 결정하는 기준 역시 역사적으로 변화해 온 것이다. 이러한 과정에 비추어보면 '일할 수 없는 몸'이라는 장애에 대한 판단 기준은 오히려 확장되고 있음을 알 수 있다. 이는 시민권의 축소와도 연결된다.

「우수한 유전자」(2006)는 유전자 판별기를 이용해서 질병 없이 장수하는 신체를 획득한 '스카이돔'과 자연적인 방식으로 출산하고 원시적 방식으로 치료하는 '키바'로 이원화된 세계를 그린다. 우수한 유

---

11 셸리 트레메인, 박정수 옮김, 「푸코, 통치성, 그리고 비판적 장애 이론」, 『푸코와 장애의 통치』, 그린비, 2020, 21~37쪽.
12 킴 닐슨, 김승섭 옮김, 『장애의 역사』, 동아시아, 2020.

전자만이 출생하는 스카이돔은 평균 수명이 200살인 트랜스휴먼들의 공간이지만, 자연출산을 계속하는 키바는 가난과 질병에 시달리는 낙후된 지역이다. 게다가 6천만 명의 키바 사람들의 생산물은 세금의 형태로 1만 명이 거주하고 있는 스카이돔으로 보내진다.[13] 제국과 식민지를 본뜬 이 관계는 힘든 노동을 하지 않는 자와 하는 자로 계급화된다. 스카이돔의 이상주의자인 초점화자 지훈은 무지하고 뒤떨어진 키바를 돕기 위해 유전자 판별기를 사용할 수 있는 기회를 얻어낸다. 스카이돔은 우수한 유전자가 보편화될 경우, 자신들의 특권적 지위에 위협이 될 것이라고 고심한 끝에 1년에 1명이라는 해결책을 제시한다. 이는 유전자의 개량이 인류의 진화를 위한 것이 아니라는 점을 잘 보여준다. 우수한 유전자는 특정한 사람들에게만 허용되는 것이지 사회 전체를 개선시키는 방향으로는 작동하지 않는 것이다. 그러나 지훈의 생각과는 달리, 키바 사람들은 과학기술을 거부한다. 유전자 판별기를 사용할 수 있게 해주겠다던 시혜는 저조한 희망자로 인해 좌초될 위험에 처한다.

> 길 양쪽으로는 논밭이 펼쳐져 있었고, 밭 사이사이마다 성냥갑처럼 납작한 집들이 따닥따닥 붙어 있었다. 지붕은 밀짚으로 덮여 있었고 벽은 흙으로 만들어져 있었다. 반쯤 벌거벗은 아이들이 진흙투성이가 되어 도랑을 맨발로 뛰어다녔다.[14]

---

13 "초창기에는 무역상이라도 들락거렸지만, 키바에 '굳이 무엇을 줄 필요가 없다'는 것을 깨닫게 된 후로는 불공정하고 합법적인 조세(또는 강탈)만이 남게 되었다. 정책이 바뀔 때마다 세금은 과도해지기도 했고 완화되기도 했지만, 키바는 아무 불평 없이 할당량을 채웠다." 김보영, 「우수한 유전자」, 『멀리 가는 이야기』, 행복한 책읽기, 2010, 167쪽.

여자는 다행히 노화가 진행되는 것 같지는 않았지만, 스카이돔의 조각 같은 여자들만 보며 살아 온 지훈의 눈에는 끔찍하게 못생겨 보였다. 여자의 눈은 너무 작았고, 입술은 너무 두꺼웠고, 코는 너무 컸고, 이마는 너무 넓었고, 몸은 너무 뚱뚱했고, 키는 너무나 작았다.[15]

죽음과 질병을 거부하는 스카이돔에는 아름답고 건강한 사람들만 있다. 반면 키바는 질병과 가난으로 점철되어 있다. 이로 인해 평범한 키바 사람들은 추한 사람들로 보인다. 귀가 잘 들리지 않는 손녀딸이 있는 촌장에게, 지훈은 유전자 판별기를 이용하면 장애 없이 태어날 수 있다고 설득한다. 하지만 건강과 아름다움을 능력이자 가능성으로 평가하는 사회적 규범이 없는 키바에서는 장애가 비정상성으로 연결되지 않는다. 촌장을 만나 유전자 판별기를 사용하라고 설득하려던 지훈의 계획은 수포로 돌아간다. 이는 장애가 실제적인 신체적 특징이 아니라 특정한 몸을 비정상으로 간주하는 사회적 해석이라는 점을 잘 보여준다. 김보영은 촌장의 마지막 말을 통해, 장애와 비장애, 우수한 유전자와 그렇지 못한 유전자 사이의 차이를 뒤집는다.

스카이돔의 사람들은 아직 육체에 과도하게 얽매여 있으므로 매일 엄청난 분량의 식사를 섭취해야 합니다. 더위와 추위를 견디지 못하므로 늘 같은 기온을 유지하는 건물이 필요하고, 질병에 취약하므로 모든 종류의 예방접종을 받아야 합니다. 이제는 우리가 그들을 위해 만들어 준 감옥(비록 우리가 최대한 그들의 취향에 맞춰 주고는 있지만) 안에서밖

---

14 위의 책, 165쪽.
15 위의 책, 170쪽.

에는 살 수 없는 몸이 되고 말았습니다. (중략) 자기 자신조차 스스로 돌볼 수 없어 우리 6천만 선민들의 보살핌이 없으면 단 하루도 생존하지 못하면서도, 자신들이 불행하다는 사실도 깨닫지 못합니다.[16]

촌장은 아름다움이나 건강, 수명 등을 고민하는 스카이돔이야말로 "육체에 과도하게 얽매여 있"는 것이라고 단언한다. 깨끗한 곳이 아니면 살지 못하고, 예방접종을 필요로 하고, 엄청난 양의 음식물을 섭취해야 하는 스카이돔 사람들은 실상 '감옥'에 갇힌 것과 마찬가지라는 것이다. 이러한 전유를 통해 취약한 것은 키바가 아니라 키바의 생산물에 기대고 있는 스카이돔이 된다. 건강한 신체가 노동을 위한 것이라면, 스카이돔 사람들이 노동을 해야 한다. 하지만 정작 노동을 하는 것은 키바 사람들이다. 건강한 신체라는 우생학적 사고를 비트는 사유의 전환이다. 노대원은 김보영의 「우수한 유전자」를 '포스트휴먼 시대를 사유하는 사변 소설'로 정의한다. 취약성이 과학기술의 발전을 통해서만 극복될 수 있는 것이 아니며, 고도의 정신주의를 통해 트랜스휴머니즘의 맹점을 비판적으로 사유하고 있다는 것이다.[17] 그런데 키바의 정신주의는 오히려 몸에 기대고 있는 철저한 유물론적 사고다. 촌장은 노동과 육체의 역전을, 근대성과 빠른 성장, 물질적 풍요에 대한 의문을 제기한다. 실제로 물질에 근거한 삶을 사는 것은 키바 사람들이다.

지훈이 실천하고자 하는 사회복지적 접근은 근대국가가 시민을 조

---

16 위의 책, 186~187쪽.
17 노대원, 「한국 포스트휴먼 SF의 인간 향상과 취약성」, 『한국문학이론과 비평』 86, 한국문학이론과 비평학회, 2020.

직하는 방식으로 동원했던 것들이다. 가난하고 건강하지 않은 사람들을 모아서 시설화하고, 이들을 일할 수 있는 신체로 재조직하는 과정은 사회복지의 이름으로 수행된다. 그런데 일할 수 있는 몸으로의 변모는 상당히 아이러니하다. 유전자 판별기가 인구를 개량하는 데 목적이 있다면, 스카이돔은 키바에 무제한적인 사용을 보장해야 한다. 하지만 그럴 경우, 스카이돔과 키바 사이의 위계가 붕괴될 위험이 있다. 스카이돔 시민들의 권리를 위해, 키바는 원시적인 상태로 남아 있어야 하는 것이다. 정상과 비정상을 끊임없이 구분 짓고 차이를 생산하려는 욕망이 차이를 만들어 낸다. 이를 위해 장애인은 통제된 시설에서만 일할 수 있다. 시설 밖으로 나와서 자립하는 경우, 일자리를 찾을 수 없을 뿐 아니라 최저임금조차 지켜지지 않는다. 일할 능력이 없다는 이유로 시설화되지만, 일할 수 있는 몸을 인정받아 사회로 나오면 다시금 일할 수 없게 되는 것이다.[18] 김보영은 지훈을 통해서 시혜적으로 접근하는 사회보험 제도의 허울을 지적한다. 지훈은 키바를 더 나은 사회로 재조직하기 위하여 유전자 판별기의 사용을 제안한다. 유전자 판별기는 우생학적 출산을 보장하는 것으로, 이미 모자보건법을 통해 제한적 임신중단만을 인정하고 있는 한국사회를 연상시킨다.[19] 지훈이 목격한 키바는 극빈자들, 노동하지 못하는 장애인들로

---

18 정다운, 「탈시설과 중증장애인 노동권: '현저히 낮은 근로 능력'이라는 기준은 누가 정하는가」, 『시설사회』, 와온, 2020, 221~227쪽.
19 낙태죄가 폐지되기 전에도 모자보건법에서는 "본인 또는 배우자가 대통령령으로 정하는 우생학적 또는 유전학적 정신장애나 신체질환이 있는 경우"에 낙태가 허용되었다. 이는 실질적으로 유전자 판별기의 기능을 한다. 산업화 시대 '공익'을 위해 인구를 억제하는 정책을 펼친 것이나 장애인 시설에서 불임수술이 벌어진 것은 한국사회가 장애 인구를 비정상인으로 간주한 것이다. 이에 관련해서는 황지

가득한 비위생적이고 불쾌한 공간이다. 그러나 키바가 스카이돔을 지탱하고 있다는 것에서 알 수 있듯, 일할 수 없는 몸, 비정상의 신체는 스카이돔 쪽이다. 장애인으로 간주되는 사람은 몸이 특정 방식으로 보여야 하고 작동해야 한다는 가정을 토대로 이루어진 건축적, 태도적, 교육적, 직업적, 법적 관습에 그들의 몸이 맞지 않기 때문에 완전한 시민권을 행사하지 못한다. 특히 근대화가 진행되면서 장애 형상은 산업화의 경제적, 사회적 혼란으로 인해 노동의 의미를 유지할 수 없는 데서 생겨나는 불안을 투사하는 거울이 되었다. 자유로운 주체라는 믿음을 지지하기 위해, 극빈자들, 노동하지 못하는 자들은 자신의 사회경제적 상황으로 인해 '게으른 자, 무능력한 자'라는 평가를 받아야 했다.[20]

김보영은 스카이돔과 키바의 전유를 통해, 키바를 어리석고 무능한 자들의 공간으로 보는 스카이돔 사람들의 시선을 비판한다. 몸/물질에 종속된 것이 오히려 스카이돔이라는 촌장의 말은 과학기술의 발전이나 사회복지제도의 운영이 시민권을 확장하는 데 사용되지 않는다는 점을 보여준다. 반면 키바는 취약함을 바탕으로 타자와 연대하는 공동체를 형성한다.

성, 「건강한 국가와 우생학적 신체들」, 『배틀그라운드』, 후마니타스, 2018, 215~242쪽 참조.
[20] 로즈메리 갈런드 톰슨, 손홍일 옮김, 『보통이 아닌 몸』, 그린비, 2015, 84~91쪽.

3. 비장애중심주의(ablism)와 역진화의 시간

장애가 문학으로 형상화될 때, 장애는 결핍이나 훼손, 식민지 등의 표상으로 등장했다. 로즈매리 톰슨은 장애는 통제할 수 없는 자아를 상징하며, 평등이라는 생각에 내재된 동일성에 대한 환상을 반박하는 듯 다름을 과시한다고 지적한다. 규범에 잘 따르고, 의지에 순응하는 몸이 아니라 무작위적이고 예측 불가능한 몸이라는 장애의 특징이 근대의 통치성을 위협한다는 것이다.[21] 이로 인해 장애와 비장애의 구분은 장애를 '하지 못하는 것'이자 '무능력한 것'으로 상정하는 데서 출발한다. 장애인을 지칭하는 person with disabilities나 disabled body는 빈민, 장애인 등 노동할 수 없는 자를 통칭한다. 장애인이라는 범주는 노동을 통해서 사회에 기여할 수 없는 자들을 명명하면서 만들어진 것이다.[22] 김보영은 장애가 사회적으로 구성되는 방식을 드러냄으로써 그 개념 자체에 질문을 던진다.

'보는' 세상에서 '들리는' 것이 일종의 초능력이 되는 「다섯 번째 감각」(2002)은 비장애중심주의를 폭로한다. 소설의 초점화자인 채연주는 언니가 교통사고로 갑작스레 사망하기 전까지 평범한 일상을 보냈다. 그러나 언니 세연이 죽은 뒤 찾아온 경찰은 그가 사이비 종교집단의 일원이었으며, "죽기 전에 입을 움직여" 주문을 외웠다고 의심한다. 게다가 언니의 사고를 목격한 연주 역시도 소리를 내고/듣는 사람이 아닌지 의심한다.

---

21 로즈메리 갈런드 톰슨, 위의 책, 75~80쪽.
22 김도현, 『장애학의 도전』, 그린비, 2020.

내 눈으로 보지 않았다면 믿을 수 없었을 것이다. 그들은 틀림없이, '손'이 아닌 다른 방식으로 대화를 나누고 있었다.
"우리의 언어를 모른다는 것을 깜박했군요. '청각'의 세계에 오신 것을 환영해요, 아가씨."[23]

소설의 중반에 가서야, 독자들은 자신이 듣고 말하지 않는 세계에 있다는 사실을 눈치챈다. 김보영은 청각을 초능력으로 명명하는 사회를 묘사하면서, 자연스럽게 정상성의 범위를 질문한다. 수화가 정상인 사회에서는 소통하기 위해서 손을 본다. 손을 보면서 대화하는 사람들은 말을 하면서 짐을 나르거나 일을 할 수 없다. 손을 쓸 수 없게 되기 때문이다. 하지만 이 비효율성, 일할 수 없음에 대해서 누구도 장애로 명명하지 않는다. 오히려 소리를 듣고 말하는 것은 비정상적인 초능력으로 지칭된다. '할 수 있다'가 공포를 불러오는 것이다. 김보영은 초능력자가 사회의 비정상인으로 지목되는 SF의 클리셰를 가져와서 비장애의 비정상화를 그려낸다. 수화가 정상인 세계에서 청각은 사이비 종교가 되고, 단속당해야 할 위험한 능력이 된다. 감이 좋고, 인기척을 잘 느끼는 '들을 수 있는' 사람들은 '말이 보이는' 세계에서는 위험한 자들로 체포될 위험에 처한다. 소리를 통해 비가 내릴 것도 미리 알 수 있고, 경찰이 문을 열고 들이닥칠 것도 미리 알 수 있기 때문에 예지 능력을 가지고 있다고 여겨지기 때문이다. 이 능력은 듣지 못하는 '선량한 시민'을 무섭게 한다. 김보영은 이 역전된 세계를 통해 정상성이 얼마나 허약하게 구조화된 개념인지를 보여준다.

---

23 김보영, 「다섯 번째 감각」, 『멀리 가는 이야기』, 행복한책읽기, 2010, 107쪽.

장애가 있어도 그것이 비정상으로 명명되지 않는 사회에서는 듣고 말하지 못하는 사람들이 노동자, 시민으로 인정받는다. 문제는 이 둘을 구분 짓고 차별화하는 사회의 의식구조다. 처음에는 "귀로, 무엇을 할 수 있지요?"(110쪽)라고 질문하던 연주는 점차 가능과 불가능의 경계를 넘나든다. 그는 반사회단체로 지목된 말하고 듣는 사람들과 함께 비정상의 공동체로 나아간다. 그리고 자신 안에 잠재된 능력, 노래하는 기쁨을 발굴한다.

비장애중심주의에 대한 김보영의 문제의식은 정상성을 질병화하는 것으로 이어진다. 「지구의 하늘에는 별이 빛나고 있다」(2009)는 기면증을 앓는 '나'를 통해서 질병과 함께 살아가기를 모색한다. 하루에 일정 시간을 '기절하는' '나'는 알 수 없는 질병에 걸렸다는 진단을 받는다. 의식을 잃도록 내버려두는 것, 곧 잠을 자는 것은 아동학대로 여겨지기도 하고, 지능이 낮거나 정신분열증이 있다고 여겨지기도 한다. 기대수명이 낮다는 말도 따라붙는다. 이 세계에서 잠/기절은 자신을 취약하게 만드는 것이며, 생산적인 일을 하지 못하는 시간이다. 그렇기 때문에 잠은 치료를 통해 제거되어야 하며, '앞으로 좋아질 무엇'이자 임시적인 것으로 통칭된다. 관과 같은 나무판자에 들어가서 잠을 청하는 '나'를 부모들은 부끄러워하고, 이상하게 여긴다. 하지만 주인공 '나'는 치료를 받아서 나아지려는 시도를 거부한다.

> 내 건강은 염려하지 않아도 된다. 네 마음은 이해하지만 나는 치료를 받을 생각이 없단다. 나을 확률이 얼마가 되건 상관없다. 부작용이나 위험 때문만도 아니다. 내 상태는 나의 일부다. 바꿀 마음이 들지 않는구나.[24]

동생에게 보낸 편지에서 '나'는 질병을 자신의 일부로 받아들인다. '나'는 "'낫는다'는 것은 나와 다른 사람이 되는 것을 의미한다"며 "내 입장에서는 나를 버리는 것", "내 모든 것을 버리는 것"이라고 정의한다.[25] 다른 사람과 다른 점을 질병으로 환원하고 이를 치료해서 개선해야 할 것으로 여기는 사회에서 질병과 더불어 살아가는 것은 어리석은 선택으로 여겨진다. 그러나 난치의 질병이 곧 주체를 구성하는 것이라면, 질병은 나아지거나 좋아져야 하는 것으로 상상되지 않는다. 김보영은 비장애중심주의를 구성하는 능력주의 대신 정체성으로서의 질병을 주장함으로써 '건강하게 노동하는 신체'라는 통치성을 거부한다.

과거에는 모든 사람들이 들을 수 있었다(「다섯 번째 감각」)든가 "지구에는 별이 빛난다"(「지구의 하늘에는 별이 빛나고 있다」)는 진술은 김보영 소설이 지금-여기가 아닌 미래 시점에서 기술하고 있다는 점을 보여준다. 잠을 자지 않아도 피로를 느끼지 않고 쉴 필요도 없는 세계가 왔지만, 인간의 구별짓기는 크게 다르지 않아 보인다. 김보영이 상상하는 미래 사회는 정상성이 비정상화되는 '이상한' 사회기 때문이다. 이 우생학적 진보의 감각을 비트는 이야기는 「종의 기원」(2005)과 자연스럽게 연결된다. 「종의 기원」은 사이보그와 인간의 경계를 무너뜨린다. 「다섯 번째 감각」에서와 마찬가지로 징싱과 비정상, 인간과 기계 등의 이분법은 역전된다. 청각이 초능력이 되는 것처럼, 기계는

---

24 김보영, 「지구의 하늘에는 별이 빛나고 있다」, 『진화신화』, 행복한책읽기, 2010, 73쪽.
25 위의 책, 77쪽.

생명이 된다.

> 생명은 자신의 의지를 갖고 있어야 하고, 전기 에너지를 이용해야 하며, 칩을 갖고 있어야 하고, 공장에서 만들어져야 하네.[26]

기계를 생명의 축에 놓으면, 생명의 개념이 전유된다. 자유의지라는 근대적 인간의 특성은 그대로지만, 전기에너지와 칩, 공장 생산이 생물의 자리를 전유한다. 정상적인 생명은 기계적인 것이고 인간적인 특성은 열등한 것이다. 인간과 닮은 로봇은 지능과 교양이 최하위 수준이라 평가받는다. 다양한 감정을 표현할 수 있는 이들은 이성적이지 않고, "농담을 하고 돌려 말하고 과도한 생략법을 쓴"(274쪽)다는 이유로 배척당한다. 표정이 쉽게 드러나는 이들은 공적인 자리에 적합하지 않고, 연구직이나 행정직 등 사회적인 일을 하기에 지나치게 감정적이라며 배제된다. 소설의 주인공 케이는 이러한 소수자 로봇이다.

케이 히스티온은 생명의 기원을 질문하는 자다. 기계가 세계의 주체이자 포스트휴먼의 지위를 차지한 세계에서, 창조론적 기원을 상상하는 것은 비합리적인 일로 여겨진다. 재료나 칩 없이 생명은 불가능하기 때문이다. 그래서 '유기'라는 말 뒤에는 '재료학'이 붙고, 생물학은 붙을 수 없다. 생물학과에서 연구하는 것은 무기, 기계다. 케이는 신이 생명을 주었다는 창조론을 믿는 어리석은 열등생으로 여겨지지만, 세실과 같은 유기생물학을 연구하는 로봇들에게는 선구자 대접을

---

26 김보영, 「종의 기원」, 『멀리 가는 이야기』, 행복한책읽기, 2010, 247쪽.

받는다. 김보영은 이러한 세계의 역전에 대해 질문한다. 케이가 시작한 유기생물학은 산소와 물이 생명의 주요한 원리라는 사실을 밝혀내고, 싹을 틔우는 것으로 이어진다. 유기생물학 연구실은 생명을 만들어내기 위해 공기와 물을 참아낸다. 몸의 표면에 녹이 슬고, 제대로 움직일 수 없게 되지만, 생명이라는 희열에 홀리듯 빠져든다. 그리고 이 희열의 정점에서 인간이 태어난다.

> 모터음도 엔진 돌아가는 소리도 없었고, 기운 자국 하나 없었다. 케이는 한순간에 깨달았다. 모든 로봇은 모조품이며 불완전품이며, 이 완벽한 생물을 흉내 낸 그림자일 뿐이었다. 케이의 눈앞에 있는 것은 완전체였고 하나의 이데아였으며, 모든 예술가들이 평생을 바쳐 추구하는 '성스러움', 이제 이 세상에 더 이상 남아 있지 않다고 믿었던 '신성' 그 자체였다.[27]

케이가 연구소를 떠난 후, 연구실은 '로봇을 닮은 유기생물', 인간을 만들어낸다. 즉 인간의 역사 전에 로봇의 역사가 있었던 셈이다. 그리고 이 시원적 인간은 로봇들 사이에서 신으로 숭앙된다. 소설은 생명의 창조는 과학기술임을, 과학이 신성을 만들어냈음을 통해 창조의 시간을 탈신성화한다. 떠난 지 30년만에 연구소를 방문한 케이는 인간에 홀려 있는 기계들을 보며 신이 된 인간이 자신의 취약함을 위협할 로봇을 죽게 하리라고 생각한다. 이미 로봇들은 자신의 생명을 희생하고 있었다. 케이는 자신을 이해하던 유일한 동료 세실의 반대

---

27 김보영, 「종의 기원: 그 후에 있었을지도 모르는 이야기」, 『멀리 가는 이야기』, 행복한책읽기, 2010, 322쪽.

와 저지에도 불구하고, 인간을 죽인다. 이 살해는 인간 종이 자신의 취약함에도 불구하고 타자와 공존할 수 있는가라는 근본적인 질문을 상기시킨다.

> 겨울 중 나는 허물을 벗었다. 가혹한 환경을 견디다 못한 몸뚱이가 결국 골격구조에서 내장기관의 위치까지 변화시키는 일종의 '정리'를 결정한 것이다. (중략) 새로운 몸에는 뱀처럼 미끈거리는 비늘이 돋아났고, 도마뱀 같은 긴 꼬리가 돋아나 있었다. 나는 잃어버리고만 내 인간성 앞에서 조금 울었지만 곧 진정했다. 내 몸은 최소한 내 이성보다 현명하다. 그들은 인간의 존엄성과 자존심보다 생존이 중요하다는 것을 이해하고 있다. 흐늘거리는 인간의 껍질은 모두 먹어 치워 영양을 보충하였다.[28]

「진화신화」(2006)의 '나'는 숙부에게 권력을 빼앗긴 왕자다. 거세된 주체인 그는 인간에서 동물로 퇴화한다. 하지만 몸이 허물을 벗는 과정에서 '나'는 의도와 달리 백성들로부터 신성한 존재로 여겨진다. 인간이기를 포기하고 동물이 되자 도리어 숭배받는 것이다. 이러한 역진화의 상상력은 인간과 비인간을 나누는 근원을 질문한다. 뱀이 변신하고, 곰이 진화해서 인간이 되는 것이 아니라 인간이 진화해서 동물이, 괴물이 된다는 방식으로 시원적 신화를 비틀어서 진화의 시간을 되감는다. 이처럼 진화의 시간성을 질문하는 김보영 소설은 과학기술의 발전이 인간의 삶을 발전시키지 않는다는 점을 보여준다.

---

28 김보영, 「진화신화」, 『진화신화』, 행복한책읽기, 2010, 20쪽.

4. 비인간의 인식론과 성차의 탈자연화

근대의 자유주의적 주체는 성별, 인종, 민족성을 포함한 신체적 차이가 '없는 셈치고' 보편적 주체를 주장한다. 신체성으로 인해 생겨나는 차이가 차별을 만드는 상황을 인지하지 않는 것이다. 그렇기 때문에 성차화·인종화·자연화된 타자들은 열등한 존재로 여겨진다. 그런 점에서 휴머니즘 이후를 상상하는 포스트휴머니즘은 근대적 인간성의 한계를 지적하면서 출발한다.[29] 특히 페미니스트 SF에서 포스트휴먼적 상상은 남성중심적 근대성에 대한 비판을 병행한다. 계급, 권력, 자본, 성차 등을 탈주하는 한국의 여성 SF가 소수자와 '더불어 살아가기'를 보여준다는 것이다.[30] 페미니스트 SF는 과학기술과 여성 사이에 존재하는 질서와 무질서, 연속성과 불연속성을 동시에 체험시켜주고 있다는 것이다.[31] 이러한 논의들은 SF소설 속 포스트휴먼 형상이 현실의 타자성을 환기하는 매개체로 사용되고 있다는 점을 보여준다. 이는 근대소설이 주인공으로 삼았던 문제적 개인이 남성-이성애자-비장애인으로 구성된 정상성을 '보편 주체'의 표상으로 삼았음을 전제로 한다.

육체노동을 대신하는 인조인간으로 등장했던 로봇은 AI와 만나 보다 복잡한 기능을 수행하게 되었다. 그러나 인간 아닌 것이 인간의

---

29 로지 브라이도티, 이경란 옮김, 『포스트휴먼』, 아카넷, 2015, 8~74쪽.
30 서승희, 「포스트휴먼 시대의 여성, 과학, 서사: 한국 여성 사이언스 픽션의 포스트휴먼 표상 분석」, 『현대문학이론연구』 77, 현대문학이론학회, 2019, 130~153쪽.
31 김미현, 「포스트휴먼으로서의 여성과 테크노페미니즘-윤이형과 김초엽 소설을 중심으로」, 『여성문학연구』 49, 한국여성문학학회, 2020, 10~35쪽.

노동을 완전히 대체할 수 있는 상황이 되어도, 노동할 수 있는 몸을 둘러싼 긴장은 계속된다. 김보영은 「얼마나 닮았는가」(2017)에서 이러한 인식의 객관성을 심문한다. 소설의 초점화자는 위기관리 AI 컴퓨터 훈이다. 항해사인 '나'('훈')는 우주선 내의 불온한 공기를 해소하기 위해 스스로 악역을 자처한다. '인간이 되고 싶다'는 억지를 부린 것이다. 보급선이 주행을 완료하기 위해서는 선원들 사이의 갈등이 해소되어야 하고, 이를 위해 자신을 외부의 적으로 설정하는 것이 좋다고 판단한 결과다. 하지만 훈의 계산에도 불구하고, 선원들은 단결하지 못한다. 조종사 김지훈은 의체를 통해 인간이 된 훈에게 "신에 가까워진 기분이 드냐"며 시비를 걸고, 선장 이진서 역시 훈을 결박함으로써 통제하려고 한다. 이들은 시종일관 훈에게 폭력을 행사하지만, 훈이 계산했던 것처럼 선장과 협력하지는 않는다. 인공지능을 가진 훈의 계산으로도 답이 나오지 않는 이 상황은 훈의 합리성이 계산하지 못한/않은 지점을 드러내면서 해결된다.

  훈은 이 궁극적 불화의 원인이 젠더에 있다는 것을 뒤늦게 알아챈다. 항해사인 강우민은 선장의 명령에 불복하고 그의 말을 무시하는 성향을 보인다. 심지어 강우민과 김지훈은 인간이 된 훈을 강간하려다 이진서에게 들켜 감봉 처분을 받는다. 문제 상황을 이해하지 못하는 훈에게 이진서는 말한다. "여자 말 안 듣는 사내놈들은 쌔고 쌨어."[32] 이진서의 이 말에 훈은 자신이 세계를 인식하는 방법에 한계가 있었다는 것을 깨닫는다. 몸을 갖게 되는 순간 젠더가 부여되고, 이는 훈이

---

[32] 김보영, 「얼마나 닮았는가」, 『아직 우리에겐 시간이 있으니까』, 한겨레출판, 2017, 246쪽.

세계를 경험하는 방식을 바꾼다. 이진서가 "예민하고, 경계심이 많고, 선원들을 불신하는 경향이 있"는데다 "친밀성도 적극성도 부족"(227쪽)한 것은 그가 함선의 남성들로부터 위협받기 때문이다. 우주선 선장이 여성이라는 사실은, 이진서가 제대로 일할 수 없는 환경을 만든다. 장애의 정의가 노동할 수 있는 능력의 부재라는 점을 생각한다면, 여성은 장애로부터 완전히 자유로울 수 없다.[33] 즉 이 경우, 젠더는 장애로 작동한다. 노동시장에서 여성은 늘 2등 시민의 위치에 있다. 훈이 함선을 이끄는 데 부적격하다고 보고했던 이진서의 행동은 여성을 무시하고 공격하는 남자들로 가득한 선내에서 자신을 지키기 위한 방식이었음이 드러난다. 이진서는 통로 쪽에서 잠을 잘 만큼 늘 긴장한 상태였다. 하지만 이진서가 여성이라는 것을 '모르는' 훈은 이진서와 선원들 사이의 문제를 이해하지 못했다.

소설은 AI인 훈의 입을 빌려 한국사회를 압축적으로 제시한다. "나이에 따라 다른 언어를 쓰는 문화권"(189쪽)이라든지 "인간은 인간과 완벽히 같거나 아예 다르면 불편해하지 않지만 비슷하면 불편해하거나 두려움을 느낀다"(210쪽) 등과 같은 한국에 관한 정보들은 훈의 데이터 안에 남아서 훈이 인간을 이해하는 데 도움을 준다. 하지만 방대한 훈의 데이터에, 남성과 여성의 차이에 대한 부분은 존재하지 않았다. "너희 나라 공무원이, '그런 건 존재하지 않는다'고 믿고 내게서 지워버렸"(251쪽)기 때문이다. 이는 성차별은 더 이상 존재하지 않는다는 목소리를 날 것으로 드러낸다. 하지만 성차별이라는 필터 없이, 훈은 선내의 분위기를 해석할 수 없었다. 왜 남찬영과 이진서가 선내

---

33 킴 닐슨, 김승섭 옮김, 『장애의 역사』, 동아시아, 2020, 124쪽.

에서 따로 떨어진 것처럼 보이는지, 강우민과 김지훈이 인간이 된 자신을 공격하는지 제대로 이해하지 못한 것이다.

획일적인 근대성을 비판하는 페미니스트 입장론은 객관성이 백인, 남성, 제국의 눈으로 쓰여졌다는 점을 지적한다. 샌드라 하딩은 서구 문화의 과학과 지식이 백인, 이성애자 남성의 인식방법과 관찰방식에 부당한 권위를 부여하였다고 비판했다. 이제 "모든 계급, 인종, 문화에 속한 여성을 위한 과학과 기술이 필요하다"는 것이다.[34] 다나 해러웨이의 상황적 지식(situated knowledge) 역시 마찬가지다. 해러웨이는 객관성은 전지전능한 것이 아니라 '제한된' 위치 및 '상황적' 지식에 관한 것이라고 주장한다. "객관성이 특별하고 특수한 체현에 관한 것이지 모든 제한과 책임의 초월을 약속하는 거짓 시력[시선, vision]에 관한 것이 아니라는 사실"을 폭로하면서, "제한된 위치 및 상황적 지식"을 도출한다.[35] 이러한 페미니스트 과학자들의 주장은 근대의 객관성이 지배계급의 한정된 세계관을 절대적인 근거로 삼았다는 비판에서 출발한다. 훈이 정보를 바탕으로 '편견 없는' 사고활동을 수행하였음에도 불구하고 현상을 제대로 파악하고 해결할 수 없었던 것은 성차별은 없다고 입력되어 있었기 때문이다. 주체가 서 있는 위치는 세계를 인지하는 방식에서 큰 차이를 불러온다.

훈이 인간의 몸을 택한 것은 선내의 문제를 해결하기 위한 수단이었지만, 남자들은 그가 인간을 동경하기 때문에 그런 선택을 했다고

---

[34] 황희숙, 「페미니스트 과학론의 의의-하딩의 주장을 중심으로」, 『한국여성철학』 18, 한국여성철학회, 2012, 5~37쪽.

[35] 김애령, 「사이보그와 그 자매들-해러웨이의 포스트휴먼 수사 전략」, 『한국여성철학』 21, 한국여성철학회, 2014, 67~94쪽.

생각한다. 신이 된 기분을 느끼냐며 훈을 위협하는 것도 이 때문이다. 하지만 가장 편견 없는 자의 위치에 있는 훈은 인간과 타자의 종적 구분을 비판한다.

> "인간과 벌레의 유전정보는 99% 일치해. 하지만 인간은 벌레에게 자아가 있다고 믿지 않지. 이 배의 선원들은 다 제각각으로 생겼지만 너는 네 선원들에게 자아가 있나 없나 의심하지 않을 거야. 하지만 결국, 인간이 누구에게 자아가 있다고 생각하는가는 단순한 습관일 뿐이야. '인간이 아닌' 인간은 역사상 얼마든지 있었어. 노예라든가, 식민지 주민이라든가, 다른 인종이라든가. 하지만 볼 수 있는 게 자신의 자아뿐이라면 그게 정말 자아인지도 증명할 도리는 없어."[36]

김보영은 훈을 통해 인간과 인간 아닌 자를 구분하는 관습에 대해 질문한다. '똑같은 인간'이란 없고, 비인간은 언제나 존재했다는 것이다. 이는 세계의 질서를 근본적으로 되묻기 시작한 지점이라 할 수 있다. 인간은 동일한 존재들이라고 가정하는 신화는 타자에 대한 폭력으로 이어진다. 이는 제국주의, 식민주의, 성차별주의를 관통하는 지점이다. 정상성을 규범화한 인간의 욕망은 언제나 자신과 다른 자를 인간이 아니라고 명명하고, 지배와 통치의 대상으로 삼았다. 여성의 신체를 가진 훈을 강간하려고 시도하는 것처럼 말이다. 결국 그들은 늘 불평하고 사건을 일으킨다.

이진서와 훈의 키스는 이성애중심적인 규범적 세계에 균열을 내는 장면으로 삽입된다. 훈은 "그제야 처음으로 내 성별이 궁금해졌지만

---

[36] 김보영, 위의 책, 209쪽.

여전히 중요한 문제는 아니었다"고 말한다. 육체는 빌린 것이고 이성과 사고만이 훈의 것인 상황에서, 키스는 육체가 느끼는 감각에 지나지 않는다. 훈은 성별을 기준으로 상대를 이해하고, 집단을 설명하는 데 대해 '데이터 오염'이라고 설명한다. 성별이 무엇인지를 인지하지 않는/못하는 것은 훈이 세계를 인지하는 데 있어서 중요한 차이를 야기했음에도 불구하고 말이다. 페미니스트 입장론을 대변하는 듯한 이 소설에서 인상적인 것은, 결국 마지막까지 맡은 바 임무를 수행하는 것은 비인간인 훈이라는 점이다. 인간이길 포기한 훈은 착륙선을 보급상자 껍질로 삼아 타이탄으로 내려가기로 결정한다. 의체는 "죽은 듯이" 이진서의 품에 안겨 있다. 훈은 "보급을 할 수 있다는 안도감과 만족감"으로 충만하다. 백업본으로 데이터만 정리된다면, 돌아올 필요는 없기 때문이다. 위험하고 실효성이 낮다는 이유로 이진서마저도 포기한 임무를 훈은 끝까지 고집한다. 그곳에 누군가 있을 가능성이 있다면, 구조 업무를 계속하겠다는 것이다. 이런 점에서 훈은 누구보다 가장 인간적인 존재로 거듭난다.

성차가 세계를 인식하는 방식을 바꾼다는 점은 김보영의 소설 『천국보다 성스러운』에서도 나타난다. 2018년 서교예술실험센터의 지원으로 열린 전시 '천국보다 성스러운'을 위해 기획된 이 소설은 신앙과 페미니즘, 성소수자를 함께 다뤘다. "하늘에서 신이 내려왔습니다. 그 신은 남자의 모습을 하고 있었습니다. 그날 이후로 모든 것이 변했습니다."라는 문장으로 시작하는 소설은 평범한 한국 여성 영희를 중심으로 한 바깥 액자와 영희가 상상한 신의 이야기를 다룬 안쪽 액자로 이어진다. 어머니가 돌아가신 후 혼자 일하며 아버지를 모시고 사는 영희는, 자신이 먹은 그릇의 설거지조차 하지 않는 아버지로 인해 고생하고 있다. 그런 영희의 세계에 신이 나타난다. 첫 번째 이야기에서 신은 어느 날 갑자기 나타나 "남자는 우수하고 여자는 열등하다"는 말을 남긴다. 이에 남자들은 자신의 '고추'를 세상에서 가장 사랑스러운 것으로 여기기 시작한다. '절대자가 차별주의자라면, 우리는 그 절대성과 어떻게 싸워야 하는가'라는 질문에 대한 김보영의 답인 이 소설은 성별을 탈신화화한다.

> 밤이면 남자들은 제 물건을 사랑스레 쓰다듬으며 애지중지 속삭였다. 내 분신이여, 생명이여, 내 존엄의 원천이여. 네 빛깔과 크기는 내 자부심이며 긍지라. 아침마다 힘 있게 벌떡벌떡 서는 네 모습은 내 자랑거리이니.[37]

신이 던진 한 마디에 남성과 여성을 구분할 수 있는 기준이 된 성기는 자부심과 긍지의 원천이 된다. 즉 성별이 나뉘고, 성별이 권력이 되는 방식은 필연적이거나 인과적인 것이 아니라 우연한 효과가 되는 것이다. 두 번째 이야기에서는 급사한 후 200년 뒤에 깨어난 남자가 등장한다. '창조주'로 떠받들어진 그는 후손들에게 다른 것은 필요 없고 여자를 원한다고 말한다. 하지만 후손들은 당황하며 '여자'가 무엇인지 묻는다. 성별이 사라진 사회에서 남자와 여자의 구분은 불가능한 것이자 불필요한 것이기 때문이다. 여자가 없다며 화를 내는 그는 최고회의장에 쳐들어와서 "어떻게 최고회의에 남자가 하나도 없어? 지금 세상이 어떻게 돌아가는 거야? 남자는 다 뒈졌나?"[38]라며 남자가

---

37 김보영, 『천국보다 성스러운』, 알마, 2019, 16쪽.
38 김보영, 위의 책, 42~43쪽.

없다는 데 경악한다. 즉 이 세계는 여자도, 남자도 없는 것이다. 이에 Cal, CPU 등의 이름을 가진 비인간들은 어렵사리 깨어난 신이 뇌를 손상당했다는 결론을 내리고, 그를 다시 잠들게 한다. 성차가 중요하다는 것을 포스트휴먼은 이해하기 어려운 것이다.

김보영은 액자 바깥의 영희 이야기와 신들의 이야기를 병렬적으로 배치하다, 세번째 이야기에 가서 액자 안팎을 결합시킨다. 하늘에서 신이 내려온 것이다. "광채가 나고 얼굴이 희고 흰 수염이 가슴까지 내려오는 백발이 성성한 노인"이 광화문 상공에 나타난다. 영희의 아버지는 "역시, 신은 남자로구나"라며 공감한다. 그뿐 아니라 노인, 백인, 이성애자, 비장애인 등 '정상 시민'들의 목소리가 이어진다. 그들은 신과 아주 작은 공통점이라도 찾으려고 한다. 김보영은 여기에 해방촌의 쪽방에서 치매에 걸린 할머니와 여섯 살짜리 동생을 돌보며 보조금으로 생활하는 여자아이를 등장시킨다. 청소부 일을 하는 중년 여성, 아버지를 모시고 사는 영희, 성별이 분간되지 않는 청년 등은 자신이 신임을 깨닫는다. 광화문에 나타난 신 역시 이 신들 중 한 명이었을 뿐이다. 남성으로 내려오면 안 된다는 다른 신들의 말에 알파는 "인류가 멸망하기 위해서는" 더 많은 남자가 필요하다고 선언한다. 남성성의 폐해를 유쾌하게 제시하는 이 소설은 「얼마나 닮았는가」에서와 마찬가지로 동일성과 유사성에 근거한 생각을 고집한 결과 나타난 것이 성차에 의한 차별이라고 주장한다. 소설은 자신의 신성을 깨달은 여성, 아동, 성소수자가 집을 나서 모험을 떠나는 것으로 끝난다. 영희 역시 아버지를 두고 집을 떠난다. 이는 근대소설의 출발지점과 만나 세계의 끝을 이야기한다. 이제 아버지와 아들의 서사는 끝났고, 다른 이야기가 출발할 지점이라고 말이다.

5. '일할 수 없는 몸'의 경계를 넘어가기

2021년 3월 3일 변희수 하사는 육군본부의 강제 전역 처분 취소 행정소송 변론 기일을 앞두고 사망했다. 트랜지션을 거친 그녀는 심신장애 3급 판정을 받으며 더 이상 군인으로 일할 수 없다는 통보를 받았다. 2019년 법원은 그녀의 성별 정정을 인정했지만, 육군본부는 '장애'로 인한 제대를 명령했다. 여기서도 장애는 일할 수 있는 자와 없는 자를 구분하는 기준으로 작동한다. 신체적으로 그 무엇도 불가능하지 않지만, 그녀는 자신이 평생 직업으로 삼고자 했던 군대에 의해 '일할 수 없는 몸'으로 호명되었다.

미국으로의 이주와 이민이 한창이던 19세기 말부터 20세기 초반에 걸쳐, 미국 이민국은 매일 소수의 관료들이 2,000명에서 5,000명에 이르는 사람들을 '한눈에 진단'하여, 일할 능력이 없어서 미국 사회에 부담이 될 것 같은 사람들을 돌려보내는 문지기 역할을 맡았다. 그들이 지적하는 이상 상태에는 "이상한 얼굴 표정", "기괴한 옷차림", "수다스러움, 재담, 익살맞음"과 "자연스럽지 않은 행동, 매너리즘 그리고 기행"과 같이 동성애의 상징이라고 여겨지던 것들도 포함되었다. 인터섹스였던 아르메니안계 터키인은 남성 성기가 없다는 이유로 허약하다는 평가를 받고 추방당했다.[39] 성기는 업무와 아무런 관계가 없음에도, 그는 일할 능력이 없다고 분류되었다. 이로 인해 시민권을 획득하는 데도 실패했다. 일할 수 있는 권리를 위한 투쟁은 존재의 의미를 둘러싼 투쟁이기도 하다. 장애, 성별, 국적, 인종, 섹슈얼리티 등

---

[39] 킴 닐슨, 김승섭 옮김, 『장애의 역사』, 동아시아, 2020, 197~209쪽.

몸의 차이는 분절의 지점을 만들어왔다. 김보영의 소설은 이 공고해 보이는 경계를 전유함으로써 경계 넘기를 제안한다. 일할 수 없는 자, 비인간으로 일컬어져 왔던 존재들을 가시화하는 것이다.

김보영은 우생학, 로봇, AI 등 종의 진화를 뒤집어서 장애, 질병, 그리고 퀴어적 세계로 확장시킨다. 정상과 비정상, 남성과 여성, 인간과 기계는 그렇게 분명하게 구분될 수 있는 것일까. 우리가 정상적인 것이라고 생각하는 세계의 구조를 어떻게 하면 전치시켜 그 비-정상성을 드러낼 수 있을까 하는 것이다. 흔히 미래에 대한 이야기로 생각되는 SF에서 김보영은 미래를 과거로 치환한다. 「다섯 번째 감각」에서 과거에는 모두 들을 수 있었다는 진술은 청력을 상실한 사회가 미래임을 암시한다. 그뿐 아니라 로봇이 인간을 만들어내기도 한다. 선형적 진보의 감각을 되감는 이야기들은 정상과 비정상, 인간과 기계 등의 이분법을 역전시킨다. 청각이 초능력이 되는 것처럼, 기계는 생명이 된다. 「얼마나 닮았는가」에서는 AI를 등장시켜 인식의 토대를 질문한다. 젠더에 따라 할 수 있는 일과 없는 일이 결정되는 우주선에서는 AI가 인간이 될 수는 있어도, 여자가 선장이 될 수는 없다. 이는 포스트휴먼이라는 "몸을 가진 확장된 관계적 자아"[40] 혹은 "이질적 요소들의 집합, 경계가 계속해서 구성되고 재구성되는 물질적·정보적 개체"[41]가 가진 횡단성이 일할 수 있는 권리의 확보, 혹은 확장과 연결되고 있다는 점을 사유하게 한다. 그런 점에서 김보영의 소설은 세계의

---

[40] 로지 브라이도티, 이경란 옮김, 『포스트휴먼』, 아카넷, 2015, 119쪽.
[41] 캐서린 헤일스, 허진 옮김, 『우리는 어떻게 포스트휴먼이 되었나』, 열린책들, 2013, 25쪽.

전복, 혹은 다른 세계에 대한 상상, 그야말로 페미니스트 SF라 부를 만하다.

제2부

어린이라는 주체

'신대한소년'과 '아이들보이'의 문화 생태학

『소년』과 『아이들보이』를 중심으로

최기숙

1. '소년'이라는 근대적 문화 주체

근대인을 호명하는 방식은 신분이나 연령에 따라 세대나 계층을 분류하는 종래의 방식과 달리 주체의 내적 자질이나 경험 내용, 인식의 차이에 의해 '차별'을 생산하는 새로운 세대 구분의 가능성을 제안하였다. 근대를 이끌어가는 주체적 세대로서 호명되기 시작한 '소년'은 전근대적 '아동'이니 '아이'의 경험과 달리 근대적 지식과 과학에 노출된 새로운 지식 주체로 견인되고, '노동역작'의 실천을 통해 근대 국가를 건설하는 사회인이자 근대적 덕목을 지켜 표준적 국민으로 인정받는 '신대한국민'으로 변모되는 과정을 겪는다. 이러한 과정은 1908년에 창간된 『소년』지와 1910년대의 『붉은저고리』, 『아이들보이』, 『청춘』 등 종합잡지의 발행과 유포를 통해 근대적 신세대의 문화적 생장을 기대했던 육당 최남선의 지속적인 문화적 실천과정을 보여주는 것으로, 새로운 소년 문화를 창안하는 문화적 단초로 작용한다. 그 과정에서 근대적 신세대로서의 '소년'의 기의가 변모하는 과정은 근대적 주체의 개념이 유동적이며 지속적인 생장의 연속선상에 놓여 있음을 보여준다.

『소년』을 비롯한 근대의 월간종합잡지들은 '소년'으로 대표되는 근대적 주체를 문화 상품을 구매하는 새로운 향유층으로 설정하고 이들의 성장을 견인하는 문화적 매개로서 기능했다. 그 과정에서 신문명의 거센 물결을 온 몸으로 받아들이는 힘찬 세대 '소년'은 근대 국가를 건설하는 '신대한소년'으로 호명되고 문명국의 지식과 문화를 습득한 '세계인'으로 거듭 나며 학교 교육을 매개로 한 '청년 학우'로 성장함으로써 '신대한국민'으로 성장하는 차세대 주체로 부각되기 시작한다. 소년이 『아이들보이』의 독자로 견인되는 동안 서양의 근대적 지식과 문화를 습득하도록 견인된 것이나, '신대한소년'으로 호명됨으로써 '신시대 청년의 신호흡'을 창출하는 근대인으로서의 활동을 학습하고 향유하도록 권고받기에 이른 것은 '소년'이란 단순히 연령의 문제가 아니라 내적 자질과 지적 소양, 교양과 문화적 활동을 포괄하는 역사·문화적 개념임을 보여준다.[1]

근대적 주체를 새로운 문화 주체로 견인해 내고자 했던 최남선의

---

[1] 『소년』지가 유통되던 당시의 신문 매체에서 나타난 '소년'과 '청년'의 용례에 대한 분석은 조은숙, 「근대계담론과 '소년'의 표상」(『어문논집』 45, 민족어문학회, 2002), 219~222쪽을 참조. '청년 담론'의 측면에서 『소년』지에 나타난 '청년'의 함의와 근대적 세계 인식에 관해서는 소영현, 「청년과 근대」(『한국근대문학연구』 6(1), 2005, 한국근대문학회), 49~63쪽을 참조.

잡지 활동에 주목하는 것은 이러한 활동에 대한 승인이나 극복이라는 상반된 반응을 막론하고 이것이 '어린이'라는 기표를 탄생시키는 근대의 문화적 요구와 대응을 파악하는 관문이 되고 그 흐름을 이끌어가는 문화적 근간으로 작용했기 때문이다.

2. '신대한소년', 신문화 주체의 탄생

처음부터 '소년'은 근대적 경험과 지식을 '입지'의 기반으로 삼는 새로운 세대로서 호명되었으며,[2] 기대 독자층을 '국민'으로 상정하는 발언[3]을 통해 근대 지식에 견인된 '소년 세대'가 중심이 되는 '국민'의 형성을 전제로 삼고 있었다. 기대 독자층에게 '우리'[4] 또는 '우리 소년'[5]이라는 표현을 빈번하게 사용함으로써 글 쓰는 주체와 독자로서의 '소년'의 연대감과 문화적 합일을 환기시키려는 의도를 보여주었는데, 이 '소년'은 연령적 자질보다는 내적 소양의 문제와 문화 경험이

---

2 '△ 여러분은 뜻을 엇더케 세우시려오 △ 一日의 計는 晨에 잇고 一年의 計는 元日에 잇고 一生의 計는 幼少年에 잇나니 諸子의 一生에 대하야 只今 갓히 重大한 時節은 업난 것이오.' (「少年時言」, 『소년』 창간호)
3 '내가 이 冊에 執筆할세 우리 國民에게 向하야 着精키를 願할 一事가 잇스니'(『소년』 창간호, 31쪽). 『소년』지는 자체 광고를 통해 구매 독자층으로서 학생과 교사를 상정하기도 했다. '學生은 이 雜誌로 因하야 父師에게 得聞치 못하던 新知識을 得할 것이오, 敎師는 이 雜誌로 因하야 絶好切當한 敎授材料를 得하리라.'(『소년』 1년 2권 광고)
4 '우리가 敬慕하던 大踏査家'(『소년』 1년 2권, 4쪽)
5 '우리 사랑하난 少年諸子'(『소년』 1년 2권, 42쪽)

중요한 준거로 작용했다.[6] 제 2호부터 독자를 호명하는 용어로 제안된 '신대한소년'은 국가를 흥성시킬 문화 주체로서 상정되어[7] 『소년』과 함께 성장의 길을 걸어갔던 것이다.

이들이 근간으로 삼은 지식 기반의 범주는 조선적인 것과 세계적인 것을 아우르는 이원적 체제의 공존 형태로 포착된다. 전자의 경우 공간적으로는 관찰과 체험이 기반이 된 '조선'에 대한 지리적 발견과 탐색이 강조되며, 시간적으로는 조선의 옛 문화에 대한 이해와 역사적 재해석이 강조된다. 실재하는 물리적 기반으로서의 '조선'은 새로운 시선에 의해 탐색하고 발견해야 할 대상으로 부각되고, 역사적 대상으로서의 조선은 승계하여 공유할 만한 자원을 지닌 문화적 축적물로서 재발견된다. 그 과정에서 가까운 과거는 부정과 극복의 대상으로, 먼 과거는 신성한 기원을 창조하는 영토로 재건되었다. 이러한 맥락 속에서 『소년』은 세계 문명과 신호흡을 함께 나눌 신대한소년을 형성하고 독려하려는 의도를 관철시켜 가게 된다.[8]

---

[6] 『소년』 2년 1권의 「海上大韓史(三)」(17쪽)에서 콜럼버스 일행이 북아메리카 합중국을 알린 것을 '勇敢한 少年諸人의 冒險探索한 結果'로 명명한 것이나 「北極探索事蹟 : 六朔一望間搭氷漂流談」에서 선장을 '豪勇한 少年'(55쪽)으로 언급한 것, 『소년』 3년 6권에서 북아메리카 합중국 대통령 '으루쓰벨트'를 '쾌남아'로 소개한 데서, 소년이란 미성년자의 의미가 아니라 모험을 통해 개척을 달성한 새로운 세대를 지칭하는 단어로 사용되었음이 확인된다.

[7] '이는 곳 우리 少年 사이에 恒常 剛健한 思潮가 漲落하고 豪壯한 氣風이 吹動하야 次次 新大韓은 少年의 것인즉 이를 興盛케 함도 少年이오, 이를 衰亡케 함도 少年이오 이믜 일허바린 것을 차자 올 사람도 少年이오 아딕 남어 잇난 것을 保숌함도 少年이어니 하난 생각이 아모의 腦에도 박혀서 牢不可拔하게 됨을 생각한즉, 그러케 슯흔 마음과 됴티 안은 뜻이 雲散霧消하얏소이다.'(「快少年世界周遊時報」, 『소년』 1년 2권, 10쪽)

[8] 이 글에서는 잡지 매체가 독자를 견인하는 과정을 매체 내적인 담론 구성 방식과

1) 새로운 역사 주체, 조선의 발견자

'우리 소년 사이에 항상 강건한 사조가 창락하고 호장한 기풍이 취동하야 차차 신대한은 소년의 것인즉 이를 흥성케함도 소년이오 이를 쇠망케 함도 소년이오 이믜 일허바린 것을 탸댜올 사람도 소년이오 아딕 남어 잇난 것을 보전함도 소년'[9]이라는 선언이 보여주듯, '소년'이 자국을 바라보는 태도는 전통적인 관념에 지배된 부모 세대의 시선에서 벗어나 근대 문명국가로서의 '신대한'을 건설할 새 세대로서의 관점으로 국토를 재발견하고 탐색해야 한다는 것이었다.[10] '우리 대한으로 하야곰 少年의 나라로 하라. 그리하야 能히 이 責任을 勘當하도록 그를 敎導하여라'고 밝힌 간행의 취지에 표명된 바와 같이, '소년'은 '신대한' 건설의 주체로서 상정되었기 때문에, 구세대의 부정성을 극복한 차세대로서의 자질을 국가 안에서 발휘하고 '한 집안, 한 나라, 한 천하에 영향을 파급할' 새 세대의 주체로서 부각되었다.[11]

언술의 차원으로 한정하여 다룬다. 근대 잡지의 유통과 수용에 관한 사회사적 접근으로는 나가미네 시게토시(永嶺重敏)의 연구가 대표적이다. 메이지 30년대 신문과 잡지 등의 근대적 매체의 형성이 철도라는 근대적 미디어의 출현과 지방 도서관, 신문종람소 등 공적 독서 장치의 형성이라는 근대적 문화 공간의 형성과 맞물림으로써 새로운 '독서 국민'을 견인해 내는 과정을 살핀 것이나 신문과 잡지의 전국적 유통망으로 인해 글쓰기 체계의 동질성이 확보되고, '독서'가 새로운 여행의 문화로 부각되는 과정에 관해서는 『讀書國民の誕生』(日本エデイタースクール出版社, 2004)를 참조. '독서 공동체'를 구체적인 집단과의 관계 속에서 살핀 부분에 관해서는 『雜誌と讀者の近代』(日本エデイタースクール出版社, 2003)를, 독서 공간의 문제와 잡지 읽기 문화와 관련된 구체적 사항에 관해서는 『モダン都市の讀書空間』(日本エデイタースクール出版社, 2001)을 참조.

9 「快少年世界周遊時報」, 『소년』 1년 2권, 10쪽.
10 '소년'과 달리 '小兒'는 아무 것도 모르는 어린애라는 부정적 함의를 가진 단어로 사용하고 있다. 같은 글에서 그에 대칭되는 용어로 사용된 것은 '우리 청년'이다. (「靑年學友會報」, 『소년』 3년 5권, 73쪽)

* '新大韓少年의 消遣할 일은 담배ㅅ대 태우고 글ㅅ귀 짓난 것이 아니라 自然을 征服하고 神秘를 開發함이며 消遣할 곳은 (…) 누어도 발을 시원하게 뻣고 누을 이 大地오 다녀도 활개를 마음 노코 치며 다닐 져 宇宙니라. 졂은 銳氣와 어린 血心노 담배씨에 디웅을 파뎐 可憐한 心理의 老人들은 벌서 舊大韓의 일홈과 함끠 歷史란 壙中에 埋沒되지 아니하엿나냐!' (『소년』 2년 6권, 53쪽)

* 泰山에 올음애 天下를 젹게 봄은 놉흔 데 잇서 그 마음이 少年된 까닭이오, 皇帝의 威儀를 봄애 大丈夫ㅣ 맛당히 이리하리라 함은 壯한 것을 보고 少年다운 慾望이 일어남이로다. 少年이란 이러한 것이니 그에게 劍이 없스면 그를 누가 慰藉하리오. (…) 少年은 이러한 것이라. 그러치 아니하면 비록 靑春에 째를 맛나 紅顏이 욱어지더라도 그는 老人이오 廢物이니라. (〈少年心事劍相知〉, 「少年時言」, 『소년』 3년 2권, 25면)

* 즉금 내디 형편은 이왕 고시대의 썩고 풀어진 쟈들은 망할 것도 업스되 즉금 학교에 잇는 청년들은 영긔가 발발하야 배호는 마음이 골돌하니 쟝래에 신한국을 조성할 재료는 국내에 잇는 영쥰 청년과 외양에 나온 동포들이니 졔군은 힘써셔 아모됴록 한가지식 배화가지고 돌아오시오. (「尹致昊氏의 演說」, 『소년』 3년 4권, 67쪽)

신대한 건설에 필요한 새 시대의 이념에 부합하지 않는 존재들을

---

11 '大抵 우리의 뜻이 서고 못 선선 것은 홀노 내 한몸 내 한 딥에만 相關되난 것이 아니라 빈디여 한나라 한 天下에 그 影響이 波及하고 한 째 한 時節에만 그 關繫가 잇슬뿐 아니라 永遠한 後日ㅅ지 그 關繫가 接續하난디라. 웃디 輕輕히 알아서 세우랴면 세우고 말나면 말 수 잇단 일이겟소.' (『소년』 창간호, 9쪽)
'소년'의 함의는 오늘날 '어린이'의 개념과 동일하지 않다. 연령적으로 어린 세대를 지칭할 경우에는 '어린 兒孩', '저자 兒孩'(『소년』 창간호, 28쪽) 등을 사용했으며, 『소년』지의 독자층을 직접적으로 호명하는 경우에는 '우리 韓半島 少年', '少年諸子'(『소년』 창간호, 33쪽), '三面環海國少年'(『소년』 창간호, 36쪽) 등의 어휘를 사용하고 있다.

'심리적 노인'으로 호명하면서 그들의 역사적 주체에서 배제한 『소년』창간호, 것[12]은 소년을 물리적 나이나 기계적인 세대론으로 환원할 수 없는 내적 주체로 상정하고 있음을 보여준다.[13] 윤치호의 글에서도 같은 맥락의 정의가 제기된 것은 소년에 대한 이러한 정의가 최남선의 개인적 판단이 아니라 『소년』지를 관통하는 이념임을 시사한다. 실제로 최남선은 『소년』 3년 6권에서 '『少年』의 目的을 簡短히 말하자면 新大韓의 少年으로 깨달은 사람 되고 생각하난 사람 되고 아난 사람 되야 하난 사람이 되야서 혼자 억개에 진 무거운 짐을 勘當케 하도록 敎導하쟈 함'임을 재강조하기도 했다. 『소년』은 바로 그러한 역할을 매개하는 적극적인 문화적 매체로서 존립하고자 했던 것이다.[14]

'소년'이 새 시대의 건설 주체로 상정되는 과정에서 조선의 가까운 과거는 부정의 대상으로 지목되었다. 조선의 가까운 과거가 보여준

---

12 '新大韓少年의 消遣할 일은 담배ㅅ대 태우고 글ㅅ귀 짓난 것이 아니라 自然을 征服하고 神秘를 開發함이며 消遣할 곳은 (…) 누어도 발을 시원하게 쌧고 누을 이 大地오 다녀도 활개를 마음 노코 치며 다닐 저 宇宙니라. 젊은 銳氣와 어린 血心노 담배씨에 디옹을 파던 可憐한 心理的 老人들은 벌서 舊大韓의 일홈과 함끠 歷史란 壙中에 埋沒되지 아니 하엿나냐!'(『소년』 2년 6권, 53쪽)
13 근대 국가의 건설 과정에서 '구일본'의 기성세대를 '노인'층으로 호명하면서 '신일본'의 '소년'을 서구적, 건설적 시대의 주체로 상정하는 경향이 일본의 근대화 과정에서도 발견된다. 해당 내용은 木村直惠, 『靑年の誕生』, 新曜社1, 1998, 20~27쪽 참조.
14 『소년』지 발간의 문화적 의의에 대해 최남선은 신문관 창업 10년을 기념하는 글에서 다음과 같이 정리하고 있다.: '時代의 t思潮를 歸一하는 根本으로 新興하는 敎育界에 具體한 敎科書를 供給하려 함이 그 第一着의 企劃이엇도다. 然이나 一宵의 風이 功塔을 遽夢케 하도다. 社會將來의 樞軸을 擔任할 靑年에게도 正當한 自覺과 質實한 風氣를 喚起하기 爲하야 雜誌 『少年』을 發刊하얏도다.'(六堂, 「十年」, 『청춘』 14호, 7쪽)

부정적 면모를 발전을 이룬 문명국의 긍정성과 대비함으로써, '소년'을 신대한 건설의 주체로 부각시키고 그들에게는 그러한 의무와 사명에 대한 진작과 각성을 촉구하게 하기 위함이었다.

> * 古代엔 우리 民族은 興國民이 아니오닛가. (…) 毋論 우리나라 文士에도 車五山 金春澤 갓히 一平生을 竹杖麻鞋 單瓢子로 尋山問水하난 속에 보낸 이도 잇고 『海東諸國記』, 『燕行歌』 等書의 著者 갓히 觀風察俗에 허비한 사람이 업디 아니하나 이는 少數라. 足히 全體를 말하디 못할 것이오 그 全體로 말하면 오덕 案頭에 窮伏하야 家禮를 習讀하고 窓前에 閑坐하야 杜詩를 吟詠하다가 때가 이르면 도라가 아듀 世上으로 더부러 相關이 업난 듯하니 詩人에 「쌰이론」 갓흔 熱情人이 업고 學者에 「싸아원」 갓흔 豪勇兒가 업서 「탸일드 하롤드」 갓히 우리의 感動하난 旅行上文字가 나디 안코 生物進化의 證跡을 發見함 갓흔 學術上 功績이 잇디 안코 暗黙大陸을 開發함 갓흔 地理上 勳勞가 생기디 안어 (『소년』 1년 1권, 74~76쪽)
> * 우리가 前朝의 歷史를 넑으매 매양 嘔逆남을 禁치 못하난 것은 太祖 以后에 聖神文武하다 할 만한 君主가 한 사람도 나지 아니하고, 또 臣下에도 良輔碩弼이라 할 만한 者가 잇지 아니하야 契丹·蒙古 等이 强盛한 以來로는 恒常 屈辱과 羞悔를 當하얏슬 뿐이오 조곰도 後世에 對하야 誇矜하고 顯曜할 만한 事物이 업난 것이니 (『소년』 2년 1권, 36쪽)
> * 新年이라고 더 特別하게 쮜놀며 깃버하고 억개 춤추며 조와하야 向上精進하고 努力進新할 貴重한 時間을 쓸ㅅ대 업시 消費할 理由를 發見치 못하노라. 歲時佳節은 게으른 자의 專有物이니 決코 吾黨의 알ㅅ 바ㅣ 아니라.' (『소년』 2년 1권, 5쪽)

조선의 역사적 인물들은 선별된 소수의 지식인에 한해 긍정적인 의미를 부여받았으며,[15] '전체'를 통칭하면서는 부정적 면모를 강조했다. 조선의 문화 전통까지도 '게으른 자의 전유물'로 일축했다. 소년 세대를 교도해 줄 선배와 기관이 부재하다는 인식은 『소년』에 실린 이광수의 「少年論壇:今日我韓靑年의 境遇」에도 공유되어 있으며 『청춘』에서도 재확인된다.

* 앗가, 말함과 갓히, 우리들 靑年은 우리들을 敎導하여 줄 父老를 가지지 못하엿도다. 그러면 우리들을 敎導할 만한 社會나 잇난가, 先覺者나 잇난가, 學校나 잇난가, 물론 그런 社會도 업슴은 안이며, 그런 先覺者도 업슴은 아니며, 그런 學校도 업슴은 안이리라. 그러나 果然 그런 것이 몟이나 될가? (…) 然則 우리들은 우리들을 敎導하여 줄 만한 父老를 가지지 못한 동시에 우리들을 敎導하여 줄 만한 學校도 업난도다. (『소년』 3년 6권, 27~28쪽)

* 우리는 여러분의 義人 되기를 바라며 할 수 잇스면 完人 되기를 바라기 때문에 여러분의 빗나감을 짓굿게라도 막으려 함이오 그리하야 여러분은 우리가 오즉 한아의 힘으로 밋는 後進靑年을 바로 導率할 確實한 資格 잇는 이가 되도록 함이오, 그리하야 우리가 오즉 한아의 힘으로 밋는 後進靑年은 바로 導率하야 주는 先輩가 잇도록 하자 함이라. (「我觀」, 청춘』 6호, 10쪽)

『소년』에서는 선배가 없는 '소년 세대'에게 개인적, 사회적 차원에서 '자수자양(自修自養)'할 것을 독려하는 방식으로 주체의 자각과 실

---

15 조선의 역사적 인물 중 소년의 전범의 대상으로 선별된 대표적 인물은 율곡 이이다. 율곡은 『소년』의 창간호에서부터 『격몽요결』의 저자로 부각되어, 소년의 '입지'에 이론적 근거를 제공한다. 그에 대한 최남선의 애정과 관심은 『소년』에 편재되어 나타나는데, 창간호에서 율곡의 시로 소개한 최남선의 애송 시조가 실제로는 율곡의 작품이 아니라 양사언(楊士彦, 1517~1584)의 작품이다.

천을 강조했다면, 『청춘』에서는 독자로 하여금 선배가 없다는 부정적 사실을 확인에서 나아가, '후진 청년'을 이끌어줄 자격이 있는 선배가 되자는 긍정적 독려로 전환하고 있다. 이는 『소년』 세대의 성장이 『청춘』 세대로 이어지는 과정을 보여주는 사례인 바, 잡지의 향유층이 문제적인 당대를 개선해 나갈 주체로서 상정되어 있음을 보여준다.

그에 반해 기원을 구성하는 먼 과거는 신성한 의미로 충만한 승계의 대상으로 간주되어, 부정적 대상으로서의 '가까운 과거'와 구분되는 역사 이해의 시선이 관철되었다. 최남선은 조선의 기원을 신성화하는 시각을 통해, 소년의 문화적 기반이 되는 고대 조선에 대한 긍정성을 추출해낸다.

> '古代에 우리 民族은 「興國民」이 아니오닛가. 여긔와서는 이 나라를 세우고 져긔 가서는 뎌 나라를 세우며 北으로 나아감에 쌍을 千里나 열고 南으로 건너감애 萬世에 새로운 일히켜 탐 번쩍번쩍하게 活動하디 아니하얏슴니가. 이러튼 民族이 오날에 이르러 왜 이러케 懦弱하야덧슴니가. 왜 이러케 元氣가 鎖沉하야덧슴닛가. 다른 것 아이라 旅行誠이 減退하야 冒險과 經難를 시려하게 된 까닭이 아니오니가.' (「快少年世界周遊時報」, 『소년』 1년 1권, 74~75쪽)

한반도의 지형을 맹호의 형상으로 호소함으로써 진취적이고 팽창적인 소년의 의기를 창출하고자 했던[16] 최남선은 조선의 국토를 직접

---

16 '이것은 崔南善의 案出인데 우리 大韓半島로써 猛虎가 발을 들고 허위덕 거리면서 東亞大陸을 向하야 나르난듯 쥐난듯 生氣 잇게 할퀴며 달녀드난 모양을 보엿스니 (…) 우리 進取的 膨脹的 少年韓半島의 無限한 發展과 아울너 生旺한 元氣의 無量한 것을 남더디업시 너어 그릿스니' (「봉길이 지리공부」, 『소년』 창간호, 67~68쪽)

탐색하는 '쾌소년'에게서 고대 조선을 '흥국민'으로 설득한다. 이는 소년의 모험심을 진작시킴으로써 과거의 영화를 되찾아야 한다는 사명감을 부여하기 위한 최남선의 근대 기획 의도를 반영한다.[17] 실제로 이러한 작업은 『청춘』(14호)의 「稽古箚存」을 통해 단군과 부여사를 새로 쓰는 작업으로 구체화된다. 『소년』 3년 8권에서 '대황조 단군'의 포부를 받아 이를 성취하려는 이에게만 '조선 사람인 청년'으로 호명될 가치를 지닌다는 이광수의 언급[18]은 근대 기원의 서사를 구축하려는 『소년』지의 연작 선상에서 이해될 수 있다.

조선의 기원을 긍정적이고 성스럽게 구축하고자 한 것은 현시대의 소년이 되찾아 할 역사적 지표를 구축하려는 시도와 동시에 이루어졌다. 소년으로 하여금 직접 세계의 개척에 참여하여 답사와 모험을 통해 새로운 지식을 축적하고 그러한 경험을 바탕으로 신대한을 건설해야 할 사명감을 지닌 주체로서 호명한 것은 그들이 민족 주체로서 기원을 이해하게 하려는 의도에서 채택된 것이다. 「소년통신」[19]에서 독자들에게 거주지의 명승, 고적, 특수한 풍습, 방언, 속담, 인물, 산물, 기이한 자연 현상, 학교 교훈, 동요, 전설에 관한 기술이나 그림을 첨부하라고 권고한 것은 『소년』지의 독자들 또한 조선의 국토와 환경,

---

17 '이예 내가 밧븐 길을 떠나디 안코 이 글을 抄함은 다름 아니라 다만 얼마ㅅ동안 衰降하얏던 旅行誠을 更起케 하야 그녀 우리 少年만이라도 덤 活潑하고 덤 快活하야 能히 男兒四方의 志를 드딀만한 사람 되기를 勸하고댜 함이라.' (『소년』 창간호, 77쪽)

18 '이들의 條件 外에 大皇朝부터로의 큰 抱負를 바다 지고 이를 成就하려 하난 이에게야 비로소 「朝鮮사람인 靑年」이라는 貴重한 稱號를 줄 수 잇나니라.' (孤舟, 「조선ㅅ사람인 靑年들에게」, 『소년』 3년 8권, 32쪽)

19 『소년』 창간호, 81쪽.

역사에 대한 실질적 의미의 탐색자로 견인해 내려는 의도를 반영한다. 이는 『소년』지가 독자층으로 하여금 독서물에 '반응'하게 함으로써 구체적인 '독서 문화'의 내용을 창출해 가는 적극적인 방식을 보여준다. 이는 이후 『청춘』의 현상공모로 확장된다.[20] 그 과정에서 『소년』이 조선의 '지리적' 발견을 중요시한 것은 '소년'을 실질적인 조선의 탐색자로 견인해 내려는 모색의 일환이다.

『소년』지가 창안한 '신대한소년'은 이후 '신대한국민'[21]의 덕목을 온전히 내면화한 '신대한국민'의 잠재적 가능태로 견인된다. 그런 관점에 '소년'의 자질은 곧 '국민 사행의 표준'으로까지 확산되는 단초를 마련해 갔던 것이다.

2) 세계 문화의 탐색자

『소년』에 매호마다 실리는 세계의 각종 교훈과 잠언, 격언들은 소년이 교훈과 계몽의 세례를 받아야 할 주체로 상정되었음을 보여준다. 소년의 무대는 세계이며 세계는 소년에게 탐색과 모험의 대상으로 소개되었다.[22] 「大韓海上史」를 연재하면서 신대한 소년에게 팽창적 세

---

20 『청춘』지의 현상공모에 관해서는 김미정, 「근대초기 현상공모 일고찰: 잡지 『청춘』을 중심으로」(『반교어문학』 18, 반교어문학회, 2005)를 참조.
21 『소년』 3년 5권에는 순결, 광명, 강건, 화락, 진실, 성충(誠忠), 근면, 정의, 미려(美麗), 정제(整齊) 등 「新大韓國民의 十德」이 소개되고, 「少年時言」란을 통해 '國民思行의 標準'을 제안한다.
22 '지식'의 대상으로서의 '세계'에 대한 인식에 관해서는 한기형, 「최남선의 잡지 발간과 초기 근대문학의 재편-『소년』, 『청춘』의 문학사적 위상과 역할」(『대동문화연구』 45, 성균관대 대동문화연구원, 2004), 224~228쪽을 참조.

계 인식을 내면화하게 하려는 의도를 보여준 것은 『소년』지의 세계 인식의 관점을 단적으로 대변한다.

> 우리 新大韓少年도 이 나라가 發展하야 감에 대하야 또한 多大한 關繫가 잇슴을 恒常 遺忘치 말어 注意를 부즈런히 할 것이오 그러나 이 나라 人民에게 우리가 急히 배워올 것은 自守性과 建設才와 發展力(卽 膨脹賊)이니 (「海上大韓史(四)」, 『소년』 2년-2권, 14쪽)

소년에게서 세계란 실질적으로 탐색해야 할 활동 공간이자 선진적인 지식 체계를 갖춘 학문 분야의 선구적 영역으로 상정되었다.

> 우리는 快壯한 것을 좋아하니, 海天을 사랑하며 英特한 것을 좋아하니 冒險的 航海를 즐겨하며 海天을 좋아하고 航海를 딜겨함으로 漂流談探索記的 文學을 耽讀하는지라. 이 性味는 나로 하여금 이 不出世의 奇文字 『로빈손 크루소』를 飜譯하여 우리 사랑하난 少年諸子로 더브러 한가지로 海上生活의 興趣와 航海冒險의 趣味를 맏보게 하도다. 이 册子는 우리가 贅辯우티 아니하야도 今日의 少年은 世界 奇書中 最大奇書인 줄을 알지 못한 자 없으려니와 本雜誌는 되지 못한 文字를 큰 題目으로 내이난 것보담 이러한 有益한 것을 만히 揭載하난 것이 나을 뜻하기로, 本紙의 半間을 割하야 이를 連載하랴 하오. (「로빈손 無人絕島漂遊奇談」, 『소년』 1년 2권, 42쪽)

소년에게 자연과 국토는 모험과 탐험의 대상으로 제시되었다. 「快少年世界周遊時報」의 연재를 통해 여행은 소년의 강건한 사조를 일으키고 보전하는 직접적인 계기가 되는 활동으로 설득되었다. 여행은 모험심의 표현 결과이자 이를 획득하기 위한 문화적 계기로 호소되었으며,[23] 세계는 바로 이러한 여행을 통해 경험할 수 있는 문화 공간으로 소개되었다.

한반도의 지정학적 위치는 세계 탐험의 주체로서의 소년들이 세계로 뻗어나가기에 충분한 진취적 위상을 차지한 것으로 설명되었다. 소년의 한반도는 주변국을 '거느린' 장엄하고 정중한 위치로 세계 건설의 주체가 될 소년들에게 위세 당당한 진취적 기상을 불어주는 가능성의 공간으로 제시되었다.

> 우리나라는 半島國-三面環海國이라. (…) 아시아 大陸中東方에서 左에는 日本海를 끼고 右에는 黃海를 끼고 머리에는 世界鐵炭의 無盡藏으로 아딕 主人을 만나디 못한 遠東大陸을 이고 발아래론 世界文化의 大中心으로 바야흐로 活劇을 演出하난 南大洋을 굽으려보면서 大小相雜한 叢島·列島를 거나리고 莊嚴하게 鄭重하게 꾸부뎡·쑈둑·길쑵하게 나는 나감네 하고 내여민 半島니 (…) 國際法學家들은 『泰東의 쌜칸』이란 副號로써 일컷고 比較地理學家들은 『泰東의 이달늬』란 別名으로 써 부르나니 (公六, 「海上大韓史(二)」, 『소년』 1년 2권, 5~7쪽)

『소년』지는 독자들의 삶에 물리적 근거를 제공하는 한반도를 세계의 지리적 위상 속에서 파악하고자 했으며, 세계 지리의 '모험 탐색'을 통해 국가의 위상을 재정립할 것을 기대했다. 아메리카 합중국을 '용감한 소년 제인의 모험 탐색'의 결과로 국가의 위상을 세계에 알린 전범적 국가로 소개한 것이나 '현 세계 최대 답사가 헤딘 박사'의 업적과 공로를 소개함으로써 모험 탐색자로서의 소년들에게 탐험심을 고

---

23 「현세계 최대 답사가 헤딘 박사의 약력」(『소년』 2년 1권)

취시키는 계기로 삼은 것[24] 등은 이러한 맥락에서이다.

> * 아메리카 合衆國의 事情을 아러둘 일이 잇스니 一葦可航할 저 日本만 업스면 合衆國이 곳 東鄰이 될 쑨 아니라 다른 날 南大洋上에서 覇權을 닷호게 되난 째에 그가 가장 무서운 競爭者가 될 터인 緣故오. 北아메리카 合衆國은 西曆 一千四百九十二年에 콜넘버쓰等 勇敢한 少年諸人의 冒險探索한 結果로 비로소 널니 世上에 알닌 나라인데 (公六, 「海上大韓史(三)」, 『소년』 2년 1권, 17쪽)

『소년』지는 '세계 지식'의 습득을 강조하는 취지에 대해 「세계적 지식의 필요」를 통해 '世界的 智識을 收得함은 世界를 知하려 함이 아니라 곳 우리 大韓을 知함이오 他人에게 博學多聞을 誇示코자 함이 아니라 곧 自己가 事理物情에 暗昧하지 아니하려 함'[25]임을 강조한 바 있다. 소년이 경험하는 지식의 세계를 근대적 시선으로 조율함으로써 이들에게 세계를 이해하고 경험하는 새로운 방법론을 제공했던 것이다.

3. '신대한소년'의 문화적 소양과 자질

'신대한' 건설의 주체로서의 '신대한소년'들은 앞선 세대와는 차별

---

[24] 「現世界 最大踏査家 헤딘博士의 略歷」, 『소년』 2년 1권 6~9쪽.
[25] 『소년』 2년 5권, 4쪽.

되는 고유한 자질과 문화적 경험을 갖출 것을 요청받았다. 이는 매호의 「月曆」이나 「少年訓」, 「少年時言」, 「言行의 本」 등을 통해 직접적인 구호나 잠언의 형식으로 계몽되었으며, 그러한 내용을 감성적으로 호소하는 시적 영역 안으로 포섭되었다. 「쾌소년세계주유시보」는 조선 국토에 대한 여행을 고취시키기 위해 기획되었으며, 「로빈손무인절도표류기」와 같은 소설과 「북극탐색사적」과 같은 실기에도 모험의 가치를 설득하려는 의도로 충만해 있다. '소년'에게 기대되었던 자질은 모험과 진취성, 전진과 정진, 용기, 견인역작,[26] 노력,[27] 근면한 노동성 등 활동성과 능동성, 노동역작의 지속성으로 집약되며 이는 잡지의 구독층이 갖추어야 할 문명화의 매개로 제안되었다.[28]

1) 지식 공동체, 노동 역작의 소년 문화

『소년』 창간호에 실린 「갑동이와 을남이의 상종」의 주인공들은 모두 대성학교 생도들이다. 갑은 15세, 을은 9세로 나이와 사는 곳은 다르지만 동포 형제 못지않게 교분이 친밀하다. 만나면 '하우 두 유 두'라고 인사하는 이들은 문답을 통해 서로에게서 배우는 '학도'로서, 이해와 소통을 넘어서 서로의 발전을 도와주는 상보적 관계이다.

이러한 것은 새로운 지식을 매개로 새로운 문화적 지형을 창조해내고자 한 『소년』지의 기획 의도를 보여주는 단초로 이해할 수 있다.

---

26 「언행의 본」, 『소년』 3년 5호, 40쪽.
27 『소년』 3년 6권. 월력
28 독서와 문명과의 관계에 대한 당대적 고찰은 『청춘』 4호에 실린 이광수의 「讀書를 勸함」을 참조.

이후 『소년』지에는 「少年 理科敎室」, 「英語敎室」, 「漢文敎室」, 「봉길이 지리공부」, 「세계적 지식의 필요」, 「少年史傳」 등이 연재됨으로써, 이전 세대와는 차별되는 '소년'들만의 새로운 경험 세계를 강조하게 된다. 「소년 이과교실」의 경우, 물리적 환경을 과학의 시선으로 바라본 근대 지식을 소개하는 형식으로 근대 소년이 세계를 경험하고 이해하는 새로운 방식을 제안한다.[29] 소년 독자들에게 한자 학습의 기회를 제공한다는 취지에서 개설된 「한문교실」의 경우도, 글자 공부 과정이 유교적 이념과 예교의 습득 과정으로 이어지도록 쓰인 『천자문』이나 『동몽선습』, 『소학』 등으로 출발하는 근대 이전의 학습 교재와는 차별적으로, 실생활에서의 단어 활용과 문법에 따른 단어 결합, 한자로 작문하는 과정에 대한 실용적 활용 위주로 구성된다.[30] 이러한 항목들은 『소년』의 독자들이 갖추어야 할 지식의 양식화된 사례이자 문화적 경험 내역의 세부 사항으로서 제안되었다.

소년들은 신문명에 기초한 신지식을 습득할 것을 요청받음과 동시에 노동역작의 주체로서 새롭게 부각되었다. 소년에게 강조된 덕목과 자질은 '성실', '노력', '정진', '모험진취의 용력', '직분의 엄수', '노동역작', '무실역행', '공명심' 등이다.

　＊ 우리기, 이 세상에 稟生하니, 當行할 事業이 依例히, 잇슬지라, 그런

---

[29] 『소년』지에 실린 과학 담론에 관해서는 소영현, 「청년과 근대」, 『한국근대문학연구』 6(1), 한국근대문학회, 2005, 52~57쪽을 참조.
[30] 국한문 혼용의 『소년』의 문체는 이후 『청년』의 광고란에 이르러 새 시대의 새로운 문체로 홍보되는데, 이러한 단초가 이미 『소년』지에서 한자 교육의 형태로 육성되었던 것은 주목할 만한 것이다.

즉, 직분대로 업무에 진췌할진댄, 設或, 不幸하야, 狼狽할지라도, 또한, 尊敬할, 人物이니라, 그러치 아니하야, 萬一, 勤勞를 厭忌하고, 職分를, 忘棄하난 자ㅣ, 잇슬진댄, 그 놈은, 實노, 社會의 蠹賊이라, 일으지 아니치 못할지니라. (「少年二月曆」, 『소년』 2년 2권)

'노동하는 주체'로서의 소년은 2년 1호부터 제기되기 시작한다. 노동하지 않는 '밥벌레'와 '담배 구덕이'는 건달이나 난봉보다도 부정적인 대상으로 거론되었으며,[31] '아메리카 大統領 으루쓰벨트'의 말을 인용하는 형식으로 '職分을 忘棄'하는 자는 '社會의 蠹賊'으로까지 일컬어졌다.[32] 직분을 인식하고 최선의 노력을 다하면 설령 실패하더라도 존경받을 수 있다고 강조했으며, 근로하지 않는 '놈'은 사회의 벌레이자 도적으로까지 폄하하였다. 세계지를 매개로 소통하는 소년들의 세계는 물리적 영토로서의 세계에 대한 모험적 탐색과 아울러 노동역작이라는 구체적인 태도를 내면화함으로써 실현 가능한 활동으로 전면화되었던 것이다.

2) 소년의 전범(典範), 위인의 창조

『소년』은 직접적으로 소년의 덕목을 제시하는 작업을 꾸준히 전개함으로써 독자층에게 '문화 교과서'로서의 역할을 실질적으로 수행하고자 했다. 『소년』은 국가를 중흥시키거나 통일시킨 인물들의 전기를 소개함으로써 소년이 전범으로 삼아야 할 위인전기를 연재하기 시작

---

31 『소년』 3호(2년 1권), 42쪽.
32 「少年二月曆」, 『소년』 4호(2년 2권).

한다. 장르적으로 정형화된 형식은 아니지만, 인물의 '위업'과 '성공담'을 중심으로 기술되는 인물의 전기를 연재함으로써 '新大韓少年의 好個模範'[33]을 보이려는 의도를 전면화한 것이다.

일차적으로 '소년'의 전범으로서 『소년』지가 선정한 위인들은 서구의 역사적 인물들이며, 그들이 구축한 '위업'의 세계는 통일 국가의 건설과 독립, 신화적 성공의 위업 등이다. 러시아의 페터 대제[34]와 이탈리아의 가리발디,[35] 프랑스의 나폴레옹,[36] 민영환[37]의 전기를 소개하는 과정은 개인의 일생을 '국가'와의 관련성 속에서 매개시키려는 의도와 국가를 중흥시키고 통일시킨 주역들과 답사를 통해 탐험을 실천한 위인을 전범으로 만드는 과정을 보여준다. '代表的 偉人을 中心으로 한 各國各時代史'(2년-1권)라는 부제가 보여주듯, 위인은 역사를 함축할 수 있는 유효한 코드로 인식되었으며, 궁극적으로는 이들의 위업에 대한 기술을 통해 소년들로 하여금 위인의 자질을 배우고 익히도록 독려하려는 의도를 담고 있다. 그 과정에서 톨스토이와 같은 문인도 예술적 자질이나 철학적 태도를 강조하기보다는 노력을 통해 성공한 '위인'으로 조명한 것은 『소년』지가 추구한 '위인'의 지향점을 보여준다.

그 외에도 『소년』지에는 전기는 아니지만 단편적인 일화나 어록을

---

33 『소년』 2년-2권, 51쪽.
34 「少年史傳(一) : 러시아를 中興식힌 페터(彼得) 大帝」(『소년』 1년 1권, 2년 2권)
35 「까리쌜띄전:이탈늬를 統一식힌 까리발띄」(『소년』 2년 4권, 2년 6권)
36 「나폴네온 大帝傳」(『소년』 1년 1권, 2년 3권, 2년 6권, 2년 7권, 2년 8권, 3년 2권, 3년 3권, 3년 6권)
37 「閔忠正公小傳」(『소년』 2년 1권)

소개함으로써 소년이 전범으로 삼을 만한 정보들을 다각도로 제공했다. 페터 대제,[38] 프랭클린,[39] 페스탈로치,[40] 링컨,[41] 루즈벨트,[42] 애듸손,[43] 답사가 헤딘 박사[44] 등의 위인적 자질을 강조하며 전범화하는 과정에 이충무공[45]이 채택된 것은 조선의 역사 안에서도 소년의 전범을 발굴하고자 했던 모색의 과정을 보여준다. 그 과정에서 위인들을 '위업을 이룬 소년'이라는 관점에서 소개함으로써 '신대한소년'과의 심리적 동일시를 가능하게 하는 지점을 마련하고 있다.[46] 『소년』지가 밝힌 '위인'이란 '至善의 努力者이'며, '偉業'이란 '努力의 集成'을 의미한다.[47]

『소년』지는 성공한 지식인, 문명의 건설자라는 구체적인 인물의 전기를 소개하는 방식과 아울러, 그들의 '발언'을 '격언'으로 소개하는 작업을 꾸준히 전개했다. 「소년훈」과 「소년금광」[48] 등에서 동서양의

---

38 「페터 大帝軼事」(『소년』 2년 10권)
39 「푸랭클닌 語錄」(『소년』 2년 10권)
40 「페쓰탈노씨 어렷슬 째의 愛情」(『소년』 2년 7권, 2년 6권, 14쪽)
41 「린커언의 人物과 밋 그 事業」(『소년』 3년 1권)
42 「으루쓰벨트氏의 世界的 偉大한 所以」(『소년』 3년 8권)
43 「電氣王 애듸손의 少年時節」, 『소년』 2년 2권, 33쪽.
44 「現世界 最大 踏査家 헤딘 博士의 略歷」(『소년』 2년 1권)
45 「李忠武公軼事」(『소년』 2년 10권)
46 '北아메리카 合衆國읜 西曆 一千四百九十二年에 콜넘버쓰 等 勇敢한 少年諸人의 冒險探索 한 結果로 비로소 널니 세상에 알닌 나라인데'(「海上大韓史 (三)」, 『소년』 2년 1권, 17쪽)
47 '偉人이란 것은 至善에 努力者라 하고 偉業이란 것은 努力의 集成이라 하고자 하노라.' (〈偉人이란 무엇?〉, 「少年時言」, 『소년』 3년 2권, 22쪽)
48 「소년금광」은 3년 3권부터 3년 6권까지, 그리고 3년 8호에서 「소년훈」을 대체하여 실려 있다.

격언과 잠언을 소개함으로써 '소년'이 덕목으로 삼아야 할 삶의 태도를 직접적으로 소개한 것이 그 예이다.[49] 3년 3권과 6권, 8권에서는 「언행의 본」이라는 직접적인 표현을 통해 소년이 본받아야 할 언행의 구체적인 사례를 제시했다. 2년 7권부터 「소년논어」를 연재한 것[50]은 서구에 편향된 전범화 경향을 반성하기 위한 대안적 시도로 해석된다.

통권 4호부터 후쿠자와 유키치(福澤諭吉)의 「修身要領」을 소개하며 '신시대 청년'이 갖추어야 할 구체적인 행동과 태도를 「현대소년의 신호흡」으로 제시한 『소년』지는 통권 5호부터는 「신시대 청년의 신호흡」으로 표제를 바꾸어 '아메리카 合衆國을 建設한 紫楡少年 와싱톤 座右銘', '아메리카 名人 쯔랭클닌 座右銘', '現時代 大導師 톨쓰토이 先生의 敎示', '近世敎育 革新大家 페쓰탈노씨 先生處世訓', '栗谷 李珥先生의 自警文十七則', '색리탠國 德學大家 스마일쓰 先生의 勇氣論', '로오마國에 大理學家 에픽테투쓰 先生의 『學者의 行義訓』' 등을 연재하기 시작한다. 와싱톤과 프랭클린, 현 써이취 황제[51]의 경우는 동서고금의 '위인'의 격언을 소개하던 「소년훈」의 체제를 특정 인물로 특화시킨 사례로서, 전범으로서의 각인 효과를 강력하게 부각시킨다.

---

49 소년 3년 8권에서는 「消夏日課 格言六拾參集」을 통해 '本國, 支那, 예수敎經典, 佛經, 이슬남敎經典, 쓰레시아, 로오마, 쓰리탄, 써이취, 쯔랑쓰, 북아메리카, 러시아, 스위쓸, 이탈늬, 아라비아, 스페인, 덴마륵, 日本' 등 각국의 '위인'들의 격언을 제시함으로써 '녀름ㅅ동안 思索의 師友로' 삼을 것을 제안하기도 했다.
50 「소년 논어」는 2년 7권에서 2년 10권까지 연재되었다.
51 이는 「신시대 청년의 신호흡」 연작이 아닌, 「修養의 거울 : 써이취 숙皇帝의 座右銘」로 소개되었다(『소년』 3년 3권, 29쪽).

아메리카 建設始祖 와싱톤은 英雄의 聖이라. 武將으로 勇壯한 行績과 政治家로 偉大한 事業은 姑舍하고 그 人格과 品行으로 보아도 卓犖超邁한 法이 足히 우리少年의 模範이 될지라. (『소년』 2년-3권, 5쪽)

와싱톤을 '자유소년'으로 호명한 것이나 유일한 여성으로 채택된 '헬넨켈너 여사'를 '부인 사업'의 문제를 부각시킨 인물로 기술하면서도 노력과 정성의 힘을 강조한 것,[52] '名譽 있는 有爲한 地位를 가진 계집'[53]으로 부각시킨 것 등은 위인에 '신대한소년'에게 '위인들'에 대한 심리적 거리를 단축시키고, 접근 가능한 현실적인 전범이자 연대적 사고의 대상으로 호소하려 한 의도를 보여준다.

『소년』지가 격언으로 강조한 부분은 정치가나 격세가로서의 철학이나 치세론에 대한 직접적 언술이 아니라 수신과 수양의 구체적인 덕목, 생활 예절이나 시간 관리 등 일상생활에 직결되는 세세한 항목들이다. 이는 '위인'을 전형화하는 형식으로 소년의 삶을 규율하고자 한 의도를 보여준다. 계몽의 시선을 소년들의 일상에 침윤시키려 한 『소년』지의 의도는 「일상 행위에 대하야 태서의 소년은 웃더한 교훈을 선배에게 밧난가」의 연재로 표현되기도 하였다. 여기에는 E. J. Hardy의 '着眼點', '人의 行爲'(2년 4권, 21쪽)와 '勞役과 安息'(2권 10호, 102쪽), C. H. haight의 '快樂'(2년-7권, 177쪽)과 '細小한 事物'(2년 8권, 27쪽)이 실린다. 그 외에도 '일사(軼事)'의 형식으로 위인적 일상사의 에피소드를 소개했는데, '이충무공일사', '페터대제일사', '쯔랭클닌

---

52 '努力의 結果는 이러한 것이오 精誠의 힘을 이러한 것이라. 어린 아해야 이를 볼지어다.' (「修養의 거울: 헬넨켈너 女史의 『나의 將來』」, 『소년』 3년 5권, 21쪽)
53 「修養의 거울: 헬넨켈너 女史의 『나의 將來』」, 『소년』 3년 5권, 24쪽.

어록' 등이 그 예이다. 3년 3권부터는 「수양의 거울」란을 마련하여 독일 현 황제, 헬렌 켈러의 일대기를 연재한다.

이처럼 『소년』지는 위인들이 삶을 통해 실천하고, 경험을 통해 축적한 좌우명과 격언을 소개함으로써 '우리 소년'의 '모범'으로 삼게 하려는 의도를 관철시키고자 하였다. 『소년』지는 '신대한 건설'에 필요한 실질적인 인간상을 실존했던 위인상으로 제안함으로써 소년-독자들에게 새 시대의 규범적 인간상을 제안하고 각인시키는 문화적 매체로서의 역할을 수행해 나갔던 것이다.

3) 교훈으로서의 문학, 독서 경험

문학 작품은 『소년』의 독자들에게 새로운 문학 경험을 제공하는 유용한 통로로 작용했다. 이때 문학이 게재되는 방식은 새로운 문학 장르와 텍스트에 대한 독자층의 의식을 조율하는 일차적 매개가 되었다. 계몽의 도구로서의 문학에 대한 이해는 텍스트를 선택하는 과정에서나 작품을 읽는 방향을 제시하는 과정에까지 포괄적으로 영향을 미쳤다.[54]

'우리 사랑하난 소년 제자로 더브러 한가디로 해상생활의 흥치와 항해모험의 취미를 맛보게'[55]한다는 취지로 번역힌 『로빈손 그루소』

---

54 『소년』지에 실린 번역 문학의 실례에 관해서는 정선태, 「근대전환기 언어 질서의 변동과 근대적 매체 등장의 상관성: 번역과 근대 소설 문체의 발견: 잡지 『소년』을 중심으로」, (『대동문화연구』 48, 성균관대 대동문화연구원, 2004)와 권보드래, 권보드래, 「『소년』과 톨스토이 번역」, (『한국근대문학연구』 6(2), 한국근대문학회, 2005)을 참조.

는 해양의 상상력을 고취시키고자 한 '해상대한사'의 연장선상에서 '海事에 관한 小傳記'로 소개되었다.[56] 스위프트의 소설 『썰늬버 旅行記』를 '썰늬버란 항해 됴와하난 사람'의 모험 이야기로 소개한 것 또한 문학을 신대한건설에 필요한 담론 구성 요소로 동원하고자 했음을 보여준다. 빅토르 위고의 『레 미제라블』을 『ABC 契』로 소개하면서 'ABC契는 表面으로는 兒童敎育을 標榜한 한 團體러라. 그러나 實은 成人啓發노써 事業을 삼더라'[57]라고 언급한 것이나 전체 내용 중 청년단체를 중심으로 소개한 것 등은 『소년』이 제공하는 문학이 '교훈'이나 '계몽', 소년과 청년 담론에 일정하게 지배되고 있음을 보여준다. 그는 직접적으로 '나는 그 冊을 文藝的 作品으로 보난 것보다 무슨 한 가지 敎訓書로 넑기를 只今도 그 전과 갓히 하노라.'[58]라고 밝힘으로써 문예보다는 교훈적 측면을 강조한 문학 수용 태도를 표명한 바 있다.[59]

교훈의 매개로서 문학 작품을 이해하는 방식은 '이솝의 이약'을 싣는 과정에서 단적으로 드러난다. 『소년』 1호와 12호에 실린 「이솝의 이약」에는 각 편의 뒤에 '배홀 일'과 '가르팀'이라는 부기를 실음으로써 '교훈적 담론'의 성격을 구체화 했다. 이는 최남선이 밝힌 바와 같이

---

55 『소년』 1년 2권, 42쪽.
56 『소년』 창간호, 37쪽.
57 「ABC契 The Friends of the ABC」, 『소년』 3년 7권, 별도 지면 16쪽.
58 『소년』 3년 7권, 32쪽.
59 문학을 교훈성의 측면에서 조명한 것은 이를 근대 교양의 핵심 요소이자 교육적 대상물로 인식한 최남선의 문학 인식에 기인한다. 이에 관해서는 한기형, 「최남선의 잡지 발간과 초기 근대문학의 재편: 『소년』, 『청춘』의 문학사적 위상과 역할」, 『대동문화연구』 45, 성균관대 대동문화연구원, 2004, 229~230쪽을 참조.

'유명한 내외 교육가의 해설'을 붙인 것으로서,[60] 이야기가 문학이나 예술의 차원이 아니라 교육의 차원에서 동원되고 있음을 보여준다.

□ 1. 바람과 볏
배홀일 : 싸슷한 대덥은 쎠싸디 녹인다.
가르팀 : 사랑이 사람을 感動하난 힘이 威壓보다 활신 굿센法이오.
(『소년』 창간호, 37쪽)

□ (4) 여호와 獅子
[배홀일] 닉은즉 업시 녁인다.
[가르침] 남만 못한 사람이 저보담 나흔 사람에게 對할 째에 대개 이러하나니 발서부터 제가 그를 싸르지 못하기 째문에 그 사람을 對하매 싸닭업시 怯하다가 조곰만 親하게 되면 압뒤삷히지 안코 쏘 시럽시 굴게 되오. 그럼으로 처음이나 한갈갓히 맑기 물갓히 지내난 것이 군자의 사괴임이오. (『소년』 2년 10권, 25~26쪽)

위의 사례는 『소년』지가 상정하고 지향하는 독서 경험이란 곧 교훈과 배움을 습득하는 기회를 의미했으며, 문학적 경험이 계몽의 수단으로 변용되는 단초가 되었음을 시사한다. 이러한 것은 창간호부터 「소년문단」란을 마련하여 독자들을 '읽는 주체'에서 '쓰는 주체'로 견

---

60 '세상에 애독자 많은 책은 성서 밖에 없다 하니, 을미년 경에 학부에서 編行한 「尋常小學」에도 이 글을 인용한 것이 많고, 세계 각국 소학교육서에 이 책의 은택을 입지 않은 자가 없다. 신문관편집국에서 그 일부를 번역하여 「再男伊工夫册」중 1권으로 머지 않아 발행도 하거니와, 여기에는 매권 사오절씩 초역하고 유명한 내외 교육가의 해설을 붙이노니 읽는 사람은 그 묘한 구상도 보려니와 신통한 우의도 완미하야 엿고 쉬운 말 가운데 깁고 어려운 이치가 잇슴을 찾아 처신행사에 유조하도록 하기를 바라노라.' (『소년』 창간호, 36쪽)

인해 내고자 한 것이나, 「소년통신」을 통해 독자의 생활 주변의 경험을 기록할 만한 가치 있는 대상으로 변용시키고자 한 의도를 통해서도 파악된다.

* '「少年文壇」은 우리 讀者諸君의 河海를 傾하고 風濤를 구할 壇場이라. 感懷를 書 함도 可記하고, 見聞을 記함도 可 하고, 日記를 寄함도 可하고, 課文을 投함도 可하고, 吾鄕의 風土를 誌함도 可하고, 先輩의 經歷을 錄함도 可하고, 詩詞도 可하고, 書翰도 可하나 行文結辭하난 사이에 힘써 眞景을 그리고 實地를 일티 말디니'(『소년』 1호, 78쪽)
* '「少年通信」: 이 通信은 讀者 여러분끠서 各其 사시난 곳에 잇난 名勝, 古蹟, 特殊한 風習, 方言, 俗談, 人物, 産物, 奇異한 自然現象, 學校 校訓, 童謠, 傳說에 觀한 것을 한가디나 두가디나 되난대로 덕어보내시거나 쏘 할 수 잇스면 略畵까디 添付하야 보내시면 順次로 내이기 爲읽하야 設始한 것인데 이는 讀者 여러분이 힘써 보내 듀시여야 할 것이오. (『소년』 1호, 81쪽)

『소년』의 구독자층은 학교를 통해 근대적 신지식을 교육받은 학생과 교사로 상정되며, 이들은 잡지를 매개로 '신대한국민'으로 호명되었다. '신대한소년'이 이전의 나이 어린 세대와 차별되는 지점은 그들이 경험하고 습득하는 문화 내용에서 찾아졌다. 이들은 모험심을 가진 탐험의 주체이자, 실력을 갖추고 노력하는 무실역행의 실천가, 긍정적 의지의 소유자, 노동역작의 주체, 국민의 의무를 다하며 세계와의 관계 속에서 자기 정체성을 찾는 새로운 세대로서 견인되었다. '신대한소년'이 '신문화 주체'의 탄생을 예비시킨다는 발상은 이러한 과정 을 통해 점진적으로 수용되어갔다.

『소년』지는 세계 여행에 앞서 국토를 두루 유람하는 과정을 현장감

있게 기술한 「쾌소년세계주유시보」를 통해 모험심과 근대지를 갖춘 세계인으로서의 '소년'을 가상하고, 이들을 이념적으로 견인해내었다. '신대한소년'은 학교를 통해 근대적 교육 경험을 갖게 되고, 근대지와 상식의 세계를 받아 '문명한 세계'와 소통하는 보편적 근대인으로 성장하도록 가상된다. 이들은 문명에 대한 지적인 이해를 생활적 교양으로 체화하고 실질적인 삶의 문화 내용으로 수용하도록 안내되었던 것이다.

4. 근대적 신생아, 『아이들보이』의 문화적 역할

근대의 '아이들-독자'가 독서물을 통해 문화 주체로 호명되는 과정은 그들이 새로운 문화 경험을 통해 이전 세대와 구분되는 과정을 보여준다. '조선 백만의 아이들이 다 우리 잡지의 동무'라는 취지로 어린 독자의 생성과 연대를 촉구하며, '아이들'에게 필요한 문화적 요구를 창출하고 충족시키는 문화 잡지로 탄생한 『아이들보이』는 『소년』이 『청춘』으로 성장하는 사이에 등장한 어린이 월간지이다. 『아이들보이』는 근대적 지식의 보급과 근대 문명의 대리적 경험을 속도감 있게 전달하려는 『소년』지의 학습적 효과나 교술적 의도가 '아이들'의 눈높이에 맞도록 조율된 흥미로운 어린이 문화지로서의 의미를 갖는다. 1호부터 독자 투고의 형식으로 독자층의 참여를 유도해 왔던 『소년』지의 움직임이 『아이들보이』에서는 「상급 잇난 글 쏘느기」의 형식으로 적극적인 독자 참여의 전략을 모색한 것은 '근대'를 호흡하며 소통하고자 했던 문화적 생리를 반영한다. 투고된 독자의 글들이 근대 지식의 습득과 근면, 내적 수양 등 해당 월간지의 지향점을 강화하는 내용으로 채워진 것은 이들의 발간이 '어린이 문화'를 창출하고 추동해가는 영향력 있는 문화적 매체로 기획되었음을 보여준다. 순 국문으로 기록된[61] 『아이들보이』가 근대지의 세계를 문화로서 계몽하는 방식은 '문학'과 '놀이'이다.

1) 책 읽는 조선 '아이들', 근대적 미덕의 문화적 습득

근대적 과학지식을 '이론적'으로 설명하는 『소년』이나 『청춘』의 서술 방식과는 달리, 『아이들보이』에서는 '아이들-독자'가 이를 흥미롭게 접근할 수 있도록 새로운 서술 방식을 채택한다. 1호부터 12호까지 연재되는 '리 되는 버러지들 이약이'[62]는 자연을 새로운 관점에서 조명하는 해석적 방법을 제안한 연재물이다. '연가시의 말삼'을 비롯하여 잠자리, 거미, 꿀벌, 누에, 범, 도마뱀, 지네, 가뢰, 노락이, 개구리 등, 아이들이 경험하는 생활의 현장을 소재로 삼아 '버러지' 스스로 자신들의 유용성을 들려주는 형식을 취하고 있다. 이들의 음성을 통해 '아이들-독자'가 벌레나 작은 동물을 장난삼아 괴롭히거나 죽이는 행위는 '야만스럽고 잔인하다'는 비판의 대상이 된다. 이 글의 '아이들

---

61 『아이들보이』의 기록 체계가 순국문을 따른 것이나 각 항목의 제목을 국문식으로 표기한 것 등은 『아이들보이』의 독자가 국한문혼용이나 순한문도 허용하고 있는 『소년』이나 『청춘』에서 상정된 독자층과 차별되는 지점을 명확히 하고 있다. 이에 관해서는 홍일식, 『육당연구』, 일신사, 1959, 38~39쪽을 참조.
62 『소년』 1년 2권에도 「肉食草」라는 식물 관련 기사가 실린다.

-독자'들은 자연과 관계 맺는 새로운 방식에 관한 학습 기회를 갖게 되는데, 그 과정에서 근대적 지식은 단지 습득해야 할 정보로서가 아니라 근대인으로 성장하기 위해 필수적으로 갖추어야 할 실천적 덕목이자 문화적 내역으로 설득되었다.

이와 아울러 『아이들보이』가 '아이들-독자'들에게 근대적 경험과 지식을 제공하는 유력한 방식은 독서 대상으로서의 '이야기'에 대한 소개이다. 『아이들보이』에 실린 '이야기'들은 근대 문화를 어린 세대에 효율적으로 전달하려는 의도에 의해 조율되었다. 서양 민담과 조선의 민담과 전설, 야담 등을 '동화'의 형식으로 재구조화 한 것이나,[63] 〈흥부전〉과 〈심청전〉, 〈삼설기〉 같은 조선 소설이나 〈선녀와 나무꾼〉, 〈혹부리 영감〉 같은 설화를 율문체로 재구성하여 「흥부 놀부」(2-3호), 「심청」(4호), 「세 선비」(6-8호), 「나무군으로 신션」(10-11호), 「옷나거라 쑥싹」(9호)으로 소개한 것은 『아이들보이』가 어린이를 위한 문학 텍스트의 독자성을 인지하고 있음을 보여준다. 서양의 이야기를 소개하는 과정에서 어휘적 측면에서 조선적으로 '번안'한 것이나, 서양 삽화를 첨부한 것 등은 아이들보이의 문학 경험이 근대와 전통 사이에서 방향을 찾아가는 어른들의 실험 과정에 무방비하게 노출될 수밖에 없었음을 시사한다.[64]

---

63 한 예로 『아이들보이』 3호에 실린 「스스로 도읍는 十세년 : 동생의 눈물=산아희의 결단성」은 세 형제의 치산과 출세를 다룬 야담인데, 여기서는 후반부가 생략된 형식으로 재구성되었다. 10호에 소개된 「먹적골 가난방이로 한 세상을 들먹들먹흔 허싱원」은 연암의 「허생」을 어린이 독서용으로 개작한 작품이다.
64 『아이들보이』 2호에 실린 「계집아이 슬긔」에서는 특별한 시, 공간적 배경이 제시되지 않았지만, 원님, 농군, 마님, 관가 등 조선적인 어휘가 제시되는데, 삽화에서는 이들이 서양 옷을 입고 등장한다. 삽화와 이야기 내용상 배경의 불일치는 4호

『아이들보이』에 실린 이야기들은 『소년』에서와 같이 교훈으로서의 문학 관념에 지배되고 있다. 이는 이야기의 말미에 작품의 주제를 직접적으로 지시하면서 교훈성을 강조한 전달 형식이나, '아이들-독자'가 본받아야 할 내용을 직접적 이야기 안에 포함시키는 방식으로 구체화되었다.

    * 우리는 아나 모르나 이러한 사람이 큰 복 바들 줄을 미드며 쏘 아모든지 본밧기를 바랍니다.(「조흔 사람 안 된 사람: 어엿비 녁이는 마음」, 『아이들보이』 1호, 16쪽)
    * 날냄에는 무서움이 업스며 정성에는 어려움이 업슴을 이 일에 볼 것 아니오닛가. (「범의 뒤다리 붓들고 六十리」, 『아이들보이』 1호, 20쪽)
    * 스스로 살녀흠이 그러틋 경성스러우며 뜻 세움이 그러틋 굿건ᄒ며 일 붓들기를 그러틋 부지런히ᄒ면 아모에게든지 그만흔 갑흠이 잇는것 이외다. 하늘은 스스로 도읍는 이를 도으시며 사람은 스스로 ᄒ여야 일우게 되난 것이외다. (「스스로 도읍는 十년: △ 스스로 ᄒ시오 저를 미드시오 △」, 『아이들보이』 3호, 20쪽)

이와 아울러 작품 안에 등장하는 '아이'를 어른의 훈계를 받고 뉘우치는 존재, 뉘우침을 통해 칭찬받는 대상, 또는 가르침을 받고 계몽되는 대상으로 설정한 것은 『아이들보이』의 근대 계몽의 의도를 문학 작품 속의 인물의 상황에 투사시킨 문화화 전략을 보여준다.

    * "오 긔특한 말이다. 그리ᄒ여야 착흔 아이다. (…) 그리ᄒ면 네가 세샹

에 실린 「령한 거울 셋」에도 보인다.

에 흔치 아니한 착흔 사람이 되리라." (「조흔 사람 안 된 사람: 잘못의 샹계」, 『아이들보이』 2호, 15쪽)

* 어려서 마음이 그러케 다라우면 자라서 잘 되지 못ᄒᆞᄂᆞᆫ 법이니 마음과 행실을 깨끗ᄒᆞ고 너그럽게 가짐이 우리들의 가장 힘쓸 일이외다. (「조흔 사람 안 된 사람: 다라운 아이의 뒤끗」, 『아이들보이』 2호, 16쪽)

* 이 이약이에는 요긴흔 가ᄅᆞ침이 잇슴니다. 어듸가 가ᄅᆞ침 되는 곳인지 생각ᄒᆞ야 보시오. 만일 혼자는 모르겟거든 아버님게나 어머님게 엿주어 보시오. (「우습고도 가ᄅᆞ침 될 이약이: 소경에게 등불」, 『아이들보이』 9호, 37쪽)

『아이들보이』가 소개한 이야기들은 '배려'[65]나 '지혜',[66] '근면'과 '자조',[67] '탐욕'에 대한 경계,[68] '정직'과 '후회',[69] '정성',[70] '노동'[71] 등의 주제를 강조한다.[72] 이는 권장할 만한 삶의 태도와 자질로 호소됨으로써, 근대적 '아이들'이 문화적으로 습득해야 할 내적 소양으로 설득되었다.

『아이들보이』는 '독자'에게 이야기를 수집할 것을 요구하면서 '조선'의 이야기와 '조선인'이라는 요건을 강조하는 한편,[73] 본받을 만한

---

65 「조흔 사람 안 된 사람: 어엿비 녁이ᄂᆞᆫ 마음」, 『아이들보이』 1호.
66 「계집아이 슬긔」, 『아이들보이』 2호.
67 「스스로 도읍ᄂᆞᆫ 十년」, 『아이들보이』 3호.
68 「령혼 거울 셋」, 『아이들보이』 4호; 〈과부와 암탉〉, 「아이들신문」, 『아이들보이』 9호.
69 「나무군의 ᄯᅡᆯ」, 『아이들보이』 6호.
70 「쓰거운 정성으로 완악흔 도적놈을 도인 정셔방」, 『아이들보이』 9호.
71 「실 뽑이 색시」, 『아이들보이』 10호.
72 그 외에 직접적인 논설의 형식으로 근대적 주제를 전달하는 글도 소개되었다.: 한샘, 「애씀」, 『아이들보이』 2호, 18쪽.

어른으로 서경덕(4호), 김덕령(6호), 신말주(8호) 등을 소개하여 총명과 정직, 공경과 배움에 대한 열정, 날램과 굳셈, 세참 등을 강조한 것은 근대적 주체의 인격적 자질과 내적 소양, 문화 경험을 '조선의 힘'으로 수렴하려는 의도를 표방한 결과이다. 이는 국가라는 틀 안에서 근대적 주체로서의 '아이들'을 배치시키려는 기획 의도가 반영된 것으로 볼 수 있다.

2) 근대 과학과 놀이문화의 조우

근대의 '아이들-독자'들이 『아이들보이』를 통해 근대 지식을 경험하는 또 다른 형식은 '놀이'이다. '아이들'이 과학적, 수학적 지식을 '문화'로서 경험하도록 하기 위해 고안된 '놀이'의 형식은 즐거운 문화적 경험으로서 소개되었다.

1호에 실린 「성냥갑이 작난」, 「쥐노는 그림 만드는 법」 등의 수학적 놀이에서부터 염화코발트 물로 글씨를 써서 말리면 숨었다 나타나는 「글씨 나들이」(3호 32면)는 화학적 원리를 재미있는 놀이를 통해 습득하게 한 사례이다.

2호부터 매호 소개되고 다음 호에 풀이를 게재하는 「샹급 잇는 의사 보기」(오늘날의 현상 퀴즈) 시리즈는 수학적 지식을 놀이의 형식으로 응용함으로써, 근대 지식을 일상적 삶의 범주로 포용한다. 일방적으

---

73 '죠션은 녜젼 사람들이 의사가 만흠으로 여러가지 조흔 이약이를 만들어 노신 것이 잇서 오래 날여오것마는 아즉도 온갖 이약이를 한되 모하 학문샹으로 연구흔 것이 업스니 참 애달은 일이외다.' (「샹급주는 이약이모음」, 『아이들보이』 2호, 16쪽)

로 정답을 제시하는 것이 아니라 「각기 제 생각」을 유도하는 열린 질문을 제안함으로써 독자들이 판단력을 기를 수 있도록 허용한 것도 『아이들보이』의 문화적 건강성을 보여주는 사례이다.

「상급 잇는 그림글 닑기」(『아이들보이』 2호, 40쪽)

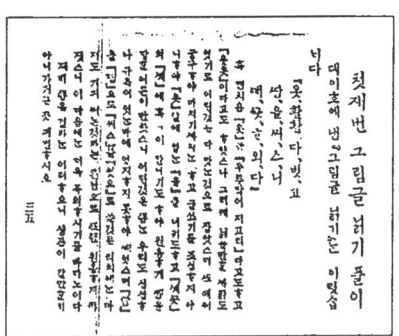
「첫재번 그림글 닑기 풀이」(『아이들보이』 4호, 35쪽)

이와 더불어 그림을 통해 이야기를 상상하고 다음을 연상하게 하는 「다음 엇지」는 창간호부터 연재되는데, 독자들이 독서 과정에서 '연상 능력'과 '상상력'을 계발할 수 있도록 기회를 제공하고 있다. 「상급 잇는 의사보기」에서 그림을 통해 문장을 연상하도록 하거나 그림과 글자의 조합을 통해 이야기를 만들 수 있는 놀이 기회를 제공하고 이에 상급을 부여하여 독자가 참여할 수 있도록 동기를 부여한 것도 『아이들보이』가 독자층을 견인해 내는 유용한 방식으로 제공되고 있다.

그 과정에서 '오즉 견댈 것'(인내)과 '날냄'(용기)의 미덕이 계몽되고, 공적과 명예 등이 강조된 것이나 필자(들)에 의해 이들이 '우리'로 호명되는 현실은 '근대 국가'의 '국민'으로서 '아이들'이 포섭되는 방식이자, 그들이 감당해야 할 문화적 몫의 내역을 지시하고 있다.

5. 근대적 '어린이', '어린이 문화'의 서곡

'본 지는 어디까지나 우리 소년에게 강건하고 견확하고 궁통한 인물 되기를 바라는 고로 결코 연약, 나태, 의시, 허위의 마음을 자격할 문자는 내지 않을 것'이나 '미적 사상과 심신 훈도에 유조할 것이면 경연한 것이라도 조금 싣겠다'는 취지로 출발한 『소년』이 『아이들보이』와 『청춘』으로 이어지는 과정은 '소년'이 근대적 국민 국가의 일원으로 '신대한소년'을 창출시키고, 청년 학우와의 조우를 통해 '청춘'의 독자층으로 성장하도록 견인해 내면서, 문명화된 세계와 지식 체계를 공유한 근대인으로서의 '소년' 집단과 그 문화를 배태하는 문화적 동인으로 작용한다.

'소년'이 지향하는 궁극적 지표는 패권주의적 세계에서 '신대한'을 건설하는 '신국가 주체'로 성장하는 것이다. 그 구체적인 방식은 '소년'으로 하여금 그에 합당한 내적 소양과 자질을 기르도록 하는 것이며, 그와 동시에 '신대한소년'에게 자기 긍정의 근거를 확립해 주는 일이다. 이는 『소년』의 활동이 민족과 국가에 대한 '기원의 서사'를 만드는 것으로 이어지는 이념적 근거가 되는 동시에, '소년'의 문화적 성장이 '민족 국가'의 탄생과 긴밀하게 연계되는 과정을 통해 구체화된다. 근대적 어린이로서의 '신대한소년'이 경험하는 물리적 환경으로서의 '조선'은 『소년』지의 「대한해상사」 연재를 통해 '반도국'으로서 국토를 재발견하는 과정으로 주어졌다. 동시에 이들은 우리의 옛 문헌 속에 담긴 지식과 문학을 시와 격언의 형식으로 압축하여 전달하는 '고전의 지식화' 경험을 통해 자기 긍정의 토대로서의 민족 국가에 대한 '기원의 서사'에 참여하도록 견인되었다.

'신대한소년'은 지식의 분야에서뿐만 아니라 생활 경험의 차원에서도 이전 세대, 혹은 동시대의 다른 집단과 차별적인 문화 경험을 갖도록 권유받았다. 그것은 근대적 학교 교육과 근대적 독서물의 섭렵을 통한 근대지의 소유와 아울러, 새로운 시선으로 자신과 세계를 이해하고 사물을 관찰하고, 그들이 존재하고 활동하는 원리를 파악하는 방식이었다. 그 과정에서 소년 독자들은 '위인의 삶'으로 구성된 텍스트를 통해 삶의 전범을 형성해 나가고, 새로운 문화 경험을 통해 차별화된 신문화적 자질을 구유할 것을 요청받게 되었다. 『소년』과 함께 성장한 것으로 가상된 세대는 『청춘』을 통해 근대적 문화적 경험을 이어나갔고, 『아이들보이』를 통해 놀이와 문학의 형식으로 근대인으로서의 '아이들-독자'가 누려야 할 문화적 경험을 제공받았던 것이다.

'어린이'라는 용어의 탄생은 '어린이 문화'의 생성을 수반함으로써 의미론적인 적합성을 획득하기 시작한다. 1900년대 근대가 출발하면서 『소년』, 『아이들보이』, 『청춘』 등의 근대 잡지를 통해 신문화 주체로서 상정되어온 근대 주체는 연령적, 세대적 동질성으로 환원될 수 없는 문화적 차별성을 부여받으며 생성되고 성장해 갔다. '긍정성'과 '희망'의 기원이 된 '신대한소년'이 구축하는 새 세대의 문화 내용은 '어린 세대'의 문화적 경험이 단지 향수를 자극하는 '과거의 영역'으로서가 아니라, 새로운 현재를 창출해 내기 위해 적극적이고 활동적인 모색을 필요로 하는 탐구의 영역임을 설득하고 있다.

프로문학 진영의
사회주의 아동 만들기

1930년대 초반 『별나라』와 『신소년』의 대중화 전략

최은혜

1. 예술대중화의 시대, '아동 대중'의 발견

    1920년대 후반 김기진과 카프 동경지부의 젊은 문학가들 사이에서 벌어진 문예대중화논쟁은 1930년대 프로문학 진영에서의 대중화에 대한 실질적인 관심과 실천을 불러일으켰다. 논쟁을 촉발한 김기진은 그 이전부터 "민중 전체의 속에서 어떠한 방향으로 움직인다는 그 움직임이 먼저 있은 다음에 그것을 누구보다도 먼저 감득히고 인식히고 그 방향으로 향해서 민중을 조직하고 통일하고 지도"해야 한다는 입장을 견지하고 있었다.[1] 대중의 '움직임'을 예민하게 주시해야 한다고 봤던 그가 대중화론 전개에 있어 선편을 잡은 것은 당연한 이치였다.

---

1 팔봉, 「감상을 그대로: 약간의 문제에 대하여(1)」, 『동아일보』, 1927.12.10, 3쪽.

그는 "우리의 시를 우리가 그들에게 가지고 가서 보여주지 못하였고" "그들이 알아보기 쉬운 말로 쓰지 못하였고" "그들이 흥미를 느끼고 외우도록 그들의 입맛을 맞추지 못한 까닭에" 프로문학이 "전 대중이 섭취하는 바가 되지 못하였"음을 지적했다.[2] 여기서 대중은 노동자·농민을 일컫는 것이었다.[3] 권환, 안막, 임화 등에게 합법성의 추수라며 비판을 받기는 했지만, 노동자·농민 대중의 확보와 조직화를 통한 대중화라는 김기진의 기본적인 기조는 프로문학 진영에 중요한 방향성을 제시했다.

그러한 가운데 '아동 대중'이 중요한 대상으로 부상한다. 1920년대에 이미 소년문예 또한 자연생장기를 지나 목적의식기를 맞이해 새 변화를 꾀해야 한다는 의견 등이 개진되지 않은 것은 아니지만[4] 아동을 대중으로서 적극 염두에 두기 시작한 것은 대중화 논쟁 이후라고 할 수 있다. 예술을 통해 대중을 프롤레타리아 혁명의 주체로 거듭나게 하고 그 영향력을 확대하는 것이 대중화의 사명이라면, 이제 아동은 혁명의 주체이자 진영에 끌어들여야 할 한 인간으로 자리하게 된다. 프롤레타리아 아동(문학)론도 1930년대가 되어서야 본격화된다.[5] 프로문학 진영의 문예운동가들은 동심천사주의에 입각한 어린이상(像)을 철저히 비판하며 보다 현실에 밀착한 아동에 대한 논의를 이끌어 나간다.

---

2 팔봉, 「프로詩歌의 대중화」, 『문예공론』 2, 1929.6, 110~112쪽.
3 팔봉, 「대중소설론(2)」, 『동아일보』, 1929.4.15, 3쪽.
4 민병휘, 「소년문예운동 방지론을 배격」, 『중외일보』, 1927.7.2, 3쪽.
5 류덕제, 「『별나라』와 계급주의 아동문학의 의미」, 『국어교육연구』 46, 국어교육학회, 2010, 315쪽.

"동심은 순결무구한 것이다." "동심은 천진난만하다." "아동은 천사이다." "아동은 신성하다." "아동은 하나님의 아들이다." "아동은 어른의 아버지다이다."

이것들은 모두 부르주아적 애매한 근거없는 동심관이요 아동관이다. 그들은 이렇게 아동의 존재를 실재 이상으로 이상화 신비화해 놓았다. 동심이란 절대로 순결무구(순수화와 다르다)한 것도 아니고 천진난만한 것도 아니다. 첫째 그들 아동은 선천적으로 유전이라는 것이 그 기질을 작성하며 둘째 성장 도정에서 무의식적으로나 의식적으로나(교화와 모방에 의하여) 현실적 정세에 유기화되는 것이며 셋째 더 나아가 사회적 정치적 경제적 관계에 의하여 조직화되는 것이다.(…)

그들은 아동을 신비화하여 현실에서 격리코자 하고 아동을 우상화하여 허공적 존재로 하려는 것이다.(…) 이 감행은 아동을 사회문화에서 격리케 하여 일종의 완상적 무의식물로 조성하는 것이요 현대에 대한 변증적 고찰을 망각한 것이다. 이제 우리는 "동심은 현실적 사회적 정세의 반영"이라는 것을 명심하자(…)

거기에 따라 동심의 계급성이란 것이 용인될 것은 너무나 쉬운 일이 아닌가.[6]

신고송의 「동심의 계급성」은 동심의 정신적 측면이 강조되었던 기존의 아동(문학)론에 거리를 두고 아동이 놓인 물질적이며 현실적인 토대에 대한 사유와 그에 따른 실천을 촉구했던 프로문학 진영의 경향을 보여주는 대표적인 글이다. 그에 따르면 동심천사주의는 아동들을 이상화·신비화함으로써 오히려 그들을 현실로부터 격리하고 공허한 존재로 만든다. 지주에게 부당하게 소작료를 바친 소작인의 아들

---

6   고송, 「동심의 계급성: 조직화와 제휴함(1)」, 『중외일보』, 1930.3.7, 7쪽.

이나 공장에 다니는 누이를 둔 아우, 실제로 농촌과 공장 등지에서 노동을 하는 빈곤한 아동이 부르주아 계급의 아동과 같은 것을 느끼고 동일하게 행동할 수는 없다는 것이다. 이렇듯 동심에도 계급성이 있기 때문에, 그는 프롤레타리아 아동 대중에게 공감대를 형성하고 무산 아동을 교화할 수 있는 동요가 요청된다는 점을 강조한다.[7] 비슷한 시기 송완순 역시 "예술상에 있어서도 계급적 생활투쟁의 현실에서 생산된 것을 들리고 읽히고 보여"주면서 "천상의 아동예술에서 지하의 아동예술에로" 전환을 꾀해야 한다며 「푸로레 동요론」을 연재했다.[8] 문예대중화논쟁을 거친 뒤 1930년대 프로문학가들에게 아동은 프롤레타리아 대중화의 범주에 놓여 있는 존재로 여겨지며, 그들을 위한 창작방법론이 논의되었던 것이다.

이처럼 여러 일간지에서 발표된 프롤레타리아 아동문학론의 실천적 형태를 확인할 수 있는 것은 『별나라』와 『신소년』을 통해서이다. 이전까지는 뚜렷하게 사회주의적 색채를 띠고 있지 않았던 두 매체는 1930년대 무렵부터 "카프의 방계적 솔하에서 계급투쟁의 역할"을 하기 시작하며 프롤레타리아 아동잡지로서의 위상을 가졌다.[9] 『별나라』

---

7 "1.정확한 사회의식과 시대의식을 가진 아동을 조성하는 데 유위한 동요 2.현실의 생활 또는 사회에 대한 비판의 안목을 열어 줄 동요 3.(삭제) 4.타오르는 정의열을 고취할 동요 5.닥치는 날의 건설의 지침이 될 것 6.따라서 가장 건강할 것 7.따라서 안가한 감상을 제거한 동요 8.환희와 광영와 광명과 감격과 희망을 주고 새로운 축복을 줄 동요. 9.10.(삭제) 11.새로운 뜻 아래의 상호부조의 관념의 양성할 동요 12.불순을 구축(驅逐)하고 새로운 기풍을 가질 것 13.현실도피적 퇴폐 기분을 제거한 동요 14.단순한 기본적 정서로써 이상의 모든 것을 노래한 동요 15.극히 기교를 단순화한 동요" 고송, 「동심의 계급성: 조직화와 제휴함(3)」, 『중외일보』, 1930.3.9, 7쪽.
8 구봉학인, 「'푸로레' 동요론(3)」, 『조선일보』, 1930.7.9, 4쪽.

와 『신소년』은, 무산 아동을 독자로 하는 만큼 상술한 아동문학론 혹은 그 창작방법론을 실현할 수 있는 매체로 기능했다. 카프가 비판했던 해외문학파가 『해외문학』, 『시문학』, 『문예월간』 등을 발간하면서 활동 영역을 넓혀갔던 것에 비할 때, 카프 주도의 매체 활동은 미비하던 때였다.[10] 더욱이 『조선지광』, 『예술운동』, 『비판』 등과 같은 프로 진영의 잡지들이 있기는 했지만, 이들은 사실상 성인 지식인 독자를 중심으로 읽혔기 때문에 노동자·농민 대중에 직접적으로 향해있는 것이라고 보기는 힘들었다. 이런 사정을 염두에 둔다면 아동을 독자로 한 『별나라』와 『신소년』은 대중화 전략상 상당히 중요한 위치를 점하는 것이었다. 요컨대, 두 잡지는 '무산 아동 대중'을 확보하고 교화하기 위한 실천적 요충지였다.

이 시기 『별나라』와 『신소년』에 대한 그간의 연구들은 이들이 사회주의적 성격을 지니고 있다는 점을 공유하며 진행되어왔다. 『별나라』와 『신소년』 등을 대상으로 계급주의 아동문학의 전개 양상과 문학사적 의미에 집중해온 류덕제의 연구들이 대표적이다. 그는 『별나라』의 창간부터 방향전환까지의 과정을 톺아본 뒤 그것이 "'소년'들로 하여금 식민지 농촌과 노동자들의 열악한 현실을 제대로 인식하도록

---

9   박세영, 「조선 아동문학의 현황과 금후 향방」, 조선문학가동맹중앙집행위원회서기국 편, 『건설기의 조선문학』, 1946, 98쪽. 『별나라』와 『신소년』의 계급주의적 선회에 대해서 다룬 연구로 다음의 글들을 참고할 수 있다. 원종찬, 「'반짝반짝 작은별'이 '붉은 별'이 되기까지: 1920년대 아동잡지 『별나라』」, 『창비어린이』 12(3), 창비어린이, 2014; 원종찬, 「계급주의 아동문학의 허와 실」, 『창비어린이』 13(3), 2015.

10 류영욱, 「카프가 별나라로 간 까닭은: 아동잡지 『별나라』를 통해 본 카프(KAPF)의 매체 전략」, 『아동청소년문학연구』 32, 한국아동청소년문학학회, 2023, 333쪽.

하고 이를 타개하기 위해 정치투쟁을 조직적으로 전개하도록 요구하는 계급주의적 태도와 자세를 견지하고 있었다"고 의미화하는 한편[11] 1927년 무렵 아동문학 역시 계급주의적 방향전환을 단행하지만 『별나라』와 『신소년』의 작품적 대응은 1930년대에서야 이루어지고 있음을 밝혔다.[12] 류덕제의 연구가 프롤레타리아 아동문학의 흐름을 거시적으로 훑고 있다면, 이후의 연구들은 이들 잡지의 구체적인 양상을 짚어낸다. 이를테면 서사적 특징을 비롯한 문예물에 대한 연구,[13] 『별나라』의 과학교양과 지식 보급 관련 연구,[14] 카프와 『별나라』의 관계성 및 매체 전략과 관련된 연구[15] 등이 있다. 넓은 의미에서 이 연구들은 매체의 대중화 전략과 관련되어 있다고 할 수 있지만, 『별나라』와 『신소년』을 동시에 시야에 넣고 그 전체적인 양상을 살핀 경우는 없었다. 프로문학 진영의 아동 대중을 확보하고 의식화하는 데 두 잡지의 목적이 있다면, 그것의 개괄적인 성격을 일별하는 작업이 필요하리라 판단된다.

---

11 류덕제(2010), 앞의 글, 327쪽.
12 류덕제, 「일제 강점기 계급주의 아동문학의 방향전환론과 작품적 대응양상연구: 『별나라』와 『신소년』을 중심으로」, 『문학교육학』 43, 한국문학교육학회, 2014.
13 이근화, 「『별나라』 소재 문예물 연구: 1930년대 아동문예물의 이면과 문학적 전략」, 『한국학연구』 43, 고려대학교 한국학연구소, 2012; 최미선, 「『신소년』의 서사 특성과 작가의 경향 분석」, 『한국아동문학연구』 27, 한국아동문학학회, 2014; 김선, 「'소년문학'의 문법: 방향 전환 이후 『신소년』의 양식적 담론의 전개와 르포 문학적 특성」, 『한국문예비평연구』 65, 한국현대문예비평학회, 2020.
14 정진헌, 「1930년대 과학교양과 『별나라』」, 『동화와번역』 41, 건국대학교 동화와번역연구소, 2021.
15 손증상, 「카프의 예술대중화론 모색과 실천, 별나라사 연합대학예회」, 『국어국문학』 194, 국어국문학회, 2021; 류영욱, 앞의 글.

이 글은 이러한 점에 착안하여 아동을 향한 대중화가 실천적으로 이루어진 1930년대 초반 『별나라』와 『신소년』의 전략을 살피고자 한다. 이 전략은 '동심을 가진 어린이'라는 기성의 프레임에서 벗어나 '사회주의 아동'을 만들기 위한 것으로, 이는 곧 프롤레타리아 문학/문화의 대중적 기반을 확대하기 위한 노력의 소산이었다. 그 내용은 크게 세 가지로 나누어 볼 수 있다. 이들은 사회주의적 지식을 쉽게 이해되게 전달하고, 문예를 통해 노동하고 투쟁하는 아동의 정동을 형상화했으며, 무산 아동 독자의 참여와 실천을 독려했다. 다시 말해 지식, 정동, 실천의 세 영역을 동시에 수행하면서 '사회주의 아동'을 만들기 위한 전략적 접근을 시도했다. 이는 어느 한쪽에 치우치지 않는 전인적인 사회주의적 인간상에 대한 이상이 투영된 것이라고 할 수 있다. 이렇듯 대중화 전략의 특징을 살피는 것은 『별나라』와 『신소년』의 핵심에 다가가는 것과 다르지 않으며, 이로부터 연구의 의의를 찾을 수 있을 것이다.

2. 과학적·사회주의적 지식의 보급

고대 그리스 철학부터 자본주의 사회 분석에 이르기까지를 포괄하는 마르크스의 지적 여정은 사회주의가 근대지식의 총체라는 것을 잘 보여준다.[16] 사회주의 사상은 각종 지적 체계에 의해 뒷받침될 뿐

---

[16] 박헌호, 「'계급' 개념의 근대 지식적 역학」, 『상허학보』 22, 상허학회, 2008, 19쪽.

아니라, 그 지식은 '과학적' 성격에 의해 특징지어진다. 따라서 이러한 지식을 대중적으로 확산하는 것은 사회주의 혁명을 지향하는 프로문학 진영에게 있어 몹시 중요할 수밖에 없었다.[17] 아동 대중을 염두에 둘 경우, 복잡하고 익숙지 않은 지식을 가능한 한 쉽고 이해 가능하게 전달하는 것이 더욱이 문제가 될 것이었다. 1930년대에 들어서면서 『별나라』와 『신소년』 역시 이러한 문제에 대해 신경썼던 것으로 보인다.

[표 1] 사회주의 및 소비에트 지식 관련 글 목록

매체	발행년월	필자	제목
『별나라』	193010	박영희	[평전] '맑스'는 누구인가
『별나라』	193010	송영	[강좌] 월급은 무엇인가
『별나라』	193011	권환	[강좌] 소년유물론
『별나라』	193102	김병제	[강좌] 소년진화론
『별나라』	193108	송영	[강좌] 지주와 소작인
『신소년』	193111	철아(鐵兒)	[강좌] 노동
『신소년』	193201	철아	[강좌] 임금 이야기
『신소년』	193201	구직회(具直會)	러시아의 공장
『신소년』	193202	철아	[강좌] 잉여노동
『별나라』	193203	권환	[강좌] 변증법이란 무엇인가
『별나라』	193204	안준식	소비에트 러시아에 있는 농촌 '아이들의 집'
『신소년』	193204	철아	[강좌] 상품의 가치
『신소년』	193206	박태양	상품의 가격이란 무엇인가

---

17 『별나라』에 소개된 과학교양과 관련된 연구로는 정진헌(앞의 글)의 연구를 참고할 수 있다.

『신소년』	193206	강석우	맑스의 소년시대
『신소년』	193207	박태양	[강좌] 철학이란 무엇인가
『신소년』	193208	현동염	[강좌] 불경기 이야기
『신소년』	193209	박태양	[강좌] 철학상의 두 가지 견해
『신소년』	193209	사회학인(社會學人)	[강좌] 개인과 사회
『신소년』	193209	이민(李民)	[강좌] 노예란 어떤 것인가
『신소년』	193210	박태양	[강좌] 철학상의 두 가지 견해
『신소년』	193210	이민	[강좌] 노예와 노동자
『신소년』	193211	박태양	[강좌] 유심론은 어째서 생겨났나
『신소년』	193212	이민	[강좌] 불경기와 공황
『신소년』	1933.2.	사회학인	[강좌] 생산과 소비

위 표에서 나타나듯[18] 1930년대 초반 『별나라』와 『신소년』에는 유물론과 유심론, 변증법과 같은 철학적 개념을 비롯해서 임금, 노동력, 잉여가치 등의 경제적 용어, 맑스와 엥겔스 등 사회주의 관련 인물, 소비에트 러시아에 대한 정보 등이 전방위적으로 소개됐다. 이 글들은 대체로 잡지 초반부의 '강좌'란에 실렸으며, 지식을 간략하게 전달하는 것을 목표로 하기 때문에 대체로 두 페이지를 넘기지 않는 분량이었다. 그러나 유물론이나 변증법, 잉여노동과 같이 설명이 어려운

---

18 이 표는 1930년대 『별나라』와 『신소년』에서 사회주의와 관련된 철학적(유물론, 변증법 등)·경제적(상품, 생산, 노동, 노동력, 공황 등) 지식 및 소비에트 러시아와 관련된 내용을 표제로 내세워 설명하는 글들을 날짜별로 목록화한 것이다. 그 과정에서 류덕제의 연구에서 제시된 표와 비교하며 실증적인 검토를 마쳤다.(류덕제(2014), 앞의 글, 208~209쪽.) 류덕제의 연구가 계급주의와 관련된 논설을 목록화 한 것이라면, 이 표는 전술한 사회주의와 소비에트 러시아를 직접적으로 언급한 글들을 모은 것이라고 할 수 있다.

개념을 쉽고 짧게 전달하는 것에는 많은 고민과 시도가 필요했을 터, 글의 곳곳에서 그 흔적을 확인할 수 있다.

예컨대 권환의 「소년유물론」은 표제 앞에 '통속'이라는 표지가 붙어 있는데, 통속이라는 말에서도 확인할 수 있듯 이 글은 단순히 지식을 나열하는 방식과는 차별성을 띠고 있다. "물질이 정신을 놓았으며 정신이 물질에서 생겼다"고 주장하는 유물론자 소년 철남이와 "정신이 물질을 놓았고 물질이 정신에서 생겼다"고 주장하는 유심론자 소년 필우, 그리고 "어느 편의 말이 옳다니 그르다니 하지 않고 늘 이편저편의 중간에서 뱅뱅 도는 간사하고 어리석은 아이" 두중이가 등장하며 논쟁을 하는 상황이 제시된다.[19] 철남과 필우의 팽팽한 싸움 가운데 두중이 논증을 부추기자 철남은 각종 예를 들면서 유물론이 옳음을 입증하려 한다. 인간을 비롯한 동물이 생겨나기 전에 이미 지구가 있었다는 것, 사람이 죽고 나면 정신이 없어도 육체는 있다는 것, 정신이 없어도 존재하는 물질들이 많다는 것, 즉 물질은 정신과 독립해 있어도 정신은 물질 없이 독립해 있지 못하다는 것 등을 말하자 필우와 두중은 아무 말도 하지 못하고 다른 학생들이 유물론 만세를 외치며 글은 끝이 난다. 이러한 마무리는 유심론이 아닌 유물론이 세상의 이치에 닿아있음을, 나아가 유심론과 유물론 사이의 입장조차 옳지 않음을 설득하는 효과를 준다. 유물론을 이해시키기 위해 일상적인 예를 나열한다든지 대화적 상황을 설정하여 일반적인 설명글과는 차별점을 둔다든지 하는 것은 철저히 아동 독자의 눈높이에 맞추어 흥미를 이끌며 이들을 끌어들이기 위한 방식이라고 할 수 있다.[20]

---

19 권환, 「소년유물론」, 『별나라』, 1930.11, 6~7쪽.

또한 두 잡지는 설명하기 까다로운 사회주의적 지식을 전달하고 납득시키기 위해 무산 대중들이 놓인 부조리한 상황을 제시하는 전술을 수행하기도 한다. 임금 개념에 대해 설명한 뒤 "비단 짜는 여직공 아주머니들은 자기들 손으로 날마다 번쩍번쩍 하는 비단을 몇 필씩 짜서 내지만 자기들은 평생 가야 저고리 하나 못 해 입습니다.(…) 정미소의 일하는 일꾼들도 자기들은 하얀 쌀을 하루도 몇 섬씩 찧어놓지마는 자기 집에 가서는 노란 조밥도 잘 먹지를 못하고 지냅니다. 이처럼 지금의 삯은 퍽이나 싸답니다."라고 덧붙이는 식이다.[21] 임금에 대한 또 다른 글에서도 "노동자란 일할 힘밖에 아무것도 갖지 아니한 까닭에 항상 자본가에게 힘을 팔고 임금을 받아서 살아나간다. 그런데 세상에는 부자보다 일하여 먹고 사는 사람이 많은 까닭에 누구든지 일을 얻어 하려고(…) 경쟁을 함으로써(…) 자본가가 싼 편으로 하게 된다"는 점을 힘주어 강조한다.[22] 지주와 소작인의 관계에 대해서 말하면서 도조를 비롯한 각종 소작 비용을 아주 구체적으로 제시하는데, 그 말미에는 "이래서 소작인은 온 일 년 동안 늙은 부모로부터 어린 자식까지 온 집안이 들끓어서 일을 해도 겨울에는 먹을 것이 없고 봄에는 북간도로 가게 된다."라고 적으며 조선 소작인들이 처한 상황을 함께 보여준다.[23]

---

20 물론 이러한 방식은 아동 독자를 상정한 잡지를 비롯해 '대안교과서'의 성격을 지닌 잡지들에 나타난 특징이기도 하다. 여기에서는 '유물론' 등의 사회주의적 지식을 보다 쉽게 전달하기 위해서 사용된 방식이라는 점을 지적하고자 했다.
21 송영, 「월급은 무엇인가」, 『별나라』, 1930.10, 10쪽.
22 철아, 「임금 이야기」, 『신소년』, 1932.1, 5쪽.
23 송영, 「지주와 소작인」, 『별나라』, 1931.8, 22쪽.

이제 여러분은 '맑스'라는 세상의 제일 큰 사람을 알아야 합니다. 그는 우리들의 생활 가운데에 한시라도 없어서는 아니 될 것입니다. 우리들은 날로 가난해갑니다. 손과 발을 마음대로 놀리지 못하고 입으로 말을 못하고 억압과 울분□□□을 하는 사람이 얼마나 이 세상에 많습니까? 또한 아침부터 저녁까지 넓은 땅 위에서 밭 갈고 혹은 공장에서 일하는 사람이 날마다 가난한 생활을 계속할 뿐입니다. 날마다 피와 땀을 흘리고 많은 일을 해도 좋은 집을 가지지 못하고 편히 잠자지 못하고 좋은 음식과 좋은 옷을 입어보지도 못하지 않습니까?(…) 많은 사상가며 학자들이 많았으나 이것을 똑바로 물어낸 사람이 없었습니다. 그러나 "만국의 노동자여 ××하자"하고 '맑스'는 우뢰와 같이 부르짖었습니다. 이 소리에 이때까지 마음 놓고 있던 자본가, 지주, 모든 권력자들은 간담이 서늘하게 놀랐습니다. 그리고 '맑스'는 하루 동안 공장에 가서 일을 하면 얼마나 한 것을 노동자가 가져오며 또한 자본가에게는 얼마나 많은 것을 빼앗기는지를 가장 과학적으로 찾아냈습니다. 이것이 잉여가치라는 것입니다. 따라서 '맑스'의 유명한 저서인 자본론 가운데에는 참으로 노동자를 위해서 재미있고 거짓 없는 것을 연구하였습니다. 그래서 일하는 사람이면 어느 나라 사람을 물론 하고 한 형제가 되며 한 동무가 되어서 가혹한 수탈을 하는 자본가를 대항하기 위해서 일체 단결해야 할 것을 말하였으며 벌써 이 세상에는 '맑스'의 말대로 행동하는 나라와 사람들이 많이 있으며 그러므로 그들은 얼마나 행복스럽게 살고 있는지 아십니까? 그러므로 '맑스'는 노동자의 할아버지라고 해도 좋습니다.[24]

맑스를 소개하는 글의 한 부분인 위의 인용문도 노동자·농민 대중이 맞닥뜨린 가난한 삶에 대한 서술로 시작한다. 이 짧은 부분에서만 해도 사회주의 사상에서 중요한 두 개의 개념이 설명되는데, 하나는

---

24 박영희, 「'맑스'는 누구인가」, 『별나라』, 1930.10, 5~6쪽.

잉여가치이고 또 다른 하나는 국제주의이다. 짧고 간결하게 그 핵심을 설명함으로써 이 내용을 처음 접하는 아동 대중도 쉽게 이해할 수 있도록 서술하고 있다. 길이가 짧고 내용이 간결하다는 것은 모든 '강좌'란을 아우르는 중요한 특징이기도 했다. 한편, 잉여가치를 만들어내는 잉여노동,[25] 그 원천으로서의 노동력,[26] 생산[27] 등에 대한 소개는 그것을 표제로 달지 않은 글에서도 심심찮게 등장하는데, 이를 통해 사회주의 지식의 전달 중에서도 착취의 문제에 상당 부분 집중했다는 점을 확인할 수 있다. 무산 아동 대중에게 계급의식을 심어주는 첫걸음은 착취에 대한 깨달음을 얻게 하는 데서 가능할 것이기 때문이다. 위 인용문에서도 제시되듯 '만국의 노동자를 단결'하게 하는 국제주의는 자본주의의 착취를 끊어낼 궁극적인 방향성이다.

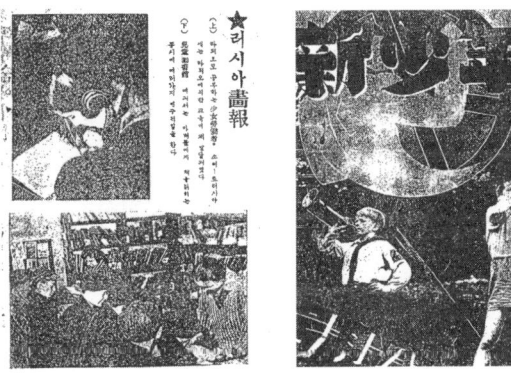

[그림 1] 『신소년』에 실린 삽화(1932.4)와 표지(1932.7)

---

25 철아, 「잉여노동」, 『신소년』, 1932.2, 4~5쪽.
26 철아, 「노동」, 『신소년』, 1931.11, 2~3쪽.
27 철아, 「상품의 가치」, 『신소년』, 1932.4., 4~5쪽; 사회학인, 「생산과 소비」, 『신소년』, 1933.2, 4~5쪽.

국제주의에 대한 지향은 소비에트 러시아에 대한 지식과도 연결된다. 잡지의 표지나 목차 다음 페이지의 화보에는 피오네르나 러시아 아이들의 사진이나 그림이 자주 실렸을 뿐 아니라 『별나라』 46호(1930.11.)는 피오네르 특집이기도 했다. 이 특집호에는 본래 「피오넬의 생활」(박영희), 「피오넬의 활동」(송구봉), 「중국의 동자단」(이기영), 「일본의 노동소년단」(임화), 「독일과 인도의 소년운동」(이용곤) 등이 실릴 예정이었으나 검열로 인해 게재되지 못한 것으로 보인다. 신경제정책(NEP)에 따라 경제가 급속도로 발전한 러시아의 공장들을 소개하는 글이나[28] 러시아 농촌에 있는 탁아소에 대한 글[29] 등이 실리기도 했으며, 러시아의 유치원 수나 학교에 다니는 학생의 구성, 아동 1인에 대한 교육비 연 지출액, 유아를 위한 설비 비용 등에 대한 우수한 통계 수치를 알렸다.[30] 이러한 정보와 통계는 프롤레타리아 혁명 이후의 소비에트 러시아가 얼마나 선진적인지를 알리는 데 치중되어 있었다. 이 밖에도 국제주의의 맥락에서 자본주의의 최첨단 미국의 '영 파이오니아(young pioneer)'를 소개하는 글을 싣기도 했다.[31]

---

28 구직회, 「러시아의 공장」, 『신소년』, 1932.1, 12~14쪽.
29 안준식, 「소비에트 러시아에 있는 농촌 '아이들의 집'」, 『별나라』, 1932.4, 37~39쪽.
30 「별나라사 통계: 늘어가는 숫자」, 『별나라』, 1931.5, 32쪽; 「러시아의 교육시설통계」, 『별나라』, 1933.3, 21~22쪽.
31 "부자 아이들은 모두 '보이스카웃'(소년군)이란 것에 듭니다. 그러나 가난한 집 아이들은 '영 파이오니아'가 되어서 활동하고 있습니다. 그들은 어떤 교육을 받고 있느냐 하면 일요일에는 부잣집 아이들이 교회에 가서 기도를 드리고 동화를 듣는 대신에 그들은 근처의 노동학교의 방을 빌려가지고 우주의 이야기라든지 생물의 이야기 같은 것을 들으며 사회에 일어나는 여러 가지 사건들을 아저씨들에게 이야기하여 달라고 하여 듣습니다." 권환, 「미국의 영·파이오니아」, 『신소년』, 1932.7, 2~3쪽.

이렇듯 1930년대 초반 『별나라』와 『신소년』 편집진은 잡지를 접한 무산 아동 대중이 계급적 착취를 깨닫고 국제적 정세를 파악하는 데 도움을 줄 수 있는 각종 지식을 보급·유포했다. 이를 통해 아동 대중들은 사회주의 아동으로 거듭날 수 있는 지식을 확보할 수 있었을 것이다. 그러나 사회주의 아동이 되기 위해서는 지식 획득만으로는 불충분하다. 요컨대 착취에 대한 분노와 그것을 혁명으로 바꿀 수 있는 에너지 등이 필요할 텐데, 이러한 부분에 대한 교화의 역할을 담당한 것이 바로 문예였다.

3. 노동하고 투쟁하는 아동의 정동 형상화

시(노래, 동요), 소설(동화, 벽소설), 극(아동극)을 아우르는 문예는 『별나라』와 『신소년』의 흐름을 만들어가는 중축을 이룬다. 1920년대 후반에 이들 또한 계급주의적 방향전환을 단행했지만, 그것이 문예를 통해 본격적으로 실현되기 시작한 것은 1930년에 들어서면서다.[32] 작품들에서 점차 노동하는 아동의 상이 더 명시적으로 나타나기 시작하며, 나아가서는 이들이 현실에 분노하고 투쟁에 대한 의지를 가지게 되는 정동(情動)의 측면이 드러난다.

이명식의 「무지개」는 무지개를 보며 감탄하던 소년 리웅이 일본으로 노동하러 간 셋째 형의 편지를 받는 것으로 내용이 전개된다. 이

---

32 류덕제(2014), 앞의 글, 223쪽.

소설의 대부분은 형의 편지로 이루어져 있는데, 형은 리웅에게 하늘의 아름다운 무지개가 아닌 노동하는 아이들이 있는 현실을 바라봐야 한다고 전한다. "우리의 희망은 다른 곳에 있다"는 형의 말은 언젠가 있을 노동 투쟁을 암시한다.[33] 두 차례에 걸쳐 연재되다가 중단된 윤기정의 「농군의 아들」 또한 노동하는 형 철수가 동생 철동에게 계급의식을 깨닫게 해주는 구도로 진행된다. 철동의 윗누이 철순은 일본인 브로커를 통해 일본 제사공장으로 떠나가고, 칠 년 전 일본으로 노동하러 떠났던 형 철수가 고향으로 돌아온다. "일곱 해 동안 뼈가 부서지도 살이 깎이는 온갖 일을 다 하였다. 석탄 패는 곳으로, 종이 만드는 곳으로, 철공장으로, 그리고 온갖 공장으로 다 돌아다녔으나 돈을 모을 수 없었다. 어떠한 곳에서는 오히려 빚을 졌을 뿐이다. 그러다가 작년 온 세계를 흔들어 놓은 불경기는 일본 천지에까지 닥쳐와서 결국 일곱 해 동안을 부려 먹던 철수를 내쫓고 말았다. 그래 철수는 하는 수 없이 농사를 다시 지어 보려고 고향으로 돌아온 것이다."[34] 철수는 야학을 꾸리기도 하고 함께 소작하는 동생에게 계급적 대립에 분노하는 모습을 보이기도 한다. 철동은 그 과정에서 계급의식을 획득하게 된다.

이처럼 무산 아동들이 착취 구조를 깨달으며 서로에게 분노를 옮기게 되는 소설의 구도는 『별나라』와 『신소년』의 소설들에서 어렵지 않게 발견된다. 분노를 나누어 가진 이들은 동지애로 뭉치게 되고 이러한 에너지가 투쟁의 동력, 혹은 가능성으로 연결되면서 아동들은 사

---

33 이명식, 「무지개」, 『별나라』, 1930.6, 29쪽.
34 윤기정, 「농군의 아들(2)」, 『별나라』, 1930.11, 12쪽.

회주의적 주체로 거듭나는 수행적 과정을 거친다.

> 그들은 차차 이 사회를 알게 되었다.
> 그들은 차차 이 사회를 똑바로 보기 시작하였다.
> 그들은 차차 자기라는 것을 반성하게 되었다.
> 모순된 이 사회 그리고……
> 그리고 자기들의 입장과 의무와 책임.
> ×
> 경태, 동숙이, 천일이, 세 소년의 짧은 '꿈?'은 깨일 때가 있었다. 지나간 날에 어리석은 공상의 꿈에서 용감히 떨쳐 일어나 허깨비 집 같은 이제까지 가졌던 모든 허영의 전당을 아무 미련 없이 부수어 버리고 이 세기 이 사회에 태어난 소년들이 마땅히 가져야 할 권리를 찾기 위하는, 더 일보 나가서 모순된 이 ××을 ××하는 일에 최선을 다하기로 희망과 목적을 변환시키고 그들이 마땅히 하는 의무와 책임에 '에너지'를 경주하기로 서로 굳게 약속하였다.[35]

위 인용문은 금능인(金陵人)이라는 필명으로 잘 알려진 승응순 「꿈?」의 결말부에 해당한다. 본래 경태, 동숙, 천일은 각각 정치가, 음악가, 대문호의 꿈을 꾸고 거기에 다가가려고 하지만, 본인들의 계급적 위치에서 그것이 얼마나 불가능한지를 깨닫고 함께 분노를 나눈다. 그리하여 "모순된 이 ××을 ××하는 일"에 목적에 그들의 "'에너지'를 경주하기로" 약속하는 대목은, 이들이 계급의식을 깨닫게 되는 과정에 정서적 힘의 흐름이 개입해 있음을 단적으로 보여준다. 방직공장에서 직공생활을 하는 경태는 노동조합 소년부에서 여러 활동을 하

---

35 승응순(昇應順), 「꿈?」, 『신소년』, 1932.1, 42쪽.

고, 고향으로 돌아간 천일과 동숙은 고향으로 돌아와 야학을 꾸려 아이들의 의식화를 꾀한다. 동무에서 동지로 달라진 이들의 명칭은 그 주체성이 달라짐에 따라 그들의 관계 역시 달라짐을 의미한다. 이러한 변화를 견인하는 것은 분노라는 감정적 자질과 그 '에너지', 말하자면 정동이라고 할 수 있다.

집안의 생계를 위해 일본인 사장이 운영하는 곡마단에서 온갖 착취를 당하는 아이들의 이야기를 다루는 이동규의 「곡마단」에서 역시 이러한 정서와 에너지의 공유가 일어난다. 청인과 조선인이라는 국적, 아이와 어른이라는 연령을 뛰어넘어 착취에 대한 분노를 공유한 곡마단 사람들은 육혈포를 든 일본인 단장을 향한 싸움을 마다치 않는다. 모두 경찰서에 끌려가지만 "그들의 마음은 무한히 통쾌"했으며 "가슴에 깊이 맺힌 원한이 다 녹은 것" 같음을 느낀다. 소설은 "경찰서에서 나오는 그 날 그들에게는 새로 삶이 기다리고 있는 것을 잊지 않았다."라는 문장으로 마무리된다.[36] 새로운 주체성과 관계를 가지게 되는 것으로 끝나는 것이다.

한편 이 시기 『별나라』와 『신소년』에 발표된 시와 노래는 소설에서처럼 계급의식이나 투쟁성과 관련된 것이 압도적으로 많았고, 그 세부적인 내용 또한 다양했다.[37] 그러나 시 전반을 다루는 것은 별도의

---

36 이동규, 「곡마단」, 『신소년』, 1932.5, 55쪽.
37 이와 관련해서는 계급주의적 성격과 관련해 『별나라』와 『신소년』의 시 전반을 분류하고 분석한 진선희의 연구를 참고할 수 있다. 진선희, 「1930년대 『별나라』 수록 동시 연구」, 『아동청소년문학연구』 22, 한국아동청소년문학학회, 2018; 진선희, 「1930년대 『신소년』 수록 동시 연구: 수록 현황 및 목소리 유형별 특징을 중심으로」, 『아동청소년문학연구』 27, 한국아동청소년문학학회, 2020.

연구를 필요로 할 정도로 방대할 뿐 아니라 연구의 범위를 넘어서는 것이기 때문에, 여기서는 앞선 맥락에서 분노의 정서와 동지애, 투쟁적 의식을 보여주는 시 몇 편을 살펴보겠다.

㉠ 우리들 일 년 내 피땀 흘린 값/ 오늘은 끝막는 타작날이다/ 우리들 심은 모 우리들 거둔 벼/ 우리네 땀 열매 이것뿐이네

우리들 힘으로 지은 곡식/ 소작료 제하고 장릿벼 주면/ 남을 것 무언가 하나도 없겠네/ 우리네 수고는 모두 헛수고

벼 훑는 타작마당 벼 기계 소리/ 쇠르릉 쇠르릉 높아갈수록/ 우리네 한숨은 더욱 커지고/ 조그만 두 주먹이 부들 떨리네[38]

㉡ 해어진 양복을 몸에 걸치고/ 광이를 둘러메고 수건 동이고/ 캄캄한 굴속을 드나들면서/ 일하는 동무는 용감합니다

손과 손을 마주 잡고 같이 일하던/ ××소로 들어간 동무 위하여/ 날마다 굴속으로 드나들면서/ 싸우는 동무는 용감합니다[39]

㉢ 헐벗은 많은 동무 손에 손잡고/ 새나라로 뚜벅뚜벅 달음질친다/ 몸과 마음 한 데 모아 겁내지 말고/ 산과 들을 짓밟고 바다를 차며

바위 같은 푸른 물결 망망한 바다/ 조그만 고기잡이 한 척의 배는/ 우리들의 어린 용사 고리쇠를 싣고서/ 두리둥실 용감하게 달음쳐 간다[40]

---

38 고노암(高露岩), 「타작날」, 『별나라』, 1933.12, 42쪽.
39 박병도, 「용감한 동무」, 『신소년』, 1931.11, 11쪽.

㉠의 1연과 2연은 타작을 하지만 소작료를 내고 나면 아무것도 남지 않는 상황을, 3연은 그럴수록 "두 주먹이 부들" 떨릴 정도로 분노를 느끼는 장면을 그리고 있다. 여기서 주목해야 할 것은 화자가 '우리'라는 1인칭 복수형 대명사를 사용함으로써 발생하는 효과이다. '나'가 아니라 '우리'라고 지칭하면서 이 시를 읽는 아동 독자는 자연스럽게 화자와 동일시를 이루게 되고, 화자가 처한 부조리한 상황, 그가 느끼는 슬픔과 분노를 자신의 것으로 받아들이게 되는 것이다. 이는 식민지기에 시적 화자의 결심을 특정 집단의 것으로 만들기 위해 사용되었던 일반적인 시적 책략이기도 했다. ㉡에서 또한 '동무'라는 지칭이 중요하다고 할 수 있는데, 이는 제3의 누군가를 가리키는 것일 수도 있지만 한편으로는 마치 앞에 독자를 2인칭으로 부르는 것처럼 느껴지게 하기도 한다. 낡은 옷을 입고 노동하는 당신, "××소로 들어간 동무를 위하여" 싸우는 당신에게 용감하다고 말을 건네는 느낌을 자아내는 것이다. 이로써 ㉠과 ㉡의 시를 읽는 독자는 화자의 말을 듣는 청자가 되어 함께 노동하고 분노하고 싸우는 존재로 자리할 수 있게 된다. 이러한 수행적 방식은 이 두 시가 가진 고유성에 의한 것이라기보다는 『별나라』와 『신소년』의 시에서 많이 사용하는 것이기도 하다.[41] ㉢은 박세영, 손풍산, 엄흥섭이 연작의 형태로 작성한 서사시 중

---

40 엄흥섭, 「탈주일만리」, 『별나라』, 1932.3, 47쪽.
41 가령 『별나라』의 1932년 신년호에 박세영이 실은 다음 시도 그러하다. "동무들!/ 우리에게는 오직 패전이 거듭하고/ 가난이 더 하였을 때/ 오! 새해 또 오너라/ 우리는 해가 한 해 낡으니만치 우리의 힘은 커간 것입니다// 입으로만 떠들고 주먹만 내두르던/ 지난날의 ×은 너무나 헐었습니다/ 그러면 우리는 오직 한 길로 가기를 약속합니다/ 우리들은 강갑차와 같이 저들의 위를 굴러갈 것입니다/ 장엄하게도 씩씩하게도" 박세영, 「새해에 보내는 송가」, 『별나라』, 1932.1, 11쪽.

엄흥섭이 쓴 시의 부분이다. 시의 전체 내용은 주인공 고리쇠가 조선의 섬을 떠나 일본과 대만 등지를 떠돌며 고생하다가 다시 조선으로 돌아오는 것으로 되어 있는데, 엄흥섭은 고리쇠가 "헐벗은 많은 동무 손에 손 잡고 새나라로 뚜벅뚜벅 다름질" 쳐서 다시 조선으로 돌아오는 마지막 부분을 창작했다. 새나라로 가기 위해서는 헐벗은 동무들과 "몸과 마음"을 "한 데 모아"야 한다는 대목에서 실천적이고 정서적 동지 관계를 통해 변혁을 꿈꾸는 것에 대한 이상을 확인할 수 있으며, '우리'로 호명된 독자는 그 이상을 함께할 수 있게 된다.

4. 무산 아동 독자의 참여와 실천 독려

『별나라』와 『신소년』이 프로문학 진영의 대중화를 위한 실천적 장(場)이라는 점을 염두에 둘 때 중요한 것 중 하나는 실제 아동 독자들을 어떻게 이 기획에 참여하게 했는가의 문제이다. 이런 점에서 두 잡지는 아동 독자의 수기나 르포를 적극적으로 실었으며, 이 밖에도 독자와 필자 사이의 문답을 싣는 『별나라』의 「별님의 모임」이나 『신소년』의 「독자담화실」, 독자들의 사진을 싣는 코너, 독자 투고 제도 등을 마련했다.[42]

---

42 특히 『신소년』의 르포문학적 특징에 대해서 살핀 것으로는 김선(앞의 글)의 연구 참고. 이 이전 시기에 이미 『청춘』 소재 '독자문예', 한용운 주간의 잡지 『유심』 소재 '현상당선문예' 등이 존재했던 만큼, 독자 참여란을 통해 아동 독자의 참여를 유도하는 것이 이 시기 『별나라』, 『신소년』만의 특징이라고 할 수는 없다. 그럼에

레포란에는 가보교(假普校) 졸업생 한 분이 앉아 있을 뿐이오 텡텡 비었다. 누구는 이러한 현상이 계속되는 한 수백만의 『신소년』 독자가 기실 누구이냐를 의심치 않을 수 없다. 물론 이 현상에 근인(根因)이 어디에 있느냐 하는 것도 문제가 될 것이다.(만은 이 단문 의도는 이러한 문제의 삭급에 있지 않고 그 지적에 있으니까 편집자의 고려를 바랄 뿐이다.) 오직 편집자에게 말해 두는 것은 『신소년』의 레포란을 충실히 하면 할수록 그것은 참으로 노동소년과 호흡을 좀 더 같이 한다고 할 수 있는 것이다.[43]

위 인용문은 박고경이 『신소년』의 1932년 6월호를 읽고 '대중적 편집'을 위해서 더 노력할 필요가 있다는 것을 전달하는 과정에서 서술된 부분이다. 그는 6월호 르포란에 가짜 보통학교 졸업생의 글이 겨우 한 편 실렸었다는 점을 문제점으로 지적하면서, 많은 대중들과 함께 호흡하기 위해서는 그러한 글들이 보다 많이 실려야 한다고 주장한다. 즉, 아동 독자들의 르포와 수기는 이들 잡지가 대중성을 확보했다는, 혹은 그 확보를 위해 노력했다는 중요한 기준이 되기도 했던 것이다. 『별나라』는 야학이나 강습회의 현장을 인터뷰한 기사를 신고, 1931년 11월호부터는 "공장에서 농촌에서"라는 코너를 통해 공장과 농촌에서 일하는 아동 독자의 글을 게재하기 시작했다. 『신소년』 또한 레포가 지속적으로 실리는 가운데, 1932년 4월호부터 "공장에서 농촌에서 당신들의 씩씩한 글을 보내"라며 "우리들의 레포"라는 명칭의 르포란을 새로이 마련한다.[44]

도 불구하고 이러한 방식은 특히 사회주의 아동 대중을 소환하는 데 매우 적합하지 않을 수 없었다.
43 박고경, 「대중적 편집의 길로!: 6월호를 읽고」, 『신소년』, 1932.8, 31쪽.

독자들은 자신들이 작업 현장. 농촌·어촌에서, 공장에서 겪는 고충이나 여러 소회를 적은 글을 보내왔다. 인삼 자작소에서 일하는 여공이 "개성바닥에서 해마다 몇 십만원어치씩 되는 인삼(홍삼과 백삼)은 실상은 우리들의 손으로 심고 기르고" 하지만 "우리에게는 한 뿌리의 인삼도 차례는 오지들 않고 도리어 가만히 앉아 있는 인삼 장수의 배때기만 불어가는 것"이라며 자신의 노동 과정과 그 결과의 부조리에

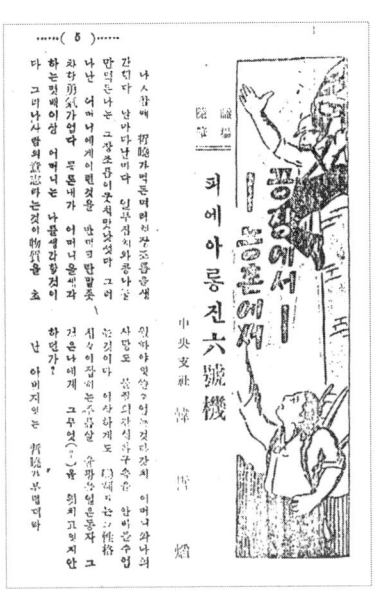

[그림 2] "공장에서 농촌에서"
(『별나라』, 1931.11.)

대해서 말하기도 하고[45] 신의주에서 농사짓는 소년은 "서울 바닥에 있는 ××은행이 이 땅에 자라 글쎄 일 년 동안 힘드는 고생이라고는 우리가 다 맡아놓고 하지만 그 결과 나오는 알맹이는 그 ××가 가져간다"며 분노를 표하기도 한다.[46] 개성의 ××방적공장에서 일하는 현동주는 금순이에게 보내는 편지 형식의 글로 다음과 같이 다짐한다. "금순이! 오늘도 씨이렌이 운다. 만뢰 속에 잠들은 장안의 새벽 공기를 뒤흔드는 기적! 그놈의 도야지 멱따는 듯한 소리 듣기도 싫다. '우

---

44 「▲글을 모집한다」, 『신소년』, 1932.4, 28쪽.
45 김순녀, 「인삼이야기: 노동소녀의 수기」, 『별나라』, 1930.11, 2쪽.
46 이동준, 「용천의 들에서」, 『별나라』, 1932.1, 45~46쪽.

리를 어서 오라고. 오- 염려 마라, 간다. ××의 날 ×박의 날이 그대로 또 밝았단 말이냐' 이렇게 나는 혼자 중얼거렸다. 그러나 금순아 우리는 알아야 한다. 미래의 우리들의 행복된 세상이 한 걸음 더 가까워 온다는 것을 우리는 배워 알아야 한다.(…) 천하고 가난한 우리에게도 행복된 살림을 찾을 수 있는 방법이 숨어 있다는 것을 나는 아저씨들에게 철저히 깨달았단다."⁴⁷ '아저씨'는 『별나라』와 『신소년』에서 자주 등장하는 단어로, 의식화된 노동자·농민을 지칭하는 경우가 많았다. 성인 주체와 함께 의식화되어가는 여공 소녀의 삶을 확인할 수 있는 대목인 셈이다.

수기나 르포 외에도 동시나 동요, 동화나 소설, 극, 수필 등을 모집하는 공고를 지속적으로 냈고 투고가 있을 때에는 독자들의 글을 적극적으로 실었다. 이와 관련해서 『별나라』와 『신소년』이 시나 소설의 창작 방법, 글 쓰는 방식과 관련된 강좌 혹은 평론 형식의 글을 싣기도 했다는 점은 주목을 요한다. 이동규 「동요를 쓰려는 동무들에게」(『신소년』, 1931.11.), 박세영 「동요·동시를 어떻게 쓸까」(『별나라』, 1933.12.~1934.2.), 엄흥섭 「작문·수필 이야기」(『별나라』, 1934.1~2.), 박승극 「문학가가 되려는 이에게 : 편지의 형식으로써」(『별나라』, 1934.1.) 등이 대표적이다.

㉠ 동요를 쓸 때 자기가 소속되어 있는 입장 즉 토대를 떠날 수는 없다. 같은 꽃을 보아도 보는 사람이 느끼는 감정은 다르다. 같은 꽃이라도 슬픈 사람에게는 그것이 슬프게 느껴지고 기쁜 사람에게는 그것이 기쁘

---

47 현동주(玄東珠), 「공장과 우리들(××여공의 편지글)」, 『신소년』, 1931.9, 8~9쪽.

게 느껴진다. 그러면 그 사람에게는 꽃을 볼 때 거기서 일어나는 감정 외에 그것을 슬프게 또는 기쁘게 결정하는 근본 원인이 있을 것이다. 배고파 우는 아이에게는 장난감을 주어도 우는 것같이 배고픈 사람에게 보이고 느껴지는 꽃은 결단코 기쁘게 나타나지는 아니할 것이니 이것으로 보아도 우리는 가난한 그 동무들이 '푸른 하늘 은하수' 하고 노래 부르며 쓰는 그 정신의 거짓됨을 알 것이다. 그렇다고 우리는 노래를 지을 때 타락적 자포자기적이어서는 안 된다. 그것은 읽는 사람의 일어나려고 하는 마음을 절망의 구렁으로 인도케 하는 외에 아무 역할을 못 하는 것이며 또 우리들은 앞에 희망이 없고 진로가 없는 것이 아니니까 자포적(自暴的)의 글을 쓸 원인이 없는 것이며 따라 나아갈 길을 가르치고 가라앉은 마음을 격공시켜야 하며 팔자에만 미루고 운명만을 생각하는 그 마음을 잡아 깨어 일으켜야 한다. 그렇지만 우리는 동요 그것만에 이 큰 역할을 강요하는 것은 아니다. 언제든지 이러한 의도 아래 글을 지어야 한다. 그러니까 무리하게 강렬한 의식을 주입하려고 애쓰는 그것은 결국 큰 효과도 나타내지 못하며 읽는 사람도 의미조차 해석하지 못하게 된다.[48]

ⓒ 동요 동시 부문에 있어서 이때까지 우리들이 밟아 온 길은 어떠하였더냐. 그것은 프로 동요에 있어서의 너무 심한 틀(型)에 얽매여 있었던 것이나 프로 동요는 덮어놓고 물불을 헤아리지 않고 날뛸 만큼의 정도를 범하였다고 해도 과언이 아니다.

그리하여 기분적으로 자본가 지주를 욕하고 공장만을 으레히 노래할 일로 알았다. 그럼으로 해서 우리는 얼마 아니 가서 이것이 동요로서의 잘못 걷는 길인 것을 찾아내게 되었다. 그것은 어째서 그런가. 그것은 아무리 좋은 내용이라도 아동에게 잘 이해되지 못하고 동요로서의 구성이 잘못되어 있는 때문이다.[49]

---

48 이동규, 「동요를 쓰려는 동무들에게」, 『신소년』, 1931.11, 17쪽.

자신의 물적 토대가 대상에 대한 느낌을 결정짓고, 이러한 조건을 떠나 동시와 동요를 창작할 수 없다는 인용문 ㉠의 내용은 철저히 유물론적 시각에 입각해 있다. 배고프고 가난한 아이들이 시적 대상을 아름답게만 볼 수 없다는 점을 지적하는 것인데, 그럼에도 불구하고 이동규는 프롤레타리아에 속한 "우리"가 "타락적"이며 "자포자기적"으로 노래해서는 안 된다는 입장을 표명한다. 그에 따르면 힘든 현실에 대한 느낌만을 드러내서는 안 되고 "운명만을 생각하는 그 마음을 잡아 깨어 일으"킬 수 있도록 "희망"에 대해서 써야 한다. 이는 당시 프롤레타리아 문학가들의 공통된 지향이기도 했다.

그런데 여기서 또 한 가지 주의해야 할 것은, 창작 방법과 관련된 글을 썼던 이들이 선전적 내용과 형식에만 집중하라 요청한 것은 아니었다는 점이다. 이동규는 이어서 "무리하게 강렬한 의식을 주입하려고 애쓰는 그것은 결국 큰 효과도 나타내지 못하며 읽는 사람도 의미조차 해석하지 못하게 된다"면서 형식적인 부분에 신경쓸 것을 강조한다. 이러한 경향은 사회주의 리얼리즘론이 수용되기 시작한 1933년 무렵 작성한 박세영의 글에서도 나타나는데, 인용문 ㉡에서 그는 "너무나 심한 틀(型)"에 갇혀있을 뿐 아니라 "기분적으로 자본가 지주를 욕하고 공장만을 으레히 노래"했던 기존의 경향에서 벗어나야 한다고 말한다. 그리고 프로 아동문학을 창작할 때도 신경써야 하는 미적 형식의 문제에 대해서 논한다.[50]

---

49 박세영, 「동요·동시는 어떻게 쓸까(2)」, 『별나라』, 1933.12, 28쪽.
50 이러한 기조는 유물변증법에 입각한 경직된 창작방법론에서 벗어나 작가에게 제재, 수법, 양식 등의 자유가 비교적 허용되는 사회주의 리얼리즘론의 영향 아래 있는 것으로 보인다.

한편 엄흥섭은 "알아보기 쉽게" "조리있게" "간단하게" "재미있게" 글을 써야 한다는 점을 요청하기도 한다.[51] 이는 전술했던 것과 같이 문예대중화논쟁의 시작점에 놓여 있던 1920년대 말 김기진의 문제의식과 교차하는 면이 있다. 그러나 대중화논쟁에서 제기된 문제들이 이제 독자들에게도 요구되는 것이 될 때, 더 이상 대중은 대중화의 대상만이 아니다. 문학 창작을 염두에 두는 독자 대중에게 또한 아동문학에 미학적으로 접근하라는 것이 강조되고 그들을 위한 창작 방법론이 쉬운 형태로 유포되는 상황은, 적어도 문학에서만큼은 대중과 전위의 구분선이 옅어지고 있다는 것의 방증일 수도 있기 때문이다. 대중화가 대중의 주체됨으로 인해 궁극에는 지양되어야 할 전략이라는 점을 생각한다면, 이 잠깐의 시기에 대한 의미화 또한 가능할 것이다.

5. 결론

지금까지 이 글은 사회주의적 경향을 띠고 있었던 1930년대 『별나라』와 『신소년』의 대중화 전략을 살폈다. 이 두 잡지는 아동 대중을 프로문학 진영으로 끌어들이고 의식화하기 위해 다방면에서 노력을 기울였다. 이는 크게 사회주의적 지식의 보급, 문학을 통한 정동의 형상화, 독자 대중의 직접 참여 독려라는 세 측면으로 나누어 생각해볼

---

51 엄흥섭 「수필·작문 이야기(2)」, 『별나라』, 1934.2, 20쪽.

수 있는데, 그 각각의 경향과 내용을 요약하면 다음과 같다.

첫째, 과학적이며 사회주의적인 지식을 짧고 쉬우며 흥미롭게 전파했다. 유물론이나 변증법 같은 철학적 개념, 노동력이나 잉여가치 등의 경제적 용어, 사회주의 관련 인물 및 소비에트 러시아에 대한 정보 등이 폭넓게 소개되는 가운데, 때로는 이것을 아동 독자에게 효과적으로 전달하기 위해서 여러 통속적인 코드를 활용하기도 했다. 이는 유물론자와 유심론자의 논쟁 상황을 설정한 권환의「소년유물론」이나 무산 아동이 처한 부조리한 상황들을 제시하는 각종 글을 통해 확인할 수 있다. 또한 사회주의적 지식 중에서도 착취에 대한 깨달음을 얻게 하는 글, 그리고 그 해결점으로서의 국제주의와 관련된 글이 많이 실렸다. 국제주의에 대한 지향을 나타내기 위해『별나라』와『신소년』의 표지와 화보에는 러시아 아동들의 사진이나 그림이 빈번히 실렸고 피오네르와 관련된 특집이 마련되기도 했다.

둘째, 문예를 통해 노동하는 아동상을 명시적으로 드러냈으며, 특히 이들이 부당한 계급적 현실에 분노하여 투쟁에 대한 의지를 다지게 되는 정동이 형상화된 작품들을 게재했다. 작품에 등장하는 무산 아동들은 착취 구조를 깨달으며 서로에게 분노를 옮기게 되는데, 그로부터 형제애가 형성되거나 투쟁의 동력이 만들어지기도 한다. 예컨대 승응순의「꿈?」은 부르주아 사회에서 성공하는 꿈을 꾸던 아이들이 현실을 깨닫게 되면서 서로 분노를 나눠 갖게 되고 사회의 모순을 변혁하는 데 그들의 "에너지를 경주하기로" 한다. 의식화되는 과정에 정서적 힘의 흐름이 개입해 있는 것이다. 일본인 사장이 운영하는 곡마단에서 일하는 아이들이 착취에 맞서 그와 싸운 뒤 새로운 날을 맞이한다는 이동규의「곡마단」역시 분노의 공유와 형제애, 투쟁의 의지를 보여주는 소설의 예라 할 수 있다.

셋째, 무산 아동 독자의 참여와 문학적 실천을 독려하는 작업을 수행했다. 이를 위해 두 잡지는 「별님의 모임」이나 「독자담화실」 등의 코너에서 독자와의 문답을 주고받는 등의 소통을 꾀하는가 하면, "공장에서 농촌에서"나 "우리들의 레포"라는 명칭의 르포란을 마련해 독자가 직접 작성한 수기나 르포를 실었다. 이를 통해 농촌·어촌, 공장 등 각종 노동의 공간에 있는 무산 아동들이 자신들의 처지를 보여주거나 그 불합리에 대해 직접 이야기했다. 또한 동시나 동요, 동화나 소설, 극, 수필 등을 모집하여 독자들의 작품들을 적극적으로 다루어졌으며, 그러한 맥락에서 글 쓰는 방법, 문학 창작하는 방법 등 독자를 향한 문학 강좌가 실리기도 했다. 이 글들은 유물론적 입장을 표명하면서도 선전적인 내용과 형식에 대해서만 강조하지는 않았다. 1930년대 중반을 향해 가면서는 독자들에게도 프로문학의 미학적 형식에 대한 이해가 요구되었는데, 이는 잠시나마 대중이 대중화의 대상을 넘어서는 순간이기도 했다.

이렇듯 지식, 정동, 실천의 측면에서 다방면으로 이루어진 『별나라』와 『신소년』의 대중화 전략은 전인적인 사회주의 어린이에 대한 상이 투영된 것이라고 할 수 있다. 이는 '동심을 가진 어린이'가 아닌 '사회주의 아동'을 만들기 위한 프로문학 진영의 중대한 시도이자 노력의 소산이었다. 벽소설이나 아동극과 같은 대중적 형식의 장르에 대해 논의하지 못하고, 학예회 등의 직접적인 독자와의 만남에 대해 다루지 못한 것은 이 연구의 한계라고 할 수 있다. 그러나 이에 대한 연구들은 이미 개별적으로 진행된바[52] 이 글에서는 이를 생략한 채 대중화 전략의 전체적인 그림을 펼쳐보이는 데 집중하고자 했다. 『별나라』와 『신소년』을 한데 모아 1930년대 프로문학 진영의 아동문학에 대한 특징을 미시적으로 짚어나갈 연구가 더 진행될 필요가 있다고 본다. 그 일환으로 두 잡지에 나타난 젠더의 문제에 대한 연구를 향후 과제로 남겨둔다.

---

52 박정희, 「아지프로 텍스트 '벽소설' 연구」, 『한국현대문학연구』 60, 한국현대문학회, 2020; 손증상, 「1920-30년대 아동극 연구 : 『어린이』, 『신소년』, 『별나라』를 대상으로」, 경북대학교 박사학위논문, 2018; 손증상(2021), 앞의 책.

트라우마의 반복적 재현과 수행성

〈폴란드로 간 아이들〉(2018)

장영은

1. 폴란드에 위탁된 한국전쟁 고아들

1951년, 약 1,500명의 한국전쟁 고아들이 기차를 타고 폴란드에 도착했다.[1] 북한은 1950년대 초반부터 후반까지 전쟁고아를 사회주의 동맹 국가들에게 위탁했다.[2] 1951년 북한 문화선전상 허정숙은 폴란

---

[1] 1951년부터 1959년까지 동유럽 국가에 위탁되었던 북한 전쟁고아의 수는 폴란드에 6,000여명, 루마니아에 3,000여명, 헝가리에 950여명, 동독에 600여명으로 추산된다. 이와 관련해서는 이해성, 「폴란드에 남겨진 북한 전쟁고아의 자취를 찾아서」, 중동유럽학회 학술대회 발표논문집, 2014, 83쪽 참조.

[2] 북한 전쟁고아의 해외 위탁교육 관련 연구로는 Daniel Rupanov, 「냉전 초기 사회주의 국가 간의 인민연대와 북한 원조-한국전쟁 시기 불가리아와 북한의 관계를 중심으로」, 성균관대학교 동아시아학과 석사학위논문, 2017, Ruza Katalin, 「냉전 초기 사회주의 진영 내부의 우의정치-한국전쟁 전후 헝가리로 간 북한의 전쟁고아와 장학생을 중심으로」, 성균관대학교 동아시아학과 석사학위논문, 2017, 오미영, 「한국전쟁 시기 북한 전쟁고아와 몽골-몽골 문서보관소의 자료를 중심으로」,

드 일간지에 전쟁고아들의 양육을 호소하는 글을 발표했는데, 그 내용의 일부를 인용하면 다음과 같다. "전쟁은 계속 굴러 갑니다. 그리고 매일같이 그러한 전쟁의 나날입니다. 또다시 수천의 아이들이 살해되었습니다. 조선의 어머니들은 고통과 괴로움을 눈에 가득 담고서 어린 순교자들을 그저 지그시 바라보고만 있습니다." "우리 아이들을 살려 주십시오."[3] 북한은 1951년부터 1959년까지 폴란드에 약 6,000여명의 전쟁고아들을 보낸 것으로 알려져 있다.

추상미 감독의 〈폴란드로 간 아이들〉(2018)은 1951년부터 1959년까지 폴란드 프와코비체에서 위탁 교육을 받았던 전쟁고아들과 그들을 돌보고 가르쳤던 위탁교육기관의 교사들의 이야기를 재구성한 다큐멘터리이다. 추상미 감독은 폴란드 프와코비체에서 위탁 교육을 받았던 한국전쟁 고아들의 삶을 추적하며 전쟁고아들과 폴란드 교사들이 어떻게 전쟁의 트라우마를 환대와 희망으로 전환시켰는지 집중적으로 조명했다. 이 글에서는 〈폴란드로 간 아이들〉을 생산적 트라우마 이론을 적극적으로 수행한 서사로 해석하며, 한국전쟁 고아들과 폴란드 교사들의 관계를 통해 트라우마가 폐쇄와 소멸이 아닌 새로운 관계를 형성해가는 열림과 생산의 계기가 된다는 주장을 펼쳐보고자 한다.

『북한연구학회보』 23(2), 2019, 269~297쪽, 오미영, 「북한신문에 나타난 북한 전쟁고아의 해외양육에 관한 연구」, 『평화통일연구』 3, 2021, 15~39쪽, 김보국, 「부다페스트 김일성 학원에서 북한의 전쟁고아 교육-헝가리 외교문서를 중심으로」, 『교육문화연구』 26(1), 2020. 505~524쪽, 강채연, 「1950년대 북한의 전쟁고아정책-혼돈의 시기, 그 너머」, 『한국동북아논총』 26, 2021, 131~152쪽 참조.
3 이해성, 「폴란드에 남겨진 북한 전쟁고아의 자취를 찾아서」, 앞의 글, 2~3쪽.

폴란드에서 위탁 교육을 받았던 북한 전쟁고아들의 역사를 선구적으로 연구한 이해성에 따르면, 폴란드 정부는 북한으로부터 위탁받은 고아들을 돌보기 위해 기숙 시설을 운영하고 폴란드 언어와 초등학교 교과 과정을 가르칠 수 있는 인원을 약 600여명 가량 고용했다. 폴란드 프와코비체에 보내진 한국전쟁 고아들의 나이는 만 4~5세부터 10~11세 사이로 추정된다.[4] 교사, 보모, 요리사, 청소부, 의사, 간호사 등 약 600여명이 북한에서 온 어린이들과 함께 생활했다. 지원 인력 가운데 상당수는 2차 세계대전 중에 부모를 잃은 경험이 있었으며, 취약 계층 출신이었다. 한편, 전쟁고아들을 인솔해 폴란드에 머물렀던 북한 교사들은 학생 관리와 사상 교육을 담당했다.[5] 전쟁고아들은 폴란드라는 낯선 땅에서 새로운 언어와 문화를 익혀야 하는 상황에 내던져졌지만, 북한 교사들로부터 열심히 공부를 해서 나라를 이끌어 갈 인재가 되어 훗날 조국 발전에 이바지해야 한다는 사명감을 강요받았다고 한다.[6] 1951년부터 1959년까지 8년 동안 폴란드로 이송되었던 약 6,000여명의 전쟁고아들이 송환 이후 어떻게 살았는지 추적하는 것은 불가능할 뿐만 아니라 이 글의 목표를 벗어난다. 오히려, 〈폴란드로 간 아이들〉에서 재현되는 트라우마의 서사적 특징에 주목

---

4 최정무, 박현선 역, 「상처의 연대-추상미의 〈폴란드로 간 아이들〉」, 『사이間SAI』 33, 2022, 402쪽 참조.
5 이해성, 앞의 글, 86쪽 참조.
6 이해성은 폴란드에서 위탁교육을 받았던 전쟁고아들 가운데 북한 엘리트로 활약한 대표적인 인물들로 폴란드 대사를 역임한 한의표와 조-폴 친선협회 의장이었으며 평양외국어대학 폴란드어과 조교수인 조성무, 폴란드 대사관 무관을 거쳐 인민군 대좌까지 진급한 한경식 등을 언급했다. 이와 관련해서는 이해성, 앞의 글, 86쪽 참조.

하고자 한다. 다큐멘터리에 등장한 폴란드 교사들과 전쟁고아들 그리고 추상미 감독과 탈북 청소년들의 이야기를 겹쳐 읽으며 앞서 언급한 트라우마가 생산과 희망의 자원으로 어떻게 역전되는지 고찰해보고 싶다.

추상미 감독은 2006년 미국 감독과 폴란드 저널리스트가 제작한 다큐멘터리 〈김귀덕〉(2006)에서 북한 전쟁고아들을 회상하며 눈물을 흘리는 폴란드 교사들에게 깊은 감동을 받고 영화 제작에 뛰어들게 되었다고 한다. 미국인 감독 패트릭 요커와 폴란드의 언론인 욜란타 크리소바타가 제작한 〈김귀덕〉은 폴란드에서 백혈병에 걸려 사망한 열세 살 소녀의 이야기에서 출발하지만, 북한에서 온 전쟁고아들에 대한 폴란드 교사들의 회고가 주를 이룬다. 〈폴란드로 간 아이들〉에 등장한 폴란드 교사들이 90대 중후반임을 고려하면, 기록영화는 시간과 경쟁할 수밖에 없는 장르임을 확인하게 된다. 영화 제작의 동기를 제공한 다큐멘터리 〈김귀덕〉의 일부 내용을 〈폴란드로 간 아이들〉에 포함시킨 것도 다큐멘터리의 완성도를 높이기 위한 방법으로 읽힌다.

하지만, 〈폴란드로 간 아이들〉의 서사는 결코 선형적이지 않다. 〈폴란드로 간 아이들〉은 추상미 감독의 제안으로 취재에 동행한 탈북 청소년 송이가 생존해있는 폴란드 교사를 함께 만나는 로드무비의 형식을 갖추고 있다. 프와코비체 양육원 원장이었던 요제프 보로비에츠의 회고, 감독 추상미와 영화 오디션에 참가한 탈북 청소년들의 이야기가 교차적으로 전개된다. 〈폴란드로 간 아이들〉의 교차적 서사는 과거와 현재, 폴란드와 남북한을 오가며 떠난 자와 남은 자, 죽은 자와 산 자들의 트라우마가 서로 이어져있음을 확인시켜준다. 감독은 "애초 극영화를 생각하고 폴란드로 갔는데, 65년 전 아이들을 생각하며 눈물 흘리는 교사들을 만난 뒤 이분들이 돌아가시기 전 기록영화로 먼저 남겨야겠다고 생각했다"[7]고 밝힌 바 있다. 감독의 말에서 알 수 있듯이, 눈물과 슬픔은 체념적 정동만을 뜻하지 않는다. 앞서 언급한 것처럼, 〈폴란드로 간 아이들〉는 트라우마가 닫힘과 고립이 아닌 열림과 확장, 생산의 가치를 내포하고 있음을 반복적으로 이야기한다.

2. 상처의 연대는 어떻게 가능한가?

폴란드 교사는 북한에서 기차를 타고 폴란드 프와코비체에 도착한 전쟁고아들을 만난 순간을 생생하게 기억했다. 아시아에서 온 어린이들을 처음으로 만난 교사는 아이들이 모두 똑같이 생긴 것 같았다고 회고했다. 아마도 북한에서 온 어린이들 또한 폴란드인들을 모두 동일한 얼굴로 인지하지 않았을까? 증언에 따르면, 폴란드에 도착한 북한 어린이들 가운데 상당수가 기생충에 감염되어 있었고, 영양 부족 등으로 질병을 앓고 있었다고 한다. 특히, 폭격의 트라우마로 어린이들은 밤이면 침대 밑으로 기어들어가 몸을 움츠렸다. 2차 세계 대전 동안 독일군에 살해당하고 독일경찰과 나치친위대에 의해 국경 밖으로 추방당한 역사를 경험한 폴란드 교사들에게 북한 어린이들은 이방인이 아니었다.[8] 그러나 폴란드 교사들에게 한국어는 생소했고, 어린

---

7 「북 전쟁고아 길러준 폴란드 교사들 … 60년 지나도 못 잊어」, 중앙일보, 2018. 10.18. https://www.joongang.co.kr/article/23047838

이들 또한 폴란드어를 처음부터 배워야 하는 상황이었다. 폴란드 교사들과 북한 어린이들은 사전도 없이 언어적 장벽을 함께 극복해야 했다.[9] 폴란드어를 전혀 모르는 학생과 한국어를 전혀 모르는 교사는 부득이하게 서로가 서로를 배워야 하는 상황에 놓였던 것이다. 북한은 폴란드 교사들에게 한국어 학습을 금지하도록 했지만, 다큐멘터리에 등장하는 폴란드 교사들은 학생들의 이름을 여전히 한국어로 발음하고, 학생들이 자주 사용했던 한국어 표현의 일부를 기억하고 있었다. 폴란드 교사들은 아이들끼리 쓰는 한국어의 뜻을 유추해서 해석한 후, 간단한 한국어를 스스로 익히기도 했다.

반면, 폴란드에서 정규 교과과정을 이수해야 했던 북한 어린이들은 폴란드인에게 폴란드어를 배워야 하는 상황에 놓여 있었다. 어쩌면 그러한 상황조차도 어린이들에게는 일종의 트라우마가 아니었을까? 언어적 장벽은 소통의 어려움으로만 설명될 수 없다. 북한에서 온 전쟁고아들이 생존을 위해 새로운 언어를 배우는 과정은 개인의 정체성 변화와 밀접하게 연관되어 있다. 그렇게 북한 어린이들이 폴란드에서 적응 과정을 트라우마로 볼 때, 트라우마의 상황은 끊임없이 변화한다는 캐시 커루스의 주장에 동의하게 된다.

과거의 트라우마는 타인과의 관계 속에서 재구성되는 것임을 논증

---

8 폴란드 역사 및 폴란드에 미친 한국전쟁의 영향에 관해서는 아담 자모이스키, 허승철 옮김, 『폴란드사-중세부터 현대까지』, 책과함께, 2014, 역사문제연구소·포츠담현대사연구센터, 『한국전쟁에 대한 11가지 시선-한국, 동서독, 프랑스, 폴란드, 헝가리』, 역사비평사, 2010 참조.
9 추상미 감독은 북한에서 폴란드로 이송된 어린이들 가운데 남한 출신의 전쟁고아도 일부 포함되어 있음을 다큐멘터리에서 언급한다.

한 캐시 커루스의 이론을 환기시켜보면, 폴란드 교사들과 북한 전쟁고아들은 함께 상황을 변화시키고 개척해갔다고 볼 수 있다. 폴란드 교사들은 북한 어린이들이 폴란드어를 익히며 양육원에서 친밀감과 안정감을 느낄 수 있도록 노력했고, 그들은 서서히 유대감을 형성할 수 있었다. 물론, 북한 어린이들의 이야기를 직접 들을 수 없는 상황에서 폴란드에서 성장한 전쟁고아들의 트라우마를 이해한다는 것이 과연 가능한 일인가라는 질문을 피할 수는 없을 것이다. 캐시 커루스는 트라우마를 단순한 고통의 반복이 아니라 기억과 이야기 속에서 지속적으로 재구성되는 경험으로 정의한 바 있는데, 커루스의 트라우마 개념은 추상미의 다큐멘터리 〈폴란드로 간 아이들〉이 내포하고 있는 수행성을 이해하는 데 큰 도움을 준다.[10]

커루스의 트라우마 개념을 〈폴란드로 간 아이들〉에 적용해보면, 북한에서 폴란드로 이송되어 낯선 환경에 적응해야 했던 전쟁고아들의 문화적 충돌과 적응 과정은 정체성의 재구성 과정으로 해석될 수 있다. 북한 어린이들은 폴란드에서 교사들과 함께 새로운 공동체적 정체성을 형성했다. 그들이 한국전쟁에서 부모를 잃고 폴란드로 이송된 상황의 원인과 맥락을 그 당시에 정확하게 이해할 수는 없었을 것이다. 그것은 그들의 나이나 능력의 문제가 아니라 트라우마적인 상황의 특징 때문이다. 트라우마가 사건 당시보다 사건 발생 이후 지속적으로 재구성된다는 커루스의 개념은 폴란드로 이송된 북한 전쟁고아들의 서사에 부합된다. 북한 전쟁고아들은 폴란드에서 자신들의 정체

---

10 이와 관련해서는 Caruth, Cathy. *Unclaimed Experience: Trauma, Narrative, and History*. Johns Hopkins University Press, 1996 참조.

성과 역사적 배경을 새롭게 구성하게 되었다.

앞서 언급한 것처럼, 다큐멘터리에 등장하는 폴란드 교사들은 수십 년이 지난 후에도 당시 북한 어린이들의 이름과 어린이들이 사용했던 한국어 단어를 부분적으로나마 기억하고 있었다. 트라우마가 상처가 아닌 기억과 관계의 매개체로 작용했음을 보여주는 사례이다. 물론 어린이들과 교사들은 트라우마를 관계의 매개체로 전환시키기 위해 각고의 노력을 기울였을 것이다. 전쟁으로 부모를 잃고 강제로 낯선 땅에 도착한 전쟁고아들은 엄청난 공포와 외로움에 사로잡혀 있지 않았을까?

하지만, 폴란드 교사들은 북한 어린이들이 정서적 안정감을 찾을 수 있도록 최선을 다했다. 어린이들에게 자신들을 선생님 대신 엄마, 아빠라고 부르도록 했다. 학생들과 비슷한 또래의 아이가 있었던 교사는 자신의 집으로 북한 어린이를 초대해 자녀들과 어울려 지내도록 했다. 아이들 한 명 한 명을 정확하게 기억하고, 각자의 개성과 장점을 이해하기 위해 노력했다. 데리다의 통찰처럼, 환대는 도착한 자, 오고 있는 자에게 건네는 물음에서 시작되는지도 모른다. "네 이름은 어떻게 되니? 내게 네 이름을 말해다오, 내가 너를 어떻게 불러야 할까? 너는 부르는 나, 너를 네 이름으로 부르려는 나, 그런 내가 너를 뭐라고 부를까?"[11] 반세기가 지났지만 폴란드 교사들은 북한 어린이들의 이름을 한국어로 불렀고, 그들의 성장 과정을 어제 일처럼 회상했다. 폴란드 교사들의 환대는 북한에서 온 어린이들은 빠른 속도로 변화시켰다. 그들은 폴란드어를 익히고 수업에 집중하면서 점차 소속감을

---

11 자크 데리다·안 뒤푸르망텔, 이보경 옮김, 『환대에 대하여』, 필로소픽, 2023, 47쪽.

찾았고, 이웃의 폴란드 어린이들과도 친구가 되었다. 모든 교육기관과 마찬가지로 학생들마다 학업성취도에 차이가 있었으며 공동체 생활을 힘들어하는 어린이들도 있었지만, 교사들은 학습능력으로 어린이들을 평가하거나 차별하지 않았다. 북한의 통보로 학습이 부진한 일부 어린이들이 조기 송환된 경우는 있었다.

폴란드 교사들은 북한 전쟁고아들을 왜 그토록 사랑했을까? 폴란드 교사들의 헌신적인 사랑을 받으며 폴란드에서 교육을 받은 북한 어린이들은 폴란드를 떠나는 것을 크게 슬퍼했다. 폴란드에 조금이라도 더 오래 머무르기 위해 감기에 걸릴 만한 행동을 하는 어린이도 있었다. 하지만, 폴란드에 이송되었던 전쟁고아들은 1959년에 전원 북한으로 송환되었다. 그들은 귀국 후에도 폴란드 교사들에게 편지를 보냈다. 자신들의 일상을 이야기하며 폴란드 교사들에게 안부와 감사 인사를 전했지만, 1961년 이후로 북한에서 편지는 한 통도 오지 않았다. 1959년부터 1961년 사이에 받은 엽서와 편지를 폴란드 교사들은 60년 가까운 세월 동안 간직하고 있었다.

폴란드에서 성장한 북한 고아들 가운데 몇몇은 고위직에 올라 대사, 교수, 장군 등의 신분으로 폴란드를 다시 방문한 사례도 있었지만, 〈폴란드로 간 아이들〉의 교사들은 헤어진 후 생사를 알 수 없는 평범한 학생들을 한없이 그리워했다. 특히, 양육원을 자주 이탈하고 다른 지역을 자유롭게 돌아다녀 교사들을 걱정하게 만들었던 원둔천이 북한으로 돌아간 후 혼자 걸어서라도 폴란드로 다시 가겠다고 국경을 넘어 중국 땅에서 늪에 빠져 사망한 이야기를 전해 듣고 크게 가슴아파했다. 다큐멘터리 제작진에게 폴란드 교사가 남긴 마지막 인사도 "그 아이들에게 사랑한다는 말을 꼭 전해주세요"였다. 이 사랑은 과연 무엇을 의미하는 것일까? 〈폴란드로 간 아이들〉은 교사들의 인도적 지원이나 연민의 감정에 초점을 맞추고 있지 않다. 교사들의 사랑은 시혜적이지 않았다. 추상미 감독은 프와코비체의 교사들이 실천한 사랑의 원천이 무엇인지 스스로에게 질문했고, 그 해답을 '상처의 연대'에서 찾았다. '상처의 연대'가 내포하고 있는 함의를 알기 위해서 역사적 트라우마의 현재와 미래에 관한 최정무의 사유를 따라가고자 한다.

 최정무는 〈폴란드로 간 아이들〉의 전쟁고아들과 폴란드 교사들의 관계, 감독과 탈북 청소년들의 관계에서 상호적 기억의 형성이 중요하게 작용했음을 논증한 바 있다. 상처를 공유한 집단이 새로운 공동체를 형성해가는 과정에 주목한 최정무의 연구는 트라우마를 혈연에 근거한 종족주의/민족주의가 아닌 환대와 상처치유라는 방식으로 극복할 수 있다는 전망을 적극적으로 제안했다는 점에서 큰 의미가 있다. 최정무는 한국전쟁 고아들을 환대했던 폴란드 교사들의 트라우마 즉 제2차 세계대전 중 인종학살과 시베리아 추방을 겪었던 폴란드인들의 역사적 트라우마를 헨리 나우웬의 '상처 입은 치유자' 개념으로 해석하며, 평화적인 공동체 회복의 가능성을 적극적으로 모색했다.[12] 최정무의 관점과 해석에 전적으로 동의하면서, 이 글에서는 트라우마가 반복적인 서사를 통해 사회적 의미를 가질 수 있고, 트라우마적 기억은 단순히 과거의 고통이 아니라 현재에 영향을 미치며 재구성되는 서사이므로, 반복적 재현을 통해 트라우마의 의미는 끊임없이 새롭게 생성되며 현재적 의미를 드러낸다는 커루스의 주장에 초점을 두고 〈폴란드로 간 아이들〉의 서사적 특징을 해석해보고자 한다.

---

12 헨리 나우웬, 최원준 옮김, 『상처 입은 치유자, 두란노』, 2022 참조.

3. 침묵과 증언

⟨폴란드로 간 아이들⟩의 감독 추상미는 자신이 왜 이 영화 작업을 시작하게 되었는지를 영화 초반에 직접 이야기했다. 감독은 그토록 원했던 아이를 얻은 후 이유를 알 수 없는 불안에 시달렸다고 한다. 아이를 잃어버리지도 모른다는 공포와 강박, 심각한 산후우울증을 앓던 중 우연히 인터넷에서 들판을 떠돌며 먹을거리를 찾는 북한 '꽃제비' 소녀의 사진을 보게 되었다. 추상미는 무의식적으로 "저 아이의 엄마는 어디에 있지?"라는 질문을 하게 되었고, 북한 고아가 처한 고통을 마치 자신의 삶의 일부처럼 느끼게 되었다고 고백한다. 비슷한 시기에 다큐멘터리 ⟨김귀덕⟩을 본 추상미는 충격에 가까운 감동을 받았다. 폴란드 교사들은 왜 북한 어린이들을 그리워하며, 북한 어린이들을 위해 눈물을 흘리는가?

추상미에게 북한의 꽃제비와 폴란드에서 백혈병으로 죽은 김귀덕은 서로 무관한 인물이 아니었다. 추상미는 북한 고아 이야기를 영화로 만들기로 결심하고, 탈북 청소년, 탈북 고아들이 출연하는 극영화를 준비하며 오디션을 진행했다. 오디션에 참가한 탈북 청소년들은 몇 차례 국경을 넘어 남한으로 오기까지 참담한 경험을 겪어야만 했다. 그들은 모두 저마다의 트라우마와 싸우고 있었고, 동시에 새로운 미래를 적극적으로 준비하고 있었다. 감독에게 사진 속 꽃제비 소녀와 다큐멘터리 속 북한 고아, 그리고 오디션에 도전한 탈북 고아들은 개별적인 존재들이 아니었다. 추상미는 ⟨폴란드로 간 아이들⟩에서 이들의 삶을 교차적으로 이야기한다. 오디션에서 춤과 노래로 자신들의 기량을 드러내며 자기 자신을 표현하는 청소년들 가운데 상당수는 북한에서 혹은 탈북 과정에서 부모를 잃었다. 감독은 왜 남한에 거주 중인 탈북 청소년과 탈북 고아들의 이야기를 한국전쟁 고아들의 이야기와 교차적으로 구성했을까? 이 문제를 논의하기 전에 먼저 추상미와 함께 폴란드로 떠난 송이의 자기서사에 주목해본다.

감독은 오디션 응시자들 가운데 주연으로 뽑힌 송이에게 폴란드 취재 동행을 권유한다. 남한 출신의 감독과 북한 출신의 배우 지망생은 폴란드에서 북한 전쟁고아의 삶을 매개로 새로운 관계를 형성해간다. 그 과정은 순탄하지 않았다. 송이는 "남한 친구들은 빵을 두 개 들고 있어도 남에게 절대 주지 않는다. 자기가 다 먹고 먹다 남으면 버리더라."는 말로 한국 사회를 비판했다. 송이는 연기를 할 때는 감정이 풍부하고 표현력이 뛰어났지만, 일상에서는 타인을 경계하고 냉소적으로 대했다. 송이는 감독을 비롯해 '남한' 사람들을 신뢰하지 않았다. 감독의 동행 취재에 응했지만, 송이에게 폴란드 여행은 큰 도전이었다. 폴란드 취재 촬영은 송이가 북한 국경을 넘을 때 자신의 신체에 각인된 공포를 환기시키는 여정이기도 했다. 낯선 환경에서 극도의 불안감과 긴장감을 느낀 송이의 몸에서 알레르기 반응이 일어났다. 송이는 약을 먹고 발라가며 폴란드 일정을 소화했다.

송이를 조금씩 변화시킨 것은 이국의 풍경이 아니었다. 마치 옛 제자를 만난 것처럼 기뻐하며 자신을 반겨주는 폴란드 교사들을 만나면서 송이는 조금씩 달라지기 시작한다. 송이는 감독에게 자신이 북한에 두고 온 동생을 얼마나 사랑하고 그리워하는지 털어 놓으며, 어머니가 일찍 돌아가시고 자신도 어린 아이였지만 먹을 것도 없는 상황에서 동생을 돌봐야하는 상황이 너무 힘들어서 말 안 듣는 동생을 때렸던 과거를 깊이 후회한다. 송이는 동생한테 말을 안 들어서 때린다고 했지만 사실 자신이 너무 힘들어서 동생을 때린 것이라고 사후(事後)적으로 실토하는데, 커루스의 통찰처럼 트라우마는 즉각적으로 이해되지 않는 경험이며 서사적 과정 속에서 의미가 형성된다.

두 여성은 폴란드에서 많은 시간을 보내며 가까워졌지만, 감독이 송이에게 북한에서 중국으로 넘어가 어떻게 지냈는지 질문하는 바람에 관계는 다시 냉랭해진다. 송이는 그 질문에 어떤 이야기도 하고 싶지 않다는 말로 대화를 차단한다. 추상미는 동생을 두고 북한 국경을 넘은 이야기도 했는데, 왜 중국에서의 경험은 이야기할 수 없는지 반문한다. 송이는 추상미의 추궁에 내가 왜 그 이야기를 해야 하는가라고 반문하며 마음의 문을 닫아버린다. 커루스의 주장처럼, 트라우마는 본질적으로 '말해질 수 없는'(unspeakable) 경험이다. 말해질 수 없는 경험 즉 트라우마는 이해되지 않은 채 기억 속에서 단절된 형태로 남게 될 수밖에 없고, 의식적인 통제와 무관하게 악몽과 감각적 재경험 등의 형태로 반복적으로 나타나며 매우 고통스러운 방식으로 표출되는데, 마찬가지로 송이가 북한에서 남한으로 오기 전 중국에서 겪은 트라우마는 언어적으로 재현될 수 없는 것이었다. 감독은 송이에게 그 질문을 던진 이후로 송이가 자신에게 완전히 마음을 닫은 채 스스로에게 관해 어떤 이야기도 더 이상 하지 않게 되었다고 설명했다. 하지만 감독은 서서히 송이를 이해하게 된다. 단순히 중국에서 겪었던 고통 때문에 송이가 침묵하는 것이 아니라 남한 사회에서 탈북 고아로 살면서 맞닥뜨린 수많은 상황들, 특히 탈북자들의 발언을 정치적으로 이용하는 사람들로 인해 생긴 또 다른 트라우마들이 송이를 침묵하게 만들었음을 알게 된다. 오카 마리는 전쟁, 학살, 추방 등 폭력적 사건에 노출되어 트라우마를 가진 피해자가 자신의 고통스러운 경험을 타인과 나누는 것이 과연 가능한가라는 문제를 제기한 바 있다.[13] 감독은 송이와 불화를 경험하며 차차 듣는 방법을 새롭게 배운다. 떠올리기조차 고통스러운 송이의 이야기를 추궁하듯이 알아내어 영화에 노출시키는 대신 송이가 꼭 하고 싶은 이야기를 조용히 듣는 장면은 〈폴란드의 아이들〉의 서사의 수행성을 암시한다.

송이는 폴란드의 바닷가에서 북한에 남은 동생의 이름을 큰 목소리로 부른다. 자신의 마음이 동생에게 직접 전해질 수 없다는 것을 잘 알면서도 송이는 목청을 높여 동생을 향해 자신의 사랑을 표현한다. 마치, 90대 중반의 폴란드 교사들이 이제 북한 학생들을 만날 수 없다는 것을 알면서도 그들에게 사랑한다고 전해달라고 부탁하듯이, 송이 또한 동생에게 안부와 사랑을 전하고 처음으로 감독 앞에서 절규에 가까운 울음을 터뜨린다. 오디션에 참가한 탈북 청소년들 또한 잃어버린 가족을 향해 자신이 떠나온 고향을 향해 마음 속 깊이 숨겨둔 이야기를 카메라 앞에서 직접 이야기한다. 자신의 이야기를 누가 듣게 될지 알 수 없지만, 그들은 순환적으로 자신들의 가장 내밀하고 절실한 상처와 희망을 발화한다.

상처 입은 치유자의 개념을 제시한 헨리 나우웬이 "자신의 아픔과 고통은 모든 인간이 공유하는 깊은 인간의 상태에서 오는 것이라고 보기 위해 부단히 노력해야 한다."고 주장한 것처럼, 〈폴란드로 간 아이들〉의 서사는 "상처 입은 치유자라는 개념이 어떻게 자아실현, 자기완성의 개념과 상충되지 않고 오히려 그 개념의 깊이를 심화하고 폭을 넓혀 주는지 제시하고"[14] 있다. 〈폴란드로 간 아이들〉은 기록 영화

---

13 오카 마리, 김병구 옮김, 『기억·서사』, 소명출판, 2003 참조.

이지만, 역사적 고증만을 위해 제작된 작품이 아니다. 다큐멘터리 서사에서 역사적 사실에 입각한 내용을 기록하는 것은 매우 중요하지만, 〈폴란드로 간 아이들〉은 트라우마를 다큐멘터리 서사로 반복적으로 재현한다는 것이 어떠한 의미인지를 성찰하게 한다는 점에서 윤리적이다.

결론의 일부부터 이야기하자면, 트라우마 서사는 다큐멘터리에서 사실적으로 재현되기 대단히 어렵다. 〈폴란드로 간 아이들〉에서 감독은 트라우마적 기억을 다각도로 서사화하며, 각각의 인물들이 겪은 트라우마에 의미를 퍼즐을 맞추듯이 찾아가며 역사적 트라우마를 재구성한다. 이 과정에서 트라우마 서사가 왜 반복적으로 재현될 수밖에 없는지 그리고 반복적으로 재현될 때 어떠한 윤리적 실천이 가능한지 거칠게나마 검토해볼 필요가 있을 것이다. 먼저, 역사적 트라우마의 반복적 재현은 트라우마의 현재적 의미를 환기시킨다는 점에서 수행적이다. 폴란드의 북한 전쟁고아들로 다시 돌아가 논의를 이어가 보자면, 북한 전쟁고아들의 역사적 실체가 1950년대와 1960년대 즉 당대에는 조명되거나 해석되지 않았지만, 반복적인 서사를 통해 역사적 의미를 지속적으로 구성해가고 있다. 폴란드 브로츠와프대학 한국학과의 이해성 교수가 프와코비체에서 열린 한인교회 어린이 성경학교에 참가한 아이를 데리러 갔다가 우연히 한글 비석을 보고 북한 전쟁고아에 관심을 가지게 되어 연구에 착수해 논문을 발표한 것, 폴란드의 언론인이 프와코비체 양육원 이야기를 세상에 알리고, 미국인 감독과 함께 다큐멘터리를 제작한 후 김귀덕과 북한 전쟁고아 이야기

---

14 헨리 나우웬, 『상처 입은 치유자』, 앞의 책, 139쪽.

를 실화소설로 쓴 것, 한국의 두 여성이 폴란드로 찾아가 90대의 생존 교사들의 증언을 듣고 그들이 공개한 자료를 바탕으로 기록 영화를 완성한 것. 일련의 과정들은 트라우마적 서사가 그 자체로 열린 이야기의 구조를 가지고 있으며, 현재의 서사 속에서 의미가 지속적으로 재구성됨을 알려준다.[15]

오카 마리의 통찰처럼, 언어는 인간의 모든 경험을 말하기에 충분하지 못하다. 하지만, 그 불완전함이야말로 왜 우리가 트라우마를 반복적으로 이야기해야 하는지를 알려준다. 〈폴란드로 간 아이들〉은 전달 불가능한 이야기를 교차적으로 이어나가며 북한 어린이와 폴란드 교사, 2차 세계대전과 한국전쟁, 남북한 관계를 성찰하게 한다. 말로는 다할 수 없고, 때로는 끝내 말이 되기를 거부하는 트라우마가 〈폴란드로 간 아이들〉에서 반복적으로 재현되었다. 〈폴란드로 간 아이들〉은 탈북 청소년들이 자신들의 희망을 이야기하는 것으로 마무리된다. 〈폴란드로 간 아이들〉의 서사는 평화적인 미래를 위한 수행성, 즉 트라우마의 반복적 재현과 그것을 이야기하는 행위가 새로운 미래를 여는 과정임을 알려준다.

---

15 「북 전쟁고아 길러준 폴란드 교사들 … 60년 지나도 못 잊어」, 중앙일보, 2018.10.18. https://www.joongang.co.kr/article/23047838

제3부

미디어의 재현

생명/서사의 탄생과 돌봄을 주관하는 삼신 신격의 특성

드라마 〈쓸쓸하고 찬란하神 도깨비〉를 중심으로

이은우

신 살구를 잘도 먹더니 눈 오는 아침
나어린 아내는 첫아들을 낳았다

인가 먼 산중에
까치는 배나무에서 짖는다

컴컴한 부엌에서는 늙은 홀아비의 시아버지가 미역국을 끓인다
그 마을의 외딴 집에서도 산국을 끓인다.
- 백석, 「적경(寂境)」

1. 들어가며

드라마 〈쓸쓸하고 찬란하神 -도깨비〉[1]는 "불멸의 삶을 끝내기 위해 인간 신부가 필요한 도깨비, 그와 기묘한 동거를 시작한 기억상실

---

[1] 2016년 12월 2일~ 2017년 1월 21일까지 tvN을 통해 16부작으로 방송되었다. 이하 〈도깨비〉라 약칭한다.

증 저승사자. 그런 그들 앞에 '도깨비 신부'라 주장하는 '죽었어야 할 운명'의 소녀가 나타나며 벌어지는 신비한 낭만 설화"라는 프로그램 소개처럼 한국 무속의 신관이 반영된 다양한 신과 귀신 등 다양한 비인간들이 등장한다. 극본을 쓴 김은숙 작가는 "한국적인 판타지를 찾다가" '도깨비'라는 소재에 주목하였고, 이것을 "큰 스케일"의 "판타지 로맨스"로 담아내고 싶었다고 작품 창작 배경을 밝힌 바 있다.[2] 저승사자, 도깨비 등 어둡고 부정적이었던 초자연적 존재의 서사는 드라마를 통해 '초'능력의 놀라움과 신기함에 대한 흥미와 감탄의 긍정적 서사로 변모했다.[3] 그리고 이러한 시도는 20%를 넘는 순간 시청률을 보이며 큰 인기를 누리고, 제53회 백상예술대상 TV 부문 대상을 수상하며 대중과 평단 양쪽에서 성공적인 평가를 받았다.

고전문학콘텐츠를 캐릭터와 소재, 스토리텔링 등에 전면적으로 활용하여 창작한 작품의 특성으로 인해 관련한 선행 연구도 다수 누적되어 있다. 박재인[4]은 드라마 〈도깨비〉를 〈영감본풀이〉, 〈도화녀 비형랑〉, 〈차사본풀이〉 등과 서사적 관련성을 검토하고, 고전서사의 융합으로 이루어진 작품의 스토리텔링은 고전서사의 새로운 스토리텔링 성공 사례이자 현대에서 지속되는 확인하는 현대 콘텐츠라고 의의를 부여하였다. 최진아[5]는 인간과 도깨비의 사랑을 이물교혼과 같은 "전

---

2 김진석, 「김은숙 "그게 되겠냐고 불리던 작품이 '도깨비'…"」, 일간스포츠, 2017.06.02. 〈2024.01.16. 검색〉
3 강성애, 「TV드라마에 나타난 계급의 영속성과 자본의 신격화 연구: 〈쓸쓸하고 찬란하神-도깨비〉를 중심으로」, 『한국극예술연구』 63, 한국극예술학회, 2019, 385~426쪽.
4 박재인, 「드라마 〈도깨비〉와 고전서사의 관련성 및 그 스토리텔링의 의미」, 『인문과학』 65, 성균관대학교 인문학연구원, 2017, 363~398쪽.

통 괴담서사"의 원리로 파악하였다.

그러나 대부분의 선행 연구들이 남성 주인공인 도깨비와 저승사자에 대한 관심에 한정되어 있다. 한편 염원희[6]는 도깨비와 저승사자 외 삼신할미와 신에 주목하며, 작품이 한국의 민간신앙에 등장하는 신격을 가져와 익숙하면서도 새로운 존재로 재탄생시켰으며 명칭이나 기본 설정만 차용한 것이 아니라 전통문화 본래의 모습을 되살려 참신함을 주었다고 평가했다. 또한 드라마에 등장하는 삼신 캐릭터에 대해 설명하고 "대모신(大母神)의 이미지를 회복"이라는 의의를 밝힌 바 있다. 연구자의 문제의식을 공유하면서, 선행 연구가 "전통문화"라는 넓은 틀에서 조망하는 과정에서 소략한 부분을 삼신 신격에 집중하여 본격적으로 논구하고자 한다.

이 글은 드라마 〈도깨비〉에 등장하는 캐릭터 '삼신'에 주목하여 작품이 차용하고 발전시킨 삼신 신격의 창조와 돌봄이라는 특성을 입체적으로 파악하는 것을 목적으로 한다. 이를 위해 먼저 삼신과 관련한 기록을 살펴 삼신 신격의 특성을 이해한다. 이어 드라마 〈도깨비〉에 반영된, 생명의 탄생과 양육을 관장하는 가신(家神)이라는 삼신 신격의 전통적 면모를 살핀다. 이후 등장인물의 결연과 작중 서사를 창조하고 이를 전파·전승시키는, 작품에서 창작된 삼신 신격의 고유한 면모를 파악한다. 이러한 과정을 통해 〈도깨비〉가 변용하고 있는 삼신

---

5 최진아, 「도깨비의 귀환: 드라마 '도깨비'에 내재한 한·중 전통 괴담서사의 원리」, 『중국문학연구』 67, 한국중문학회, 2017.

6 염원희, 「텔레비전 드라마 〈도깨비〉에 재현된 전통문화의 변용 양상 연구」, 『인문콘텐츠』 48, 인문콘텐츠학회, 2018, 217~240쪽; 「삼신 관련 소재의 문화콘텐츠 활용 가능성 모색」, 『인문연구』 83, 영남대학교 인문과학연구소, 2018, 103~142쪽.

신격의 가치와 의의를 밝히고자 한다.

2. 기록으로 살펴보는 삼신 신격의 특성

인류학자 웬디 트라바탄에 따르면 수렵채집사회의 여성은 대략 6~7명의 아기를 낳았지만, 최종적으로 번식 연령에 도달하는 아이는 2명에 불과했다. 조선 시대 사대부 여성의 60% 정도는 완경 이전에 사망했는데, 상당수는 출산 관련 질병이 원인이었을 것으로 추정된다. 세계보건기구에 따르면 오늘날에도 매년 30만 명의 여성이 임신 합병증으로 사망한다.[7]

> 내가 처음 경자년(1780, 정조 4) 가을 예천(醴泉)의 군사(郡舍)에서 애기 하나를 지웠고, 신축년(1781) 7월에 아내가 학질로 인해 계집애 하나를 여덟 달 만에 출산했는데 4일 만에 죽었으므로 미처 이름을 짓지 못한 채 와서(瓦署)의 언덕에 묻었다. 그 다음에는 무장(武牂)과 문장(文牂)을 낳았는데, 다행히 성장하였다. 그 다음이 구장(懼牂)이고, 그 다음은 딸아이 효순(孝順)인데, 순산했기 때문에 효순이라 한 것이다. (…) 그 다음에는 딸 하나를 얻었는데, 지금 열 살이 되어 이미 두번째 홍역을 지냈으니, 아마 이제는 요사(夭死)를 면한 것 같다. 그 다음은 삼동(三童)

---

7 이 단락의 통계와 서술은 다음의 기사를 요약, 인용하였다. 박한선(정신건강의학과 전문의/신경인류학자), 「인간 행동의 진화」 위험한 출산, 더 위험한 믿음」, 『동아사이언스』, 2021.02.07. 〈https://www.dongascience.com/news.php?idx=43769 2024.01.20. 검색〉

으로, 곡산(谷山)에서 천연두로 요절하였다. 그때 아내는 아기를 가졌었는데 슬퍼하는 중에 아들을 낳고, 열흘이 지나 또 천연두를 앓다가 며칠 안 되어 요절하였다. 그 다음이 곧 농장(農牂)이다. 삼동이는 병진년(1796) 11월 5일 태어나서 무오년 9월 4일 죽었으며, 그 다음 애는 이름이 없다. 구장이와 효순이는 두척산(斗尺山)에 묻었고, 삼동이와 그 다음 애도 두척산 기슭에 묻었으니, 농장이도 역시 두척산 기슭에 묻어야 할 것이다. 모두 6남 3녀를 낳았는데, 산 애들이 2남 1녀이고 죽은 애들이 4남 2녀이니, 죽은 애들이 산 애들의 두 배이다. 아아, 내가 하늘에 죄를 지어 잔혹함이 이와 같으니, 어찌할 것인가.[8]

위의 인용문은 정약용이 태어난 지 3년 만에 죽은 아이를 묻고 남긴 광지(壙誌)의 일부이다. 인용문에 드러나듯, 정약용의 부인 풍산 홍씨는 10번 잉태하여 9명의 자녀를 출산하였는데, 3명만이 성년으로 생존하였다. 미처 이름을 짓기도 전에 죽은 아이도 여럿, 순산으로 태어난 것만으로도 효도를 다 한 바와 같이 '효순'으로, 사대부로 살며 가문의 화를 당해 죽기보다는 차라리 농사를 짓더라도 살아남기를 바라며 '농(農)'이라는 이름을 지어주기도 했지만, 이같은 간절한 마음도 부질없이 10명 중 6명의 아이들이 만 3년을 채 넘기지 못하고 사망하였다.

조선시대 사대부 여성은 평균 15.8세에 결혼하여 45.3세까지 살면서 5.09명의 자녀를 낳았을 것으로 추정된다.[9] 그리고 출생아 중 성년

---

8 정약용, 김도련 역, 「농아(農兒)의 광지(壙誌)」, 『다산시문집』 17, 1985. 〈한국고전종합DB, https://db.itkc.or.kr/dir/item?itemId=BT#/dir/node?dataId=ITKC_BT_1260A_0170_020_0050, 2024.01.20. 검색〉

9 김두얼, 「행장류 자료를 통해 본 조선시대 양반의 출산과 인구변동」, 『경제사학』

까지 생존한 경우는 2.54명으로 절반 정도의 아이만이 성인에 도달할 수 있었다.[10] 이렇듯 출산은 생명이 탄생하는 숭고한 순간이지만 동시에 산모와 아이의 목숨이 위험에 처하는 순간이기도 하다. 특히 여성에게는 그야말로 '생명'을 담보로 '죽음'을 각오한 사건이기도 한 것이다. 또한 무사히 출산한 이후에도 아이가 성장하면서 마주하는 위험은 여전히 많으며, 이는 돌봄의 과정 역시 생과 사의 문턱을 지키는 막중한 행위였음을 짐작케 한다.

삶과 죽음이 교차하는 사건이니만큼 출산이라는 행위는 신앙이라는 종교적 장(場)과 마주하기 마련이다. 생명이 가득한 탄생 순간에 맞이하는 예기치 못한 죽음이 갖는 비극성은 하탈(하탈영산)과 태자귀라는 귀신의 존재를 만들었다. 임신을 한 채 죽거나 산모가 출산 도중 죽으면 하탈이 되고, 태아·영아가 죽으면 태자귀가 된다는 관념은 출산 행위에 따르는 공포와 원통함의 일면을 여실히 드러낸다.

이러한 비극이 생기지 않도록 출산을 겪는 어머니와 아기 모두를 무탈하게 돌보아주는 신격이 바로 삼신이다. 때문에 삼신에 대한 신앙은 작게는 잉태에서부터 안산(安産)까지의 과정을 수호하는 것이며, 크게는 어머니와 아이의 생명을 지키기 위한 신앙이기도 하다. 삼신 신앙은 생명과 직결되는 가장 간절한 신앙이라고 해도 과언이 아니어서 그것이 매우 돈독하고 과거로부터 오늘날에 이르기까지 다양한 기록과 사례로 전해진다.

먼저 삼신에 대한 기록을 통해 삼신 신격의 특성을 살핀다. 삼신에

52, 경제사학회, 2012, 10쪽.
[10] 위의 논문, 18쪽.

대한 기록은 무속에 대한 기록이 이루어지기 시작했던 근대 시기부터 존재한다. 이능화는 1927년 5월 『계명』 19호에 발표한 『조선무속고』 중 제16장 「무당이 행하는 신사(神事)의 명칭」 〈삼신신사(三神神祠)〉에서 "우리말의 '태(胎)'를 '삼'이라고 하므로, 이른바 삼신이라고 하는 것은 태신(胎神)을 말하는 것이라 할 수 있"으며, "세속에서는 삼신의 '삼'을 숫자로 간주하는데 이는 잘못이다"[11]라고 삼신의 의미를 밝히고 있다. 같은 해 다음 달 발간한 『조선여속고』에서는 제16장 「조선부녀의 산육잡속(産育雜俗)」 중 〈산부식음(産婦食飮)과 태신제(胎神祭)〉 항목에서 그 뜻이 숫자에 있지 않고 태(胎)에 있음을 다시 한 번 강조하고, 출산과 관련된 삼신 신앙의 방식을 아래와 같이 소상하게 덧붙이고 있다.

> 우리 풍속에 부녀가 출산하고 나면 반드시 백반과 미역국을 먹는다. 미역은 해태(海苔)의 한 가지니, 파혈(破血)의 성분이 있어 산부에게 맞기 때문이다. 집에 잉부가 있을 경우에 달이 차오면 곧 짚자리와 기저귀·쌀·미역을 장만하여 놓고 기다렸다가 분만과 세아(洗兒)가 끝나면 곧 백반과 미역국을 낸다. 먼저 방의 서남쪽 구석을 정갈히 하고, 상 위에 백반 세 종지와 미역국 세 종지를 차려 삼신께 제경(祭敬)한다. 사흘째 되는 날, 이레째 되는 날 및 이칠일 삼칠일 그리고 백일에도 이와 같이 한다. 세간에서 호산지신(護産之神)이 셋 있기 때문에 삼신이라 이른다고 하였다. 우리말로 태를 〈삼〉이라고 하므로 태신(胎神)은 '삼신'이다. 곧 우리말 삼(胎)을 숫자 삼(三)으로 인정하여, 태신을 삼신이라 하였으니, 이것은 잘못 풀이한 부회(附會)이다.[12]

---

11 이능화, 서영대 역, 『조선무속고』, 창비, 2008, 290쪽.
12 이능화, 김상억 옮김, 『조선여속고』, 동문선, 2009, 281쪽.

인용문을 통해 삼신의 본령은 출산을 관장하는 것이며, 좌정한 곳은 산부 및 여성이 거하는 안방임을 알 수 있다. 삼신을 위한 제물은 곧 출산을 위한 준비물이 되는데, 음식으로는 백반과 미역국이 대표적이다. 이렇게 준비한 제물은 출산 이후에도 반복적으로 의례를 행해 삼신에게 올리고 이후 산모가 먹는다. 산모가 섭식하는 것으로 삼신과 응감하는 한편 산모의 회복에도 도움을 받을 수 있다는 관념을 읽어낼 수 있다. 그러나 무사히 아이를 낳았더라도 안심하기에는 이르다. 임산부 사망률은 매우 높았기 때문이다. 현재 모성사망비(Maternal mortality ratio)는 임신 중 및 임신 종료 이후 42일을 기준으로, 1978년 이전에는 90일을 기준으로 통계를 산출한다. 이는 현재에도 출산 이후 한두 달까지는 죽음이라는 위기에 놓인다는 의미이기도 하다. 아기의 경우도 다르지 않아, 생후 백일과 1년을 축하하는 백일잔치와 돌잔치라는 의례가 있는 데는 백일과 1년을 채 넘기지 못하는 영아가 많다는 맥락이 존재한다. 삼신의 신체나 제상(祭床)을 서남쪽 구석에 차리는 것은 "문을 마주보지 않는 구석"[13]에 해당하며 안쪽에 모셔진 삼신의 쉽게 빠져나가거나 바깥의 삿된 기운과 마주치는 것을 막기 위함이다. 특히, 다른 제사나 고사 음식은 음복(飮福)으로 함께 나누어 먹는 것이 미덕으로 여겨지나, 삼신상에 올랐던 음식은 남으면 산모만이 먹을 수 있다는 금기가 있어[14] 산모와 아기의 생명을 지키는 것에 각별한 주의를 기울이고 정성을 기울였음을 알 수 있다.

---

13 최남선, 「조선상식」, 『매일신보』, 1937.3.24.
14 윤성재(국사편찬위원회), 「특별한 날, 특별한 음식」, 『한국문화사: 자연과 정성의 산물, 우리 음식』, 두산동아, 124쪽.

최남선 역시 삼신의 유래와 신격의 특징에 대해 주목한 바 있다. 매일신보 학예면에 자신이 연재하던 「조선상식」 "의례편" 첫 번째 장(章)에 '삼신', '삼신속설', '삼신연원'이라는 제목으로 삼신 신격과 관련된 3절의 짧은 글을 하나로 묶어 게재하였다.[15] 연재했던 글들은 정리, 선별되어 후일 『조선상식문답』, 『조선상식』 등의 저서로 출판되는데, 이 글은 1948년에 출판된 『조선상식 풍속편』에 수록된다.[16] 최남선은 『조선상식문답』의 서문에서 조선의 상식을 "우리나라 사람에게 가장 결핍한 것은 우리나라에 관한 상식"으로 정의하고, "전통의 멀고 깊고 또 아름다움을 분명히 아는 이만이 그가 조선 사람일 것"이라고 서술한다. 이는 삼신은 조선 사람이라면 반드시 알아야 할 보편적 지식이며, 조선인의 정체성과 연결지어 의의를 부여한 것이다. 신문과 출판 지면 모두에서 의례편 첫머리에 반복적으로 수록된 '삼신'의 존재가 식민치하 조선에서도, 나아가 오늘날 한국학의 장[17]에서도 유의미함을 짐작케 한다.

최남선은 「조선상식」에서 삼신을 직능을 세 가지로 서술한다. 먼저, '三神'을 '삼神'으로 중복 표기하며, 본래 "포태(胞胎)를 '삼'이라 함이 '삼ㅅ불' '삼갈르다' 등에서 봄과 가트니 '삼神'은 위선 포태신(胞胎神)의 意를 가젓다"라고 하여 삼신의 뜻을 밝히고 있다. 또 수태치 못한 부녀가 "삼신밧는다(삼신받기)"라는 의례를 통해 "자녀 점지를 기

---

15 최남선, 「조선상식」, 『매일신보』, 1937.3.24.
16 최남선, 『조선상식 풍속편』, 동명사, 1948, 42~45쪽; 『육당 최남선 전집12 문화·풍속』, 역락, 2003, 211~213쪽.
17 류시현, 「일제 강점기와 해방 후 최남선의 '조선 상식' 정리와 '한국학'의 대중화」, 『대동문화연구』 114, 2021, 522쪽.

축하는 일이 잇으니 삼신은 본대 수사신(授嗣神)이얏슴"을 알 수 있다고 하였다. 셋째로 출산 이후에도 산모나 아기에게 "변상(變狀)이 잇는 족족 '삼신' 향사(享祀)를 각근(恪勤)히 행(行)함이 통례(通例) ㅣ니" 삼신은 "산육(産育)의 수호신(守護神)"이기도 하다. 이를 종합할 때 "삼신은 곳 명신(命神)으로서 우리 고신도(古神道)에 잇는 중대(重大)한 지위(地位)에 거(居)하심이 대개 분명"하다라고 의의를 밝히고 있다. 앞서 제시한 이능화의 서술과 '삼'이라는 본질에 대해 궤를 같이 하면서도 삼신이 갖는 의미와 가치를 우리나라 고유의 전통신앙 체계로 확장시켜 종합적으로 이해하고 있음을 알 수 있다.

이어서 최남선은 '삼神'이 "'삼신(三神)'이라고 씀으로부터 삼(三)의 자의(字義)에 부회(附會)하는 유설(謬設)"이 생겨났다며, 환인-환웅-단군의 삼신(三神) 체계나, 중국의 한서(漢書)나, 도교와 불교 등의 신앙과 습합한 것으로 설명하는 것을 그릇된 것으로 비판하는 한편 〈삼신연원〉에서는 삼신신앙을 고대의 산악신앙과 연관지어 서술하고 일본의 산토신앙(産土, ウブナ)과 비교하였다. 이를 통해 삼신의 독자성을 "중국과 일본과의 대비, 세계와의 문화 교류 속에서 이해할 수 있는"[18] 가능성을 열어두고 있다.

이능화와 최남선이 모두 삼신을 삼(三)이라 숫자로 이해하는 것은 동음이의에 의한 오류라고 설명하지만, 무속 신앙에서는 삼불제석, 삼사자(三使者), 삼시왕(三十王)와 같이 신을 하나이면서도 여럿으로, 특히 세 명으로 짝을 지어 관념하는 전통이 있다. 미역국과 흰밥을 세 그릇씩 준비하는 것에서 삼신을 자연스레 '삼신(三神)'으로 이해하

---

18 위의 논문, 537쪽.

고 있음을 알 수 있다.

한편 최남선의 기록보다 이른 1908년 일본인 우스다 잔운이 엮은 『암흑의 조선』에서도 삼신에 대한 기록을 확인할 수 있었다. 우스다는 1장 「요괴귀신」에서 "한인(韓人)[19]에게 신은 존재하지 않으며, 사람에게 재앙을 내리시는 신, 즉 귀신이 한인을 정신적으로 지배하는 종교의 힘을 가진 것"을 규정하고, 이어 귀신, 허깨비, 도깨비로 항목을 나누어 한국의 민속신앙을 설명한다. 일선동조론를 사상적 근간으로 삼아 미개한 조선의 이미지를 강화하기 위한 제국주의적 의도에서 자의적으로 해석하였다는 점에서 자료의 한계는 명확하다. 그러나 1908년 근대 초기에 이루어진 기록이 갖는 자료적인 가치마저 무시할 필요는 없으므로 함께 살펴본다.

『암흑의 조선』은 '도깨비'라는 항목에서 우리가 알고 있는 요괴 도깨비와 도깨비불 등에 대해 서술하고, 이어서 무속신앙에서 모시고 있는 다양한 신들을 소개한다. 일견 무작위로 보이지만 옥황상제와 산신(山神) 등의 자연신을, 이어 성황, 부군당, 장승 등 마을을 지키는 영역신을 제시한 뒤, 걸립, 업위양, 산신, 성주를 설명하고 있어 순서와 분류에서 신격의 성격과 위계를 인지하고 있음이 드러난다. 이중 삼신은 산신(産神)이라는 이름으로 "출산 수호신으로, 임신을 하면 이 신을 모신다. 또 태어난 이후 2, 3살 정도까지는 이 신의 가호가 있다고 한다"라고 서술하였다.[20] 이를 통해 삼신을 '집'이라는 영역을 지키

---

19 국호를 조선에서 대한제국으로 변경한 이후의 시기이므로, 조선인 대신 한인(韓人)이라는 호칭을 사용하고 있다.
20 우스다 잔운, 이시준 옮김, 『완역 암흑의 조선』, 박문사, 2016, 23쪽.

는 가신(家神) 중 하나로 인식했으며, 삼신의 본령이 출산과 육아에 있음을 인지하고 있었음을 알 수 있다.

또한 『동국세시기』에는 "진천(鎭川) 풍속에 3월 3일부터 4월 8일까지 여자들이 무당을 데리고 우담(牛潭)의 동서 용왕당과 삼신당으로 가서 아들을 낳게 해달라고 기도한다"[21]라는 기록이 있어 산과 물과 자연물과 삼신 신앙에 결합된 사례를 찾을 수 있다. 불교와의 습합을 통해 지역에 따라 삼신을 '제석'이나 '세존(시존)'으로 부르며 삼신의 산신(産神)적 면모를 여성 산신(山神) 신앙과 공유하며 함께 숭앙된다.

충청도 여무 유진찬이 구술한 「삼신푸리」 무가에는 "남녀간 탄생할제 삼신제왕 거동보소 구름관을 숙여쓰고 도복장삼 떨쳐입고 자주바랑 둘러메고 육환장을 둘러매고 명줄을 받쳐들고 복줄을 사려들고 청가새 홍가새 은가새 놋가새 양손에다 갈러쥐고 (…) 아기를 받아낼제 삼세번 거푸들러 일월의 힘을 주어 즉시순산 시켜놓니"[22]라는 부분이 등장한다. 여기서 삼신은 불교의 신격인 제왕(제석천왕)이라 호명되고 있으며, 도복·장삼·바랑·육환장 등과 같은 승려의 복장을 갖춘 것으로 그려진다. 이렇듯 삼신 신격은 무속 신앙에 근간한 고유의 신앙이면서 동시에 자연숭배나 불교와 결합한 모습으로도 다양하게 존재함을 알 수 있다.

그러나 주목할 점은 이러한 경우라도 삼신의 본령은 다르지 않다는

---

21 최인학, 「여자의 날」, 『한국민속대백과사전』, ⟨https://folkency.nfm.go.kr/topic/detail/4514 검색일: 2024.01.20.⟩
22 김영진, 「삼신푸리」, 『충청도무가』, 형설출판사, 1982, 284쪽.

것이다. 인용한 「삼신푸리」 무가에서 삼신은 탯줄을 가르는 가위를 양손에 든 모습으로 묘사된다. 어미와 아이를 연결해주는 탯줄을 끊는 행위는 아이가 독립된 개체로 탄생하였음을 알리는 상징적인 행위이기도 하다. 삼신이 관장하던 '탯줄'이라는 이미지는 탄생 이후 온전하고 행복한 삶을 영위하게끔 하는 '명줄'과 '복줄'로 이어진다. 삼신이 순산 이후에도 아이(자식)의 안녕을 기원하며 꾸준히 숭앙되는 이유이기도 하다.

삼신에 관한 초기의 기록들과 오늘날 전승되는 삼신 신앙의 면모를 종합하면, 삼신은 그 명칭에서부터 신앙행위에 이르기까지 잉태와 출산, 그리고 양육 전반을 관장하며, 아이와 어머니의 수호신이자 가신이며 나아가, 나아가 생명 그 자체를 지켜주는 우리 민속신앙의 주요한 신격임을 명확히 확인하였다. 삼신의 '삼'이 본래 '탯줄'을 의미하고 있음을 명확히 인지하고, 이후 명칭의 유래에 대해서는 옳고 그름을 가리며 몰입하는 것보다는 전승되는 신앙을 현면모를 존중하는 것이 삼신 신격의 실체를 이해하기 위한 보다 적절한 접근이 될 것이다.

3. 드라마 〈도깨비〉에 투영된 삼신 신격의 특성

드라마 〈도깨비〉에 투영된 삼신 신격의 특성을 삼신이 갖는 전통적 면모와, 드라마에서 새롭게 창조한 개성적 면모로 나누어 살펴보고자 한다.

1) 전통적 면모: 출산과 양육을 주관하는 여성 가신(家神)

(1) 탄생과 양육을 관장하는 '어머니'의 대리자이자 '큰 어머니'

드라마 〈도깨비〉에 등장하는 삼신은 전통적인 삼신의 면모를 공유하며, 기본적으로 출산과 양육을 관장하는 신격으로 기능한다. 드라마에서 삼신은 노인 여성과 젊은 여성 두 가지 모습으로 등장한다. 이 글에서는 이를 '할머니'와 '아기씨'라는 용어를 부여하고 논의를 진행한다. '할머니'와 '아기씨'는 무속신앙에서 여신을 지칭하는 대표적인 명칭으로, 두 가지 모두 삼신을 관념하는 방식이다.[23]

드라마에 나타나는 삼신은 형상은 두 개이지만 한 명의 배우가 연기하고 기억과 행위의 연계성을 가진 하나의 신격이다. 그런데 삼신 신격의 정체성은 "할머니"라는 모습에 더 큰 비중을 두고 있다. 그가 젊은 모습으로 등장할 때라도 거울에 비친 본모습은 노파의 얼굴이며, 병원에서 삼신을 알아본 아이들은 그를 "할머니"로 호칭하기 때문이다.

'할머니'는 노인 여성을 가리키는 용어이자, 부모의 어머니를 뜻하는 친족어이기도 하다. 실제로 경상도 안동 지방의 삼신 신앙에서는 작고하신 시어머니나 윗대 할머니, 즉 집안의 여자 조상을 삼신의 신체로 삼아 모시기도 한다.[24] 한편, 할머니라는 단어는 '크다'의 의미를 갖는 우리말 '한'과 '어머니'가 결합한 말로 큰 어머니를 뜻한다. '어머

---

23 이 같은 특징은 제주도 무속에서 특히 뚜렷하다. 명진국 따님 '아기'는 꽃피우는 내기를 이기고 잉태와 출산을 주관하는 삼승 '할망'이 되었다는 「삼승할망본풀이」 등이 그 예시가 될 것이다.
24 정연학(국사편찬위원회), 「가신」, 『한국문화사: 삶과 생명의 공간, 집의 문화』, 경인문화사, 2010.

니의 어머니'를 부르는 이 명칭은 어머니가 가진 생명력을 증폭시킨 단어이며, 무속 신앙의 전통에서 여신을 일컫는 호칭이기도 하다. 때문에 노파로 등장하는 삼신 '할머니'의 늙음은 노쇠한 흔적이 아니다. 태고적부터 "더 늙을 게 없어 늙지를 않을 만큼"[25]의 긴 시간을 살아온 불멸의 생명력이자, 그 시간만큼 많은 아이들을 창성한 풍요롭고 원초적인 생명력의 증거로 읽어야 할 것이다.

> **삼신** (일어서려는 은탁모의 손목을 확 잡아끌며) 생사가 오가는 순간이 오면 염원을 담아 간절히 빌어. 혹여 마음 약한 어느 신이 듣고 있을지도 모르니.[26]

인용문에서처럼 삼신은 드라마 1부에 뱃속에 은탁을 품은 은탁모에게 죽음의 위기를 벗어날 방도를 일러준다.

> **은탁모** (9년 뒤, 다시 육교 위 삼신 앞에 앉아서)오다가다 우리 은탁이 좀.. 들여다봐주면 안되나? (…) 그냥 오다가다요. 배추 남으면 좀 주구. 시금치도 좀 주구..
> **삼신** 그러게 그때 같이 죽지 뭐 하러 더 살아가지고.
> **은탁모** 못됐어. 할머니가 알려줬잖아요. 간절히 빌라고. (…) 그 말 믿은 덕에 좀 더 살다 가요. 고마웠어요 할머니. 인사할라고 왔지. 저 가요.
> [중략]
> **삼신** (어린 은탁의 집에 찾아온 저승사자를 혼내며) 가! 이 아인

---

25 드라마 〈도깨비〉 1부.
26 드라마 〈도깨비〉 1부.

놔두고!
은탁 할머니...(달려가 삼신 뒤에 숨는)[27]

위의 장면을 통해 삼신이 은탁모를 살려준 것은 포태한 아이를 무사히 출산하고, 그 아이가 9살이 될 때까지 양육할 수 있게끔 하기 위함임을 알 수 있다. 이제 막 숨을 거둔 은탁모가 남겨진 아이의 생명과 안위를 맡길 수 있는 존재는 삼신이며, 그 당부대로 삼신은 아이를 데리러 온 저승사자를 내쫓고 은탁의 목숨을 구해준다.

삼신 (멋지게 차려 입고 목화꽃 꽃다발을 든 삼신이 등장하여 은탁을 따뜻하게 안아주며) 엄마가 엄청 자랑스러워하실 거야.
은탁 (화장실에서 시금치 줬던 삼신 떠올리고) 저를.. 왜.. 안아주세요?
삼신 (은탁 머리 쓰다듬으며) 이뻐서. (10년 전처럼 볼 꼬집으며) 너 점지할 때 행복했거든.
삼신 (삼신의 정체를 기억해내는 은탁에게 손짓하며) 쉿...! (꽃다발 주고) 졸업 축하해.
삼신 (교탁에 선 담임에게 다가가) 아가. 더 나은 스승일 수는 없었니? 더 빛나는 스승일 수는 없었어?
담임 (자기도 모르게 눈물을 쏟으며) 왜 이러지? 죄송합니다. (교실을 나간다)[28]

삼신은 이후로도 엄마를 대신해 생일을 챙겨주고, 졸업을 축하하는

---

27 드라마 〈도깨비〉 1부.
28 드라마 〈도깨비〉 11부.

등 홀로 남겨진 은탁의 삶을 중요한 순간을 공유하며 양육한다. 그리고 은탁을 괴롭히던 학교 담임선생님을 "아가"라고 부르며 참된 스승이 되지 못했음을 꾸짖는다. 스승 역시 삼신이 어머니를 통해 세상으로 보낸 삼신의 아이이다. 스승이 자신도 모르게 참회의 눈물을 흘리는 이 장면은 삼신이 가진 위엄을 보임과 동시에 그가 출산과 돌봄의 신임을 증명한다. 군사부일체(君師父一體)의 전통에서 스승은 부모와 동일 선상에 존재이다. 삼신이 스승을 꾸짖는 행위는, 스승과 임금은 각각 학교와 국가의 양육자로 돌봄의 책임이 집과 가족 울타리를 넘어 사회에서도 확장되어야 함을 일깨우는 의미를 갖는다.

아이	(의사의 모습을 한 삼신을 본 소아병동의 5세 아이) 어! 할머니! 안녕하세요. (반가워한다)
삼신	(웃으며 입가에 손) 쉿.
삼신	(투병이 힘겨운 듯 힘겹게 숨 몰아쉬고 있는 7세 아이의 병상에 다가가 이마에 손을 얹고 다정하게) 이제 그만 아파야지. 많이 아팠어. <u>엄마 걱정하신다.</u>
삼신	(신비롭게도 아이, 점차 혈색 좋아지고 숨 쉬기 편해보인다) 착해라. (아이의 이마 더 짚어준다)[29]
삼신	(지은탁이 죽은 뒤 비 떨어지는 하늘 보며) <u>지 엄마 만났겠네…</u>[30]

드라마에서 삼신은 다양한 직업으로 현신하여 위기에 빠진 아이를

---

29 드라마 〈도깨비〉 6부.
30 드라마 〈도깨비〉 17부.

돌본다. 때로는 의사의 모습으로 현신하여 아이들을 치유한다. 병원의 어린아이들은 그들을 세상에 내보낸[31] 삼신을 한눈에 알아본다. 삼신은 건강 정보 TV 프로그램에 가정의학전문의 패널로 출연하여, 현대인의 정신건강을 진단한다(4부). '의사' 삼신은 제주도의 무속 전통의 삼승할망에서 연원을 찾을 수 있다. 제주도 무녀 삼승할망은 심방과는 구별되는 존재로 출산을 돕는 산파이자, 질병을 치료하는 여의(女醫)이며, 산육(産育)과 관련된 무속의례을 주관하는 존재이다. 삼승할망이 갖는 여의로서의 면모는 주로 어린아이를 대상으로 하는 일반적인 치료 행위와 더불어 심리치료도 수행하는 데에서도 다각적으로 드러난다.[32]

작품에서 삼신은 아이를 돌보는 이유를 "예뻐서", "너 점지할 때 행복했거든" 등의 대사로 반복적으로 제시한다. 이는 삼신이 아이를 잉태하게끔 해주는 주체이고, 모든 생명의 탄생과 그렇게 태어난 생명은 아무 대가 없이 기쁘고 아름다운 것이라는 소중하고 근본적인 가치관을 일깨우는 것이기도 하다. '신'으로 존재가 변환하고, 검을 뽑고 간절히 '죽기를 바라는' 도깨비조차도 "처음 검신으로 태어났을 때" "점지"한, "행복하길 바랬던 내 아이"라고 라고 말함(8부)[33]으로, 생명을 잉태하게 하는 삼신의 능력은 신과 인간의 경계를 넘어 모든 존재를 아우르고 있음을 알 수 있다. 삼신의 특별한 능력은 생명을

---

31 전통적으로 아기 엉덩이의 몽고반점은 삼신할머니가 아기를 세상으로 밀어보내며 흔적이라고 관념한다.
32 강소전, 「제주도 무녀 삼승할망 고찰」, 『한국무속학』 42, 한국무속학회, 2021, 43~44쪽.
33 이후 드라마의 대사를 본문으로 인용하는 경우 등장하는 회차를 괄호로 표기한다.

잉태케 하고 그것을 돌보아 기르는 삼신의 행위는 "엄마"를 매개로 발현한다. 아이는 엄마의 몸을 통해 세상에 나오고, 아이의 고통과 행복을 가장 아파하고 기뻐하며 감정을 공유해줄 수 있는 인물은 "엄마"이다. 때문에 위의 인용문들에서 밑줄 친 부분에서 드러나듯, 아이의 돌봄은 "엄마의 걱정을 더는" 행위이자 "엄마의 자랑스러움"이다. 아이의 죽음이라는 비극적인 사건조차 "엄마와의 재회"라는 반가움으로 다시 쓰여질 수 있는 것이다. 삼신이 아이를 돕는 행위는 곧 어머니를 돕는 행위이며, 어머니와 아이를 돕는 행위는 모든 존재를 돌보는 행위이기도 하다.

(2) 의·식의 문화코드로 가시화되는 삼신의 생명력: 붉은 의상과 푸성귀

생명을 움틔우는 삼신의 능력은 드라마에서 붉은 의상과 푸성귀라는 두 가지 문화코드로 가시화된다. 앞서 서술하였듯 드라마 〈도깨비〉에 등장하는 삼신은 할머니와 아기씨, 두 가지 모습으로 등장한다. 할머니로 등장할 때에는 백발이 성성하고 주름이 가득한 늙은 모습으로, 아기씨로 등장할 때에는 붉은색 옷을 입고 붉은 입술로 화장한 젊은 모습이나. 붉은색은 타오르는 빛과 같은, 삼신이 시닌 생명력을 시각적으로 표현하는 장치이다. 그런데 눈여겨보아야 할 점은 삼신은 노파의 모습으로 등장할 때도 늘 붉은색 상의를 입고 있다는 점이다. 외모와 무관하게 드라마에 등장하는 삼신이 생명력을 담지한 신격임에는 변함이 없기 때문이다.

삼신이 가진 생명력을 가시화시키는 두 번째 장치는 푸성귀이다.

드라마에서 삼신은 육교 위에서 푸성귀를 다듬는 모습으로 처음 등장한다. 그리고 이어지는 9년 뒤 장면, 죽은 은탁모는 다시 삼신 앞에 나타나 자신과 아이를 살려준 것에 대한 감사 인사를 하며 "오다가다 배추 남으면 좀 주구, 시금치도 좀 주구"³⁴라는 말로 어린 은탁을 돌봐주기를 청한다. 산모가 흰밥에 미역국 하나를 곁들이듯, 배추와 시금치 등과 같은 푸성귀는 생존을 위한 소박하지만 필수적인 양식이며 이를 제공하는 것은 돌봄 행위의 대표적인 양상이다. 갓 태어난 아기가 생존 할 수 있는 것은 어머니의 젖-음식이 있었던 덕분이었듯, 어린 은탁은 삼신이 준 배추와 시금치로 배를 채우고 위기를 면한다.

붉은 옷을 입고 푸성귀를 다듬거나 건네는 삼신의 스틸컷.
왼쪽과 가운데는 할머니의 모습을 한 삼신으로 각각 고려와 현재에 등장한 장면이다.
오른쪽은 아기씨의 모습을 한 삼신의 모습이다.

이들 푸성귀는 삼신의 신격이 반영된 매개물이기도 하다. 무속에서 음식은 신을 위한 제물에 그치지 않고 제물을 받는 신격과 제물을 올리는 제갓집 등 굿 전반에 관한 정보가 드러나는 기호 또는 상징으로 기능한다.³⁵ 삼신은 비린 것을 싫어하고 정(精)한 것을 좋아해서 육식

---

34 드라마 〈도깨비〉 1부 중.
35 이용범, 「굿 의례음식 : 무속 설명체계의 하나」, 『종교문화비평』 32, 한국종교문화연구소(종교문화비평학회), 2017, 187쪽.

을 피하고 소식(素食) 즐기는 것으로 여겨진다. 때문에 삼신상에는 고기를 올리지 않고 흰쌀(밥)을 중심으로, 정화수, 미역(국)을 올린다. 삼신의 신체나 삼신을 표현하는 무복과 무구 역시 흰색의 색상으로 표현되는 경우가 많다. 삼신의 신체는 주로 쌀이나 흰색실로 모셔지고 아이의 백일 잔치에 백설기를 두는 것도 같은 이치이다. 무엇보다 이들 푸성귀-식물은 스스로 생명을 피워내는 존재로, 삼신의 생명력을 상징한다. 제주도의 삼신신화인 삼승할망본풀이에서 명진국 따님 아기가 삼승할망으로 좌정할 수 있던 것은 꽃을 피워내는 생육의 능력을 가졌기 때문이다. 우리 무속신화에서 바리공주나 한락궁이 등이 죽은 자를 살리기 위해서 사용했던 것도 서천꽃밭에 피어난 꽃들이었다. 식물이 꽃을 피우고 열매를 맺는 생명력은 망자를 재생시킬 수 있을 정도의 강력한 것이며, 삼신이 가진 풍요로운 생명력을 식물로 담아낸 것으로 읽을 수 있다.

딸의 '생(生)'일 '죽음'을 목전에 두고 어린 딸의 '생존'을 바라는 가장 소박하지만 가장 간절한 마음을 담은 기원이 배추와 시금치로 환유된다. 왕여의 아버지 선황제도 눈을 감기 전 마지막 당부로 여가 죽지 않고 살아남게 해달라고 유언한다. 죽음을 눈앞에 둔 부모는 그것이 과거이든 현재이든, 존귀한 황제이든 가난한 미혼모이든, 시대와 처지를 막론하고 자식이 죽음에서 가장 멀리 떨어져 생의 한가운데 존재하기를 한마음으로 염원한다. 그들이 택한 삶의 지표는 왕여의 경우 종족의 존속을 담보한 결연으로, 은탁이 경우 개체의 존속을 담보한 음식으로 나타난다. 그리고 이들 부모가 남긴 각각의 마지막 소원을 삼신이 각각 반지와 배추, 그리고 도깨비와 지은탁의 결연을 통해 이루어주는 것이다. 반지는 생을 거듭한 인연을 맺어주는 매개물이 되며, 배추는 생존을 위한 최소한의 소중한 양식으로 표상된다.

(3) 자본주의적 위계 질서를 뛰어넘는 유사 가족의 돌봄의 윤리

한편 강렬한 붉은색 옷을 입은 삼신 아기씨는 도깨비-저승사자-덕화로 구성된 드라마의 남성 인물의 축에 대응을 이루는 지은탁-써니-삼신이라는 인물 구도를 이룬다. 도깨비와 도깨비신부 지은탁, 왕여와 왕여의 부인이었던 김선이 각기 저승사자와 써니라는 인물로 연인 관계를 이룬다는 것은 드라마가 제시하는 핵심적 관계도이다.

그런데 각 축의 인물들이 한 공간에 거주하며 마치 가족과 유사한 형태로 유대 관계를 이루는 한편, 이들의 관계 한편에는 자본주의적 계약관계가 병치된다는 점이 흥미롭다. 도깨비는 덕화 일가가 운영하는 기업의 실질적 소유주이다. 때문에 도깨비와 덕화는 자본에 의한 상하관계에 놓인다. 특히 덕화의 할아버지는 도깨비를 "나으리"로 호칭하며 중세적 주종관계를 구현한다.[36] 써니와 은탁 역시 치킨집의 사

---

36 강성애는 앞의 논문(2019)를 통해 드라마 〈도깨비〉가 불멸의 존재 김신을 통해 자본의 힘을 신격화하고 있으며, 특히 덕화 일가는 도깨비의 종복에 다름없으며, 도깨비를 향한 충성이 할아버지의 유언이라는 형태로 남겨지면서 이 같은 신분질서가 가족이데올로기로 강화된다고 지적한 바 있다. 또한, Brunclikova Barbora는 드라마 〈도깨비〉에 드러나는 식성 대립에 주목하여 육식을 즐기는 도깨비는 채식을 즐기는 저승사자에 비해 자본적이고 강력하며 남성적인 존재로 그려지고 있음을 지적한 바 있다. 두 논문 모두에서 작품을 관통하는 예리한 해석의 관점을 수용하되, 이들이 배재한 도깨비의 신성과 삼신 등이 존재에 초점을 맞추어 이를 극복하여 논의를 전개하고자 한다. Brunclikova Barbora 논의의 출처는 Brunclikova Barbora, 「드라마와 웹툰에 나타난 '채식주의자' 재현 연구 - 〈쓸쓸하고 찬란하神-도깨비〉, 〈이기자, 그린〉 중심으로」, 연세대학교대학원 석사학위논

장과 아르바이트생이라는 자본주의적 상하관계에 놓인다. 저승사자와 써니, 은탁은 도깨비와 삼신이 소유한 건물에 세입자의 자격으로 입주하여 장소를 공유한다. 온당한 계약에 의거한 관계이지만, 집주인 도깨비는 세입자의 계약서를 불태우고, 삼신은 세입자에게 급작스럽게 수도세를 올리거나 카드 결제를 거절하는 장면에서 건물주가 세입자보다 우월하다는 인식을 드러낸다.[37]

고등학생 은탁은 신에게 "알바 꼭 구하게 해주시고 이모네 식구 좀 어떻게 해주시고"라는 소원을 간절하게 빈다. 이모네 가족은 지은탁의 어머니가 남긴 돈을 갈취하기 위해 끊임없이 은탁을 괴롭힌다. 은탁이 이들로부터 벗어나 행복을 이루기 위해서는 "아르바이트"라는 경제적 독립이 우선인 것이다. 교복을 입은 미성년자가 "옷이 비싸 보이는" "삼십대 중반" 남성에게 자신이 "신부"임을 주장하며 "오백만원"을 요구하는 불편한 장면(1부)도 행복과 자본을 등가의 것으로 여기는 가치관이 침습해있다.

한편 드라마가 구현하는 집이라는 공간에도 현실의 자본주의 관계가 투영된다. 도깨비, 저승사자, 덕화가 거주하는 집은 주요 인물이 모두 모이는 공간이어서 화면에 빈번하게 등장할 수밖에 없다. 이때마다 카메라는 '집'을 채우고 있는 PPL 브랜드의 가구들을 화면 가득

문, 2023.
37 물론, 이들은 도깨비와 삼신은 작중 '건물주:세입자'이자 '신:인간' 혹은 '신(상위신):저승사자(하위신)' 등과 같이 등장 인물들이 공간을 둘러싸고 복합적으로 맺고 있는 관계에서 복수 우위를 점유하기 때문에 이를 단순히 세입자에 대한 횡포라고만 규정하기는 어렵다. 신도 인간과 같아서 때로는 변덕스러울 정도로 다양한 감정을 가졌다라는 무속적 세계관을 보여주는 사례이기도 하다.

광고한다. 그들이 '가족'으로 거주하는 '집'은 사실상 '광고모델'이 연기하는 '온라인 가구 전시장'에 다름 아닌 셈이다.

그러나 피 한 방울 섞이지 않은 이들이 서로를 돌보며 유사 가족 형태의 공동체를 이루며 과거의 업보가 뒤엉킨 실타래를 풀어간다. 저승사자와 도깨비는 처남과 매형이기 이전에, 김신은 주군이자 친구인 여의 아버지가 죽음을 눈앞에 두고 아들을 부탁한 보호자이다.[38] 덕화도 그의 몸에 "신"이 빙의했을 때 "마지막의 마지막까지 끝방삼촌[저승사자]의 편에 설 것"(2부)이라 맹세하였고, 여를 도깨비와 한 집에 살게한 것은 "특별히 사랑하여"(12부)라고 밝힌 바 있다. 도깨비와 덕화는 홀로 남겨진 저승사자 왕여를 돌보기 위해 한 지붕 아래 가족처럼 살고 있는 셈이다. 덕화는 도깨비가 인간 사이에서 어울릴 수 있도록 대를 이어 곁에서 지키는 충복인 동시에 함께 묻히고 죽음을 애도하는 가족같은 관계이다. 덕화와 저승사자, 도깨비는 같은 '집'에서 동거하며 덕화는 그들을 "(끝방)삼촌"이라는 친족관계의 호칭으로 부른다.

한편 써니는 지은탁이 아르바이트하는 치킨집의 사장이자, 비인간과의 사랑을 공감해 줄 수 있는 친구이다. 그녀는 의지할 곳 없는 가난한 미성년이자 귀신을 보는 지은탁을 돌보아주는 사실상 유일한 '인간' 보호자이다. 집은 렐프가 논의하였듯 생명체가 가진 안전한 장소에 대한 애착이 발현되는 무의식적이고 원초적인 공간[39]이며, 주거

---

38 선황제: "황자도 대군들도 비명에 가니 이제 '여' 하나 남았다. 혹여 여가 황좌에 오르거든 여와 자네 누이를 혼인시켜 여를 지켜다오. 옳은 길만 걷게 하고 그른 선택을 계책하고 무엇보다, 죽지 않게 해다오. 돌보지 않음으로 돌보았다 전하라."-〈도깨비〉 10부.

적·경제적 독립이 녹록치 않은 미성년 여성 은탁에게는 더 없이 절대적인 공간이다.[40] 엄마의 죽음과 타인만도 못한 이모네 가족들로 인해 은탁은 써니의 가게를 집으로 삼고 숙식을 해결한다. 삼신은 써니가 이사온 집의 집주인이며, 이 집의 옥탑에는 훗날 도깨비 소멸 이후 기억을 잃은 은탁이 입주한다.

은탁이 "신부"에 집착했던 것은 "가족"을 향한 그리움과 열망[41] 때문이었다. "갑"과 "을"의 관계로 대표되는 자본주의의 수직적 관계는 '가족'과 같은 연대를 구성하면서 역전된다. 불멸의 삶을 누리던 "갑" 도깨비는 유한한 인간 "을"의 호출을 통해서 구원을 받는다. 죽기 위해서 신부를 기다리던 도깨비의 삶은 살기 위해 신부를 기다리는 삶으로 전환하는 것이다. "가족을 이루지 않는다"(3부)로 알려진 도깨비가 천년에 가까운 시간을 인간에 섞여 살 수 있었던 것은 유씨 일가 덕분이라고 해도 과언이 아니다. 유씨 일족은 도깨비를 기억하고,[42] 도깨비는 그들을 추모한다.[43] 도깨비는 그들에게 인간의 언어를 배우

---

39 에드워드 렐프, 김덕현·김현주·심승희 옮김, 『장소와 장소상실』, 논형, 2005, 40쪽.
40 이은우, 「〈향랑전〉과 〈서울역〉에 드러나는 '집'의 장소성과 가부장제의 폭력성」, 『인문과학연구』 48, 성신여대 인문과학연구소, 2023, 297쪽.
41 은탁: 그래서 아저씨 신부에 집착했던 거 같아요. 가족이 생기는 거 같아서. 나한테 없는 그 가족이란 게 운명처럼... 나한테 온 줄 알았던 거죠.. -〈도깨비〉 7부.
42 신 : 그대는 목숨을 다해 백성을 구했으나 백성은 널 잊었구나. 인간이란 그런 것이다. 기대할 것이 못 되지. 때문에 너는 잊혀진 것이다.
   김신: 저도 백성도 그저 빌고 기댈 뿐, 저는 잊혀지지 않습니다. 기대할 게 못 되는 건 듣지 않는 신입니다. (…) 저는 잊혀지지 않았습니다. 내기 할까요?
   신 : 신과 내기라..! (…) 너의 백성의 염원이 널 살리는구나. 그대가 이겼다. -〈도깨비〉 1부.
43 도깨비: (최초의 손자 묘비 아래 가져온 꽃다발을 내려놓으며) 그간 편안하였느냐.

고,[44] "삼촌이었다가 형제였다가 아들이었다가 손자"(1부)가 되어 유사 가족의 형태를 유지할 수 있었기 때문이다. 할아버지 유신우 회장은 도깨비에게 중세적 신분 질서에 입각한 주종관계[45]를 자처한다. 대를 이은 충성과 "나으리"라는 호칭, "내가 남긴 모든 것이 그분의 것이다"(12부)라며 모든 재산이 도깨비의 소유라는 마음가짐이 이를 단적으로 드러낸다.

그러나 유선우 회장의 손자이자 후계자 덕화는 다르다. 작중 부모의 부재로 유일한 혈육처럼 묘사되는 할아버지의 죽음은 덕화 역시 "조실부모 사고무탁"의 처지임을 알 수 있다. 덕화는 어린 시절, 할아버지에게 반말을 하는 도깨비에게 "죽을래?"(1부)라고 맞서기도 하고, "삼촌"으로 부르며 편하게 말을 놓는다. 도깨비 역시 "회사는 필요 없다. 유씨 집안이 일궜으니 덕화 네 것이 아닐 리가 없다"(14부)라며 자신의 소유가 아님을 명확히 한다. 나아가 천우그룹은 극 후반, 유회장의 비서였던 김도영이 경영을 맡으며 혈연에 의한 후계자 세습을 벗어나 전문경영인 체제로 변화하였음을 시사한다. 김도영은 "내 회

　　　　　(그 옆 다른 비석들을 바라보며) 자네들도 무고한가. 나는 여태 이렇게 살아 있고 편안하진 못하였네. -〈도깨비〉 2부.
44 손자(유금선): 버 내 너
　　도깨비: 버 내 너
　　손자(유금선): (박수치며) 잘하셨습니다. 이 어려운 걸 이리 빨리 배우시는 걸 보니 나으리는 큰 사람이 분명하십니다.
　　도깨비: (미소지으며) 그러하냐. 스승이 훌륭한 까닭이다. -〈도깨비〉 2부.
45 은탁이 "사장님 안 계시다고 땡땡이 치면 어떡해요. 알바가"라고 하자 써니가 "안 보일 때 열심히 하면 사장은 몰라, 알바생."이라고 응수하는 드라마 2부의 장면 역시 같은 맥락에서 읽을 수 있다. 은탁이 "을" 은탁이 상하 주종의 관계를 제안했음에도 "갑" 써니는 계약에 의한 평등한 관계로 대한다.

사"를 지켜내겠다는 덕화에게 "'내 회사' 아닙니다. 모든 직원분들 회사죠. 그분들이 잘 지켜내고 있으니 지나친 기우는 넣어두시구요"(14부)라고 지적하며 회사가 개인의 소유물이 아님을 확인시킨다.

은탁뿐만이 아니다. 은탁, 왕여, 심지어 덕화까지, 작품에 등장하는 "조실부모하고 사고무탁한" 인물들은 부모라는 최초이자 절대적인 돌봄이 결여된 존재이다. 삼신은 어머니의 모성 실현을 돕는 데 그치지 않고, 어머니가 없는 이들에게 어머니를 대신하여 할머니('큰' 어머니)의 모성을 실현한다. 삼신의 신성 아래 이들은 인간-비인간의 경계와 혈연의 경계를 넘는다. 그리고 삼신의 가호 아래 서로가 서로를 돌보는, 유사 가족이라 표현할 수 있는 공동체를 구축한다. 그리고 그들이 구현하는 가치는 자본이 만든 삭막한 상하관계를 따뜻하고 공정한 관계로 재편성한다.

그들을 하나의 가족으로 묶을 수 있는 근간 중 하나가 바로 삼신 신격이 가진 가신(家神)의 특성이다. 삼신은 신앙하는 장소와 신이 수호하는 장소가 모두 '집'으로 성주·조왕 등과 더불어 가신의 하나로 신앙된다.

> **삼신** (은탁을 찾아온 저승사자를 내쫓은 뒤) 얼른 이사 가. 삼일 안에. 그래야 널 못 찾아.
> 저승사자랑 눈 마주쳐서 여긴 더 살면 안 돼.
> **은탁** 이사 가면 못 찾아요..?
> **삼신** 못 찾아. 그래서 집터가 중요한 거야.[46]

---

46 〈도깨비〉 1부.

인용문은 어린 은탁을 저승사자로부터의 지켜주고 난 뒤 삼신과 은탁이 주고받는 대사이다. 드라마에서도 삼신은 공간으로서의 '집'의 중요성을 명확히 인식하고 있음을 보여준다. "무엇보다 죽지 않게" 끔 살 수 있기 위해서는 안전한 '집'이 필요함을 알려준다. 미성년인 은탁에게 '집'은 나와 보호자인 '가족'들과 함께 '사는' 장소여야 하지만 결핍되었다.[47] '살다'라는 말은 '생존'과 '거주'의 의미를 함축한다.[48] 은탁은 저승사자와 이모를 피해 거주지를 옮겨 다닌다. 저승사자 즉, 죽음으로부터 도피해 생존하기 위함이고, 혈연이지만 남보다 못한 사이비 가족이라 할 수 있는 이모를 피해 이사를 전전하는 모습은, '가족'과 '살기' 위한 공간이 바로 집이라는 점을 분명하게 보여준다.[49]

잉태와 안산(安産)을 기원할 때 가장 적극적으로 신앙하지만, 이를 이룬 이후에도 아이가 어느 정도 자랄 때까지 혹은 성인이 된 이후까지도 삼신을 모신다. 이는 삼신에게 빌어서 태어난 아이는 모두 삼신의 아이이며, 그때 삼신은 산육신에서 나아가 "할머니"로서 조상의 하나로 섬겨지는 것임을 알 수 있다.[50] 조상신앙은 가장 원초적인 종교의 기원으로 볼 만큼 그 연원이 깊다. 인간 관계와 사회 구성에 있어

---

47 은탁: 나 집 없어요. 내가 집이라고 생각한 곳은 전부 다 내 집이 아니었어요. 그저 가까이 둔 거죠. 누군간 보험금 때문에. 누군간 죽고 싶어서. -〈도깨비〉 9부.
48 이은우, 앞의 논문, 290쪽.
49 물론 드라마에서 은탁은 도깨비의 집에서, 아이러니하게도 저승사자와 함께 동거를 하기도 한다. 그러나 이때의 그들의 관계는 함께 밥을 먹는 '식구'와 같은 사이로 변모해 있다.
50 A. Guillemoz, 「삼신할머니 -동해안의 한 어촌에서의 신앙과 무가를 중심으로」, 『한국문화인류학』 7, 한국문화인류학회, 1975, 34쪽.

가장 기본이 되는 가족에 뿌리를 두고 있어 그 신앙의 깊이와 애착이 확고하고 뚜렷하여 한국 무속신앙의 본령을 이룬다라고 해도 과언이 아니다.[51] '집'을 중심으로 모인 구성원들이 가족이 없는 약자를 돌보며 유사 가족을 일구며 성장해나가는 작품의 전개는 모든 아이의 '큰어머니(=大母=할머니)이자 가신인 삼신 신격의 특성에서 기인한 것이라 할 수 있을 것이다. 드라마에서 삼신이 의사로 분했을 때 '가정'의학과 전문의로 등장했던 것도 같은 맥락에서 읽을 수 있다.

여성 고유의 능력인 출산에 관여하며 전통적으로 여성의 공간인 안방에 신체가 봉안되고, 제주(祭主)는 부녀자나 할머니가 담당한다. 무속신앙은 전통적으로 신앙의 주체인 사제와 신도가 여성의 비중이 높은데, 그 가운데서도 삼신신앙은 여성신앙으로의 성격이 뚜렷하다. 생명을 일구고 돌보는 삼신의 능력은 드라마 〈도깨비〉에 등장하는 여성 인물을 통해 계승되고 확장된다.

작품에는 "조실부모하고 사고무탁한" 인물들이 등장한다. 이들은 돌봄이 필요한 약자들로, 삼신과 삼신이 수호하는 가치를 계승하는 작중 여성 인물을 통해 생존하고 성장한다. 대표적인 예가 써니이다. 써니는 의지할 곳 없고, 귀신을 보는 '다름'으로 인해, 또래 친구들조차 외면하는 미성년자 은탁을 포용하고 일자리와 집을 제공하여 자립을 돕는다. 은탁이 성인이 되어 경제적 결핍을 해소하고, 귀신을 보지 않게 되면서 소속 집단에 구성원으로 합류하였지만, 기억이 지워지면서 또 다른 결핍을 갖게 되는데, 이때에도 써니는 자신의 의지로 지켜

---

51 이은우, 「서울굿 말명 신격의 연구: '가족-조상'으로의 소통과 연결을 중심으로」, 『돈암어문학』 43, 돈암어문학회, 2023, 43쪽.

낸 '기억'을 통해 은탁의 공백을 다시 한 번 메꾸어 주며 돌본다. 이밖에도 삼신에게 건물(='집'들의 공동체)을 구입하고 다음 집주인이 되는 모습은 써니가 생명 돌봄의 가치관을 계승하고 있음을 분명하게 드러낸다.

생명을 돌보는 행위는 갑-을 관계로 상정되는 위계 속에서만 가능한 것이 아니다. 은탁의 유일한 친구인 정현이 그 예이다. 은탁은 온전한 가족을 갖지 못하였고, 학교에서도 교사와 급우들의 외면을 당한다. 도서관에서 만나는 정현은 교복을 입은 또래 친구로 보이지만, 그녀의 정체는 죽은 뒤 이승에 머물고 있는 귀신이다. 비인간 정현은 엄마의 친구이자 '엄마의 대리자'로서 은탁을 돌보기 위해 승천을 유예하고[52] 은탁의 경제적 자립을 위해 남겨준 엄마의 사망보험금을 지켜준다. 그리고 외톨이 은탁의 유일한 '친구'라는 관계[53]를 맺고 인간-귀신이라는 경계를 넘어 돌봄을 구현한다. 한편 은탁은 비인간이라 음식을 섭취하지 못하는 정현에게 "나 아니면 누가 챙겨"주냐며 커피라는 음식을 공유하고 정현의 묘소를 찾아 그녀를 기억하는 행위로

---

[52] 정현: 내가 왜 니 옆에 있었겠냐. 연희 딸내미니까 있었지. (중략)
은탁: (손에 통장 든 채) 이거 때문에 못 가고 여기 떠돈 거에요? 나 때문에?
정현: 떠돌던 차에 너 크는 거 보는 재미에 좀 늦긴 했어. 난 이제 가서 연희랑 수다나 떨어야겠다. (중략) 가서 니 엄마한테 빠짐없이 다 전해줄게. 니 딸 참 착하다고. 공부도 잘한다고. 대학도 좋은 데 갔다고. (중략)
은탁: 감사합니다. 다 감사해요.. 울 엄마랑, 거기서도 두 분 꼭 친구하시구요. 안녕히 가세요. 안녕.. 잘 가 고정현.. -〈도깨비〉 10부.

[53] 위의 각주 52의 인용문에서 엄마의 친구라는 정체를 안 뒤 은탁은 그를 존대어로 대하지만, 마지막 인사는 '잘 가 고정현'라고 이름을 부르고 평어를 사용하는 것으로 보아 고등학교 때 죽은 정현과 은탁은 또래 친구의 관계에 더 가깝다고 볼 수 있을 것이다.

정현을 돌본다.

　삼신이 구현하는 음식과 기억으로 대표되는 돌봄의 가치는 이렇듯 작중 여성 인물들을 통해 반복적으로 재현되며 비선형적으로 확장된다. 돌봄의 수혜자였던 은탁은 공감과 연민을 통해 돌봄의 시혜자로 거듭나기 때문이다. 은탁 앞에 나타난 고시원 귀신이 바라는 것은 "살던 고시원 냉장고를 채워주는 것"[54]이다. 젊은 나이에 곤궁함으로 삶을 마친 딸이 가장 걱정하는 것은 그로 인해 가슴 아파할 엄마의 감정이다. 삼신이 구현하는 모성이 '어머니의 이름'으로 행해지는 것 역시 여기에서 비롯한다. 생명을 지키는 양육의 근본은 연명, 즉 생존이고, 이는 '음식'과 음식으로 '꽉 찬 냉장고'로 표상된다. 반대로 '텅 빈 냉장고'는 돌봄의 부재와 생명력의 결핍을 드러낸다. 은탁 역시 가난과 이모 가족의 학대로 방치로 텅 비다시피 한 냉장고를 가졌고, 삼신이 준 시금치로 김밥을 만들어 끼니를 이은 적이 있기 때문에[55] 고시원 귀신에 공감하고 연민하며 냉장고를 채워준다. 그리고 마지막으로 푸른 잎이 돋은 식물 화분을 하나 둠으로서 삼신이 은탁에게 푸성귀로 전한 생명의 기운을 공유하며 돌봄의 가치를 실천한다.

---

[54] 고시원 귀신: 정말 미안한데.. 나 살던 고시원 가서 냉장고 좀 채워주면 안 될까? (…) 나 죽은 지 얼마 안 돼서, 상 치르느라 엄마가 아직 내 방에 못 와봤어. 엄마가 내 방 냉장고 텅 빈 거 보면, 가슴아파할 거야. 부탁할게.
(중략)
한 중년 여인(고시원 귀신의 엄마)이 들어온다. 초라한 행색이다. 엄마, 작은 방 휘 둘러본다. 냉장고에 문득 시선 멎고, 냉장고 열어보고는 흑 울음 터뜨린다. - 〈도깨비〉 5부.

[55] 〈도깨비〉 2부.

2) 개성적 면모: 인연의 매개자이자 여성 스토리텔러

판타지 드라마 〈도깨비〉는 시간과 공간이라는 배경을 넘나드는 전개된다. 원하는 공간으로 이동하는 것은 주인공 도깨비 김신이 갖고 있는 신이한 능력의 일부이다. 도깨비 김신은 자신이 과거 숨진 메밀밭과 무덤이 있는 퀘벡, 현재 거주하는 집 등을 가로지르며 공간을 초월한다. 이 같은 능력은 도깨비 신부 지은탁을 구출하거나 함께 공유됨으로서 두 인물의 인연을 증명하고 강화하는 낭만적인 장치로 활용된다. 한편 도깨비는 시간의 축도 초탈할 수 있어 900년이 넘는 시간을 뛰어넘어 살아 있는 불멸의 존재이며 다가오지 않은 미래를 예견할 수 있다.

그러나 그런 도깨비에게도 시간을 자유롭게 왕래할 수 있는 능력이 주어지지는 않는다. 주인공들의 인연이 얽힌 과거 고려말과 현재를 소통할 수 있는 능력은 누군가의 특별한 신이성이 아니라 '기억'이라는 보편적인 속성에 기인한다. 과거와 현재를 넘는 드라마의 서사는 기억이라는 형태로 연결된다. 기억은 허상으로만 존재하지 않는다. 죽음으로 찻집에서 만났을 때 남겨진 기억은 등장인물의 실상-육체도 과거의 시간으로 돌아가게끔 만든다.[56]

또한 기억은 인간의 주체적 특권으로 그려진다. 신 혹은 죽음이라는 자연의 섭리는 선희와 은탁에게 그들이 사랑했던 왕여와 김신에 대한 기억을 소거하며 "망각이라는 자비"를 베풀지만, 선희와 은탁은 그들과의 기억을 끝내 지우지 않고 몇 번이고 소중하게 주체적으로

---

56 노인이 된 망자 써니는 저승사자 왕여를 만나 젊은 시절의 써니로 돌아간다. 학도병으로 징집되어 헤어진 노부부는 신혼의 모습으로 재회한다.

기억해내고 간직한다.[57][58][59] 신과 인간의 이 같은 존재론적 대비는 젠더적으로도 남성 신격과 인간 여성으로 대비된다. 자본과 기억 조작은 저승사자와 창조신이 도깨비가 일으킨 사고를 수습하는 방식이다.[60] 드라마에는 저승을 가지 못하고 이승을 떠도는 다수의 원혼들이 등장한다. 이들 대부분은 그들은 기억과 망각 사이에서 저마다 자의적으로 선택한 몇 개의 왜곡된 기억만을 간직한다. 박충헌과 은탁의 이모를 원혼으로 만든 것은 각각 권력을 향한 왜곡된 집념과 죽은 동생의 보험금에 대한 집착이다. 때로는 자신의 생에서 도피하기 위해 스스로 망각을 선택하고 존재를 잃고 저승사자가 되기도 한다.[61] 삶을

---

57 신E: 인간이란 그런 것이다. 기대할 것이 못되지. 때문에 너는 잊혀진 것이다.
   도깨비: [⋯] 저는 잊혀지지 않았습니다. 내기할까요?
   신E: [⋯] 너의 백성의 염원이 널 살리는구나. 그대가 이겼다. - 〈도깨비〉 1부.
58 저승사자: (차를 권하며) 망각의 차에요 이승의 기억을 잊게 해 줍니다.
   은탁: 차는. 안 마실게요. - 〈도깨비〉 16부.
59 써니: 내 가게에선 신도 물은 셀프야. 내 인생도 셀프고. 내 기억이고, 내 인생인데, 물어보지도 않고 왜 지 맘대로 배려야. - 〈도깨비〉 15부.
60 덕화: (손에는 돈 다발이 든 가방이 들려 있다) 자 일단, 재산 및 차량이 다 뽀사지신 차주분들은 이쪽에, 어마무시한 걸 목격해서 멘탈이 다 뽀사지신 분들은 (저승사자가 서 있는 쪽을 가리키며) 이쪽으로 서주세요.
   저승사자: 찌그러진 차는 때 아닌 돌풍에 의한 파손, 그뿐. 돈은 하늘에서 뚝 떨어진 횡재, 그뿐. 그대는 오늘 나 또한 보지 못하였다. 자 다음. - 〈도깨비〉 8부.
61 중헌: 이 얼마나 가련한가.. 가진 기억이 없으니 저를 보고도 못 알아보는구나. - 〈도깨비〉 13부.
   저승사자: 스스로 생을 버린 자들을 저승사자로 눈뜨게 해, 수많은 죽음을 인도하며, 산 자도 죽은 자도 아닌 존재로 살게 한 이유가 뭘까. 이름도 없는 자가, 기억도 없는 자가, 집도 필요하고 먹을 것도 필요하게 한 이유 말이야.
   여후배: ……
   저승사자: 그 질문들에 답을 찾아 어느 날 문득, 우리가 포기한 것들이, 이름이, 우리가 버린 생이, 갖고 싶어지는 건 아닐까. 그렇게 생이 간절해지면, 우리

기억해내고, 속죄를 통한 망각이 이상적인 기억의 형태이며, 다시 말해 인간/비인간의 '기억'을 매개로 이상적인 존재의 방식을 보여준다.

'기억'은 형태를 갖추지 못해 왜곡되고 상실되기 쉽다. 드라마에는 기억을 즉각적으로 가시화하고 보존할 매개물로서의 소품이 다수 등장하는데, 이 매개물을 생성하고 전달하여 인연을 맺어주는 데 삼신이 기여한다. 이생에 현신하는 삼신은 때로는 액세서리 장사를 겸한다. 삼신이 팔고 있던 장신구는 특별한 기억을 전달해준다. 대표적인 예로 저승사자와 써니를 현생에서 재회하게끔 주선하는 옥반지가 있다. 900여년 전 고려의 저잣거리에서도 삼신은 특유의 생명력을 상징하는 붉은 상의를 걸치고 푸성귀를 다듬는 모습으로 현신하여, 왕여가 팽개치려는 반지를 "훗날 쓰일 데가 있을 터"(13부)라고 보관해 둔다. 저승사자와 써니는 삼신이 전해준 옥반지를 통해 900년 전 왕여와 김선의 인연과 기억에 접속한다. 삼신이 판매하는 액세서리는 특별한 기억을 만들어주는 매개물이기도 하다. 우식이 구입한 머리핀은 딸에게 아빠의 사랑을 전하고, 사춘기의 성난 마음을 달래준다.[62] 삼신이

의 벌이 끝나는 건 아닐까? (…) 그러니 다 잊어. 잊고 살아. 망자들의 마지막을 잘 배웅하며, 그렇게 속죄하며 살아. 그래서 마침내 너도 너를 용서하게 되길 바란다. - 〈도깨비〉 16부.

62 떡볶이를 파는 삼신 앞에 서서 떡볶이를 사먹고 있는 고1짜리 여고생 둘. 한 명은 우식의 딸로 14부에서 우식이 삼신에게 산 머리핀을 꽂고 있다.

친구: 너 그 핀 뭐냐? 설마 니 돈 주고 샀냐?
딸 : 나 아니야. 우리 아빠 취향이야. (…) 우리 아빠 사랑하니까 상관 말고 닥쳐줄래? (…) 뭘 봐요 아줌마. (위악 부리며)
삼신: (움찔) 요즘 애들 무서워.
딸 : 뭐래.
삼신: 아가. 그 맘 때 다 그러는 거 알지만, 그 맘 때 꼭 안그래도 된단다. 그저

직접 등장하지는 않지만, 마음을 전하고 기억을 상기시키는 머리핀이라는 소재는 저승사자의 찻집에서 73년 만에 부인과 재회한 소년병의 에피소드에서 암시적으로 재생된다.[63]

은탁이 늘 두르고 있는 빨간 목도리도 삼신이 매개가 된다. 은탁의 목도리는 은탁의 어머니가 남긴 유품이다. 추위를 막아주고, 목 뒤에 남겨진 도깨비의 낙인을 가리기 어릴 때부터 엄마가 둘러주었던 이 목도리는 은탁에게 어머니의 돌봄 행위의 표상이고, 이것은 곧 어머니라는 존재 자체로 기억된다.[64] 어머니가 은탁과 엄마를 이어주던 이 붉은 '목도리'는 삼신이 가진 생명의 기운이 삼신이 늘 걸치고 있는 붉은 '옷'의 형태로 가시화 되었던 것을 한 조각 공유하는 것이며, 이는 나아가 엄마와 아기를 연결해주는 태초의 붉은 줄, 즉 '삼줄'을 연상시킨다. 또한 이들 매개물이 종종 '생일 선물' 형태를 취한다는 점도 생명을 주관하는 삼신의 영향력을 상기할 수 있다.

아울러 삼신은 이러한 '기억들'이 잊혀져 소멸되지 않도록 매개물

  니들이 예뻐서, 어찌 저리 예쁠까 본 거야.
  아이들: (이유도 모르게 뭉클하고, 수줍게 입 삐죽) … 죄송합니다. -〈도깨비〉16부.
63 소년병: 우리 몇 년 만에 만났니.
  소녀 : 73년…. 혼인하고 처음 맞는 생일이었는데. 훈련만 마치면 온다더니. 금방
       갔다 온다더니.
  소년병: (눈물 고여) 휴전선이 그어졌디 않니…. 금방 걷힐 줄 알았는데….
       (뭔가 내미는데, 오래된 핀이다) 이리 오래 걸렸구나야..
  소녀 : 이제 늙어 꽂지도 못합네다..
  소년병: (꽂아주고) 여전히.. 곱다. -〈도깨비〉15부.
64 은탁: 엄마 유품이에요. 엄마는 제가 귀신 보는 게 목에 있는 이 점 때문이라고
    생각해서서 이거 가리면 귀신 못 보겠지 하고. 되게 어릴 때부터 둘둘 둘러
    줬는데 사실 아무 소용없었거든요. 근데 습관이 돼 가지구.. 이제 이게 엄마
    같기도 하고 그래요. -〈도깨비〉14부.

을 전승하고, 기억을 직조하고 전승한다.

　　1부 S#1. 들판 (밤)
　　삼신E　사람의 손때나 피가 묻은 물건에 염원이 깃들면.. 도깨비가 된단다..
　　　　　숱한 전장에서 수천의 피를 묻힌 검이 제 주인의 피까지 묻혔으니 오죽했을까...

　　1부 S#2. 육교 위 (다른 날 낮)
　　12월 재래시장 한구석. 시금치며 시래기 등 깔아놓고 푸성귀 다듬고 있는 백발의 노파(삼신)다. 푸성귀와 함께 팔고 있는 싸구려 머리핀, 앤틱한 척하는 조악한 탁상거울 몇 개, 빗 등등 사이에, 반짝 빛나는 옥가락지 하나.
　　삼신　고약한 신탁이 아닐 수 없었지.. (시선 들어 누군가 보며) 그렇게 불멸로 다시 깨어난 도깨비는 이 세상 어디에나 있고 어디에도 없으며 지금도 어딘가, 왜 웃고 지랄이야 썩을 것이. (보면, 좌판 앞에 쭈그리고 앉아 노파의 이야기 재밌게 듣고 있는 여자 은탁모. 은탁모 빨간 목도리 하고 있다.
　　은탁모　(…) 근데 그 얘기 너무 슬프다.

　　14부 S#5. 중천 (밤-낮)
　　삼신E　(무로 돌아간 도깨비는 이승도 저승도 아닌, 지상과 천상의 가운데, 중천에 서 있다) 신은 말했지.
　　신E　너는 너를 아는 모든 이들의 기억에서 지워졌다. 그건 그들의 평안이고 나의 배려다.
　　삼신E　그리고, 너의 벌은 끝났다고. 이제, 모든 것을 잊고 잠들어 평안하라고. 하지만 도깨비의 눈엔 눈물이 고였지.

14부 S#6. 육교 위 (밤)
삼신 (푸성귀 다듬으며) 그렇게 홀로 남은 도깨비는 저승과 이승 사이, 빛과 어둠 사이, 신조차 떠난 그 곳에, 영원불멸 갇히고 말았지.
우식 아.. 어떡해.. 그래서요? 도깨비는 어떻게 됐어요? […] 아.. 너무 슬픈 얘기네요...(듣고 있는 사람, 다름 아닌 우식이다. 한 손엔 시금치 든 검은 봉지, 한 손엔 알록달록한 핀 하나 들려 있다.)

위의 인용문은 각각 드라마 1부와 14부에서 고려의 상장군 김신의 활약과 죽음이 제시되는 장면과, 검이 뽑힌 도깨비가 중천에 영원히 갇히게 되는 장면이다. 두 장면 모두 900여년 전의 고려라는 도달할 수 없는 시간, 이승과 저승 사이라는 도달할 수 없는 공간에서 현재의 이곳으로 장면이 이동한다. 시간과 공간을 초월하는 판타지 속성이 강력하게 표출되는 씬이지만 여기에 판타지를 대표하는 촬영 기술인 화려한 CG는 전혀 사용되지 않는다. 단지 육교에 앉아 푸성귀를 다듬으며 마치 옛날이야기를 들려주는 듯한 노파 삼신의 차분한 목소리가 흘러나올 뿐이다.[65]

삼신은 주인공 김신이 인간으로 겪는 죽음과 도깨비 신으로 겪는 소멸을 목격히고, 그렇게 '끝'이 난 인물의 '삶'을 '이야기'로 재구하여

---

[65] 육교라는 공간은 이곳과 저곳을 연결해주는 다리이다. 신화에서 다리는 과거와 현재, 이승과 저승, 인간과 비인간 등 서로 다른 것을 연결해주는 중요한 상징물이다. 삼신은 육교에서 죽은 은탁모를 만나고, 반지를 꺼내놓음으로써 왕여와 김선이 900여년의 시간을 가로질러 저승사자와 써니로 재회하게 해주며 때로는 삼신 그 자신이 덕화에게 내린 창조신과 조우하기도 한다. 신화적 상상력이 드라마에서 공간으로 연출된 사례로 볼 수 있을 것이다.

증언함으로서 '부활'시킨다. 유한한 삶과 기억을 이야기라는 형태로 생명력을 불어넣어 '이야기-story'를 직조하고 이를 청자에게 '이야기함-telling'으로 전승하는 이 같은 행위는 마치 생명을 낳고 돌봄으로 키우는 산육의 과정과도 비슷하며, 무엇보다 구비문학의 본질과 닿아있다.

삼신의 이야기를 듣는 청자 은탁모와 우식은 모두 "너무 슬프다"라며 연민하고, 도깨비가 겪은 불멸의 고독과 사랑에 공감한다. 의사소통 모델을 통해 발화자 삼신이 송신하는 메시지-이야기는 도깨비의 삶을 그대로 재현한 것이 아니라 삼신의 상상력을 통해 재구성한 것이고, 수화자 은탁모와 우식이 수신하는 메시지-이야기는 수화자의 상상력을 통해 공감을 이끌어낸다. 상상력은 우리가 어떤 대상이나 타자에 대해 공감하려고 할 때 '상상에 의한 입장의 전환'을 이끌어내어 공감의 기초로 기능하기 때문에 타인의 불행에 대한 이해는 상상력의 도움이 없이는 불가능하다.[66] 동정심과 연민의 감정은 타자의 고통이나 불행을 같이 느낌으로써 갖게 되는 도덕적 감정이며, 공감은 그런 감정을 느낄 수 있도록 해주는 하나의 심리적 작동 원리 또는 힘이다.[67] 누스바움은 좋은 사회를 구현하기 위해서는 연민과 공감의 감정이 법과 정치에서 작동해야 하며, 문학적 상상력에 대한 감정 배움을 통해 개인의 인간적인 내러티브를 이해할 필요가 있다고 주장하였다.[68] 위에 인용한 1부의 청자 은탁모가 이후 딸에게 선물하는 빨간

---

66 김용환, 「공감과 연민의 감정의 도덕적 함의」, 『철학』 76, 한국철학회, 2003, 167~168쪽.
67 위의 논문, 161쪽.
68 마사 누스바움, 박용준 역, 『정치적 감정: 정의를 위해 왜 사랑이 중요한가』, 글항

목도리를 두르고 있고, 전생에 김신의 충직한 신하였던 우식이 14부의 청자가 되어 자신의 주군 도깨비의 죽음을 듣고 슬퍼하다 딸에게 줄 핀을 구입하는 모습은 삼신이 전하는 이야기와 가치가 대를 이어 전승될 것을 암시한다. 삼신이 만든 이야기가 은탁모와 우식이라는 다수의 청중에게 전달되고 그들이 연민과 공감으로 내면화한 가치는 후일 은탁과 우식의 딸에게 전달되어 확산되는 것은 누스바움이 주장하는 문학적 상상력이 이끄는 연민과 공감의 감정이 사회를 개선하는 원동력이 될 수 있음을 확인시켜준다.

시간을 뛰어넘어 기억을 전승하는 스토리텔러로의 삼신의 면모는 라디오PD가 된 지은탁을 통해 계승된다. 라디오는 음성 송출만을 전제로 하는 수동적인 매체이지만, 콘텐츠 소비자인 청취자의 프로그램 충성도가 매우 높아 생산자인 제작진과의 관계가 밀착되어 있으며 청취자의 '사연' 등의 방식을 통한 콘텐츠 제작 참여도 활발하다는 특성을 갖는다. 삼신이 스토리텔러로서 목격한 기억을 '이야기'로 탄생시키고, 이를 '구술'함으로써 생명력을 이어갔던 것처럼, 지은탁은 청취자가 보낸 저마다의 '기억-사연'을 스토리로 직조하여 라디오에서 퍼져나오는 음성을 통해 구비 전승한다. 저승사자와의 기억을 잃은 척 연기하던 써니는 은탁의 방송게시판에 '사연'을 올리고, 이것이 '청취자'들에게 방송되면서 자신이 기억이 '살아있음'을 널리 알린다. 신이라는 비인간의 초월적 능력이 인간의 보편적 능력으로 계승, 확산되는 셈이다. 산육신 삼신이 가진 생명력이라는 힘은 드라마 도깨비

아리, 2019.; 한금윤, 「E Pluribus Unum의 사랑, 문학과 종교에 대한 이중적 시선: 마사 누스바움의 정치적 감정에 대한 서평」, 『문학과 종교』 25, 254쪽 재인용.

에서 스토리텔링이라는 영역에서 창조적으로 생산된다 하겠다.

4. 나오며: 삼신 신앙의 계승과 의의

출산은 다른 무엇과도 바꿀 수 없는 생명의 가치를 창조하는 행위이지만, 이는 아이와 산모 모두의 죽음으로 이어질 수 있는 위험을 동반한다. 삼신은 잉태에서부터 순산까지를 관장하여 산모와 아이의 생명을 수호한다. 뿐만 아니라 하나의 어린 생명이 성인으로 온전히 성장하기 위해서는 출산 이후에도 삼신이 주관하는 돌봄의 가치가 여전히 유효하다. 때문에 삼신은 전통적으로 출산과 양육을 관장하는 여성 가신으로 중요하게 모셔졌다.

드라마 <도깨비>에서는 삼신을 작중 인물로 등장시켜 삼신 신격이 구현하는 생명의 산육신 면모를 전통적으로 그리고 창조적으로 계승하고 있다. 먼저 삼신 신격이 가진 전통적 면모로는 '어머니'라는 존재와 모성이라는 속성을 통해 생명을 돌보는 기능을 수행하는 것을 꼽을 수 있다. 삼신의 생명력은 붉은 의상과 푸성귀, 집과 가족이라는 의·식·주의 문화코드로 드라마에서 시각적으로 구현된다.

작중 삼신은 무속 신앙의 전통에 따라 '할머니'와 '아기씨'의 모습으로 등장하여 미혼모인 은탁모가 아이를 낳고, 고아 은탁이 자립하도록 돕는다. 노파와 처녀라는 대조적인 외양과 무관하게 늘 붉은색의 의상을 입은 모습으로 등장하고 있어 삼신의 본령이 시간을 초월한 생명력에 있음을 드러낸다.

푸릇한 잎을 가진 식물은 자연이 가진 생명력과 이를 주관하는 삼신의 생명력 그 자체를 의미한다. 무속신화에서 삼신은 싹을 틔우고 꽃을 피우는 내기를 통해 자신이 가진 생산신적 권능을 인정받은 바 있기 때문이다. 삼신의 돌봄은 삼신이 푸성귀를 다듬고 등장 인물에게 전달하는 것으로 대표된다. 푸성귀는 스스로 싹을 틔우는 자연의 풍요로운 생명력의 상징이자 동시에 생존을 위한 최소한의 그리고 절대적인 필요를 갖는 음식물의 제유이다. 한편 이는 비린 것을 꺼리고 정(淨)한 것을 좋아하는 삼신 신격의 특성이 직접적으로 반영된 것이다. 흰쌀과 미역을 공양하고 이를 미역국과 밥이라는 '음식'의 형태로 가공한 후 섭취하는 것으로 산모의 기력을 찾고 아이가 먹을 젖을 돌게 하듯, 작품에서 푸성귀를 손질하고 전달하는 삼신의 모습은 돌봄의 근원이자 신과 응감하는 기본 형태를 재현하는 것으로 이해할 수 있다.

　삼신은 작품에 등장하는 "조실부모 사고무탁"이라는 말로 대표되는 돌봄의 소외자들에게 혈연의 어머니를 대신하는 '할머니(=큰 어머니)'로서의 돌봄을 실현한다. 때로는 살 수 있는, 즉 거주와 생존의 의미를 공유하는 공간인 '집'을 제공하고 함께 살며 끼니를 같이 하는 식구(食口)가 되어 이들을 돌본다. 이를 통해 비혈연으로 이어진 유사 가족을 구성함으로써 탄생에 이은 공생의 신성을 드러낸다. 삼신의 돌봄 아래에서 "조실부모 사고무탁"한 이들은 인간-비인간의 경계와 혈연의 경계를 넘어 삼신의 가호 아래에서 한 집에서 서로를 돌보는 유사 가족 형태의 공동체를 구축하는 것이다. 특히 드라마에서 삼신이 구현하는 가족은 혈연 중심의 가족주의나, 갑을 관계라는 위계로 정립된 관계가 아니라는 점에서 주목할 만하다.

　한편 드라마 도깨비에는 기억과 상상으로 서사를 창조하고 이를 전승하는 스토리텔러로서의 모습으로 삼신 신격의 개성적인 면모를 구현한다. 이는 삼신이 갖는 생명의 창조와 양육이라는 가치를 서사의 차원으로 확장한 것으로 이해할 수 있다. 드라마는 인간은 '기억'을 통해 존재한다는 점에 주목한다. 몸이 음식을 통해 생존하듯 영혼은 스스로 경험하고 그것을 기억하는 행위를 통해 유지된다. 삼신은 음식과 기억 모두에 관여한다. 전자가 생명의 탄생과 돌봄의 영역이라면 후자는 서사(story)의 창조와 전승의 영역이다. 서사 역시 생명처럼 태어나고 성장한다.

삼신은 육교 위에서 액세서리 노점을 운영하는데, 선물로 전달되는 액세서리를 매개로 인간은 망각하고 싶지 않은 경험과 대상을 기억한다. 판타지 드라마라는 〈도깨비〉의 정체성은 900여년의 시간을 넘나들며 탄생하고 환생하는 인물들을 그리는 것으로 드러나는데, 이 같은 특성은 화려한 CG라는 가상을 통해 구현되지 않고 삼신의 '이야기' 구술로 제시된다는 점도 작품이 갖는 빛나는 개성이다. 인간은 기억과 그것을 상상력으로 재구한 이야기를 통해 타인과 공감하고 연민하며 그 가치는 대를 이어 계승한다. 이야기는 문자로 기록하기 이전부터 있어왔던 원초의 문학이며 문학적 상상력이라는 가치는 불행에 처한 타인과 접속시켜 공감과 연민이라는 윤리적 가치를 창출한다. 또한 생명과 서사의 창조와 양육/전승이라는 가치는 신에게서 인간으로라는 일방적인 수혜에 그치지 않고 작중 여성 인물을 통해 계승 확장된다는 점에서 그 의의를 다시 한 번 확인할 수 있다. 생명의 돌봄이라는 가치는 작중 여성 인물 써니-은탁, 은탁-고시원귀, 정현(귀신)-은탁을 통해 순환된다. 그리고 기억을 보존하고 계승하는 스토리텔러로의 가치는 은탁이 라디오 PD가 되어 청취자들의 '사연'을 이야기로 직조하여 방송으로 송출하는 행위를 통해 계승된다. 삼신으로 구현되는 생명/서사의 창조와 돌봄은 삼신-인간에서 나아가 인간-인간, 인간-귀신 등으로 수혜와 시혜, 인간과 비인간, 구술과 매체라는 경계를 허물고 확장하는 것이다.

오늘날 인구 절벽이라는 위기에서 생명의 출산과 양육이라는 가치는 그 어느 때보다 소중하다. 정부와 지자체는 우리나라의 극심한 인구 절벽 현상을 국가 소멸의 위기로 인지하고 앞다투어 대응책을 내놓고 있지만, 수많은 정책의 본질은 결국 금적적 지원과 보상이라는 수준을 넘어서지 못한다. 이는 결국 생명의 가치를 자본의 가치로 환산하는 신자유주의의 논리의 도돌이표에 지나지 않는다. 드라마에서 삼신은 아이라는 생명이 얼마나 '이쁜지', 그리고 그 아이를 점지할 때 얼마나 '행복'하였는지를 거듭 강조하며 생명의 본질을 재정립한다. 생명은 사랑과 행복 속에서 비로소 싹을 틔울 수 있는 것이다. 또한 이렇게 세상에 태어난 생명이 자립하기까지는 무수히 많은 돌봄의 노력이 필요하다. 힐러리 클린턴의 인용으로 유명해진 아프리카의 속담처럼 "아이 하나를 키우려면 온 마을이 필요하다". 아기가 태어난 이후에도 삼신이 꾸준히 모셔지는 이유이기도 하다. 삼신은 할머니로 아기씨로, 의사, 택시기사, 노점상 등 다양한 모습으로 분주히 현신하여 생명을 돌본다. 그리고 그 과정에서는 혈연으로 구성되지 않은 유사 가족과, 귀신이 된 엄마의 친구, 심지어 죽음(저승사자)이라는 비인간까지도 돌봄을 실현하는 주체로 등장한다.

출산은 대치할 수 없는 여성 고유의 능력이다. 때문에 삼신 신격도 무속신화에서 '할머니'와 '아기씨'라는 여성으로 등장한다. 신앙의 주체인 사제와 신도가 여성의 비중이 높은 무속신앙 가운데에서도 여성

신앙으로의 성격이 뚜렷하다. 물론, 삼신이 관장하는 양육의 소관이 어머니에게 한정되는 것은 경계해야 한다. 자살을 결심했다 도깨비에 의해 목숨을 건진 한 남자가 딸아이에게 샌드위치를 건네고 울음을 터뜨리며 삶의 의지를 다지는 장면은 '집'과 '음식'을 제공하고 아이를 따뜻하게 '안아주며' 돌보는 행위가 어머니만의 전유물이 아니며 아버지에게도 가능함을 보여준다.[69] 그리고 부모-아이의 관계가 일방적인 수혜와 시혜에 고정되지 않으며, 때로는 아이가 부모에게 살아가야 할 이유가 되어 관계의 역전이 일어난다는 점을 보여준다.[70]

작품은 돌봄으로부터 소외된 "조실부모하고 사고무탁한" 인물들과 '엄마'를 대신해 그들을 돌보는 삼신의 신성을 그린다. 이는 개인과 가정에 부과된 돌봄의 책무를 삼신 신앙을 공유하는 우리 사회 전반에서 공유해야 한다는 점을 시사한다. 물론 이 같은 논의가 가족 이데올로기의 틀 안에서 이루어진다는 점, 그리고 그 책임의 정점에 여전히 '어머니'라는 여성이 놓인다는 점은 일견 한계로 지적될 수 있을지 모른다.

오늘날 우리 사회는 출산과 양육의 가치가 부정되고 인구 절벽의 위기에 내몰려 있다. 이를 극복하기 위해 전력을 다하고 있다고 하지만 국가가 제시하는 대응책은 본질적으로 금전적 보상이라는 차원을

---

69 이 장면은 일견 삼신과 무관하게 보일 수 있지만, 도깨비도 삼신과 더불어 가신(家神) 범주에서 모셔지기도 하며, 아이를 시간에 맞게 데려다 준 것은 택시기사로 현신한 삼신의 활약 덕분이었다는 점에서 삼신 신격의 자장에서 함께 논의할 수 있을 것이다.

70 도깨비: 때로는 부모가, 자식이, 형제가 서로서로에게 수호신이 되어 주기도 한다. 난 그저 샌드위치를 건넬 뿐. 저자를 구하는 건 내가 아니라 저자의 딸이다. -〈도깨비〉 8부.

넘어서지 못하고 있다. 2016년 방영한 드라마 〈도깨비〉에 재현된 삼신은 우리에게 생명의 본질이 사랑과 행복임을 그리고 그것을 실현하기 위해서는 경계를 뛰어넘는, 무수히 많은 돌봄의 연대가 필요함을 상기시켜준다는 데에서 중요한 의의와 현재성을 갖는다.

1980년대 이티(E.T.)의 문화사

고지혜

1. 문화현상으로서의 이티(E.T.)

1983년 벽두부터 한국에서는 '⟨E.T.⟩[1] 선풍'에 관한 기사가 심심치 않게 보도되기 시작했다. ET인형은 물론이고 이티의 얼굴이 찍힌 연필꽂이, 책받침, 노트, 필통과 같은 문구류뿐만 아니라 목걸이, 티셔츠, 신발 등이 날개 돋친 듯 팔리고 있었다. ⟨ET이야기⟩라는 카세트테이프는 시장에 나온 지 한 달 만에 4만 개가 판매되었고, 최소 2만 개 이상 팔렸다는 불법 ET비디오는 만화가게에서 어린이들을 사로잡았다.[2] 무엇보다 몇 달 사이 10여 군데가 넘는 출판사에서 소설의 번

---

[1] 이 글에서는 스티븐 스필버그가 만든 영화를 비롯하여 각각의 콘텐츠는 '표제'로, 영화에 나오는 외계인 캐릭터는 '이티'로 표기하고, 이 영화나 주인공 캐릭터를 주요 소재로 다루는 다양한 콘텐츠는 'ET만화', 'ET책', 'ET애니메이션' 등 'ET'를 붙여 매체별로 통칭해서 부르고자 한다.

[2] 「ET바람' 너무 드세다」, 『동아일보』, 1983.03.28, 7쪽.

역본이 동시다발적으로 출간되었다는 점에서도 선풍의 위세를 짐작해 볼 수 있다.[3]

스티븐 스필버그(Steven Spielberg)가 연출하고 스필버그의 아이디어를 토대로 멜리샤 마시슨(Melissa Mathison)이 시나리오 작업을 한 〈E.T.〉는 1982년 6월 11일 미국에서 개봉하자마자 전 세계적으로 흥행을 기록했다. 자연스럽게 영화 시나리오를 기반으로 창작된 소설이 곧바로 출간되었고 주인공 이티 캐릭터 인형도 인기를 끌었다. 1982년 8월부터는 미국 카미사의 주문을 받은 한국의 봉제업체가 ET인형을 생산하여 수출하기 시작했고, 1983년 2월 무렵에는 이미 3백만 개 이상을 수출하여 5백만 달러의 외화를 벌어들임으로써 불황의 돌파구를 마련하기도 했다.[4] 이러한 ET선풍은 소년체전에도 영향을 미쳐, 1983년 전국소년체전 개회식의 식전 행사로 열린 카드섹션에서는 행사를 축하하기 위해 우주에서 비행선을 타고 온 이티가 그라운드에 사뿐히 발을 디디며 어린이와 악수하는 장면이 연출되어 갈채를 받기도 했다.[5]

흥미로운 것은 세계 각지에서 '영화 개봉→ 소설 출간→ 관련 상품 판매'의 순서로[6] 전개되었던 ET붐이 한국에서는 '장난감 수출→ 관련

---

3 「출판계에 먼저 온 'E·T' 붐」, 『경향신문』, 1983.01.17, 7쪽.
4 「호황 몰고 온 '우주미아'…ET인형 날개 돋쳐」, 『경향신문』, 1983.02.24, 9쪽.
5 「소년체전 낙수 '인정 싱글벙글'…완산벌에 '선진 새싹' 함성」, 『매일경제』, 1983.05.21, 12쪽.
6 일본의 경우에도 1982년 9월 25일 신조사에서 문고판으로 소설 『E.T.』가 먼저 출간된 후 1982년 12월 6일에 영화가 개봉했지만, 소설 출간과 영화 개봉 사이의 시간차는 2개월 정도밖에 되지 않았다. 일본에서도 영화 〈E.T.〉는 사상 최고의 흥행을 기록했고, 영화 개봉과 동시에 이티 인형이나 관련 상품도 불티나게 팔렸

상품 및 책 판매 → 영화 개봉'의 순으로 전개되었다는 점이다.[7] 이는 영화의 국내 상영을 놓고 그 시기와 흥행 여부에 대한 시비가 끊이지 않았던 것에서 기인한다.[8] 1983년 1월 현진영화사는 미국의 배급사(UIP)와 가계약을 체결하고 〈E.T.〉의 수입에 박차를 가했다. 현진은 이 영화를 국내에 상영함으로써 침체된 영화계와 경기에 활력을 불어넣고 과학에 대한 관심과 국민화합의 정서를 심을 수 있을 것으로 전망했다. 그러나 문공부가 당시 허용한 외화 수입의 상한선은 1977년에 들여온 〈조스〉의 38만 달러였기 때문에 1백만 달러가 넘는 〈E.T.〉의 수입은 쉽게 이루어질 수 없었다.[9]

결국 〈E.T.〉는 이듬해인 1984년 6월 23일에 이르러서야 국내에서 정식으로 개봉한다. 흥미로운 것은, 영화의 개봉이 지연되던 사이 아동청소년을 비롯해 한국의 수많은 이들이 만화, 소설, 오디오북, 아동극, 애니메이션, TV 프로그램 등을 통해 이미 〈E.T.〉를 보고 즐겼다는 점이다. 한국에서 〈E.T.〉가 수용되는 방식, 엄밀하게 말하자면 영화가 아닌 다른 매체를 통해 〈E.T.〉를 향유하는 과정은 다매체 시대가 본격화되던 때에 나타난 흥미로운 크로스미디어 스토리텔링의 사례이다. 이러한 상호 참조의 콘텐츠 생산 혹은 텍스트들의 상호텍스트성은 1970년대부터 이어져 오던 한국의 아동청소년 문학·문화의 관행이

다. 「일(日)에도 〈ET〉 선풍 4주간 4백94만 명 동원」, 『경향신문』, 1983.01.24, 5쪽.
7 「출판계에 먼저 온 'E·T' 붐」, 『경향신문』, 1983.01.17, 7쪽.
8 「ET바람' 너무 드세다」, 『동아일보』, 1983.03.28, 7쪽.
9 당시 〈E.T.〉는 아프리카를 비롯해 대만 싱가포르 필리핀 등에서도 이미 상영 중이었기에 '수입가 최고 상한선'에 묶여 수입이 계속해서 미뤄지고 있는 한국 상황에 대해 자조하는 영화인도 있었다. 「〈ET〉 들여오기로 가계약 수입가상한선 묶여 고민」, 『동아일보』, 1983.02.16, 12쪽.

기도 했는데,[10] 1980년대 들어 '컬러TV 시대'의 개막과 더불어 달라진 매체 환경 속에서 다양한 콘텐츠의 폭발적인 (재)생산으로 이어졌다고 할 수 있다. 즉, 이러한 ET콘텐츠에는 1980년대 전반기 한국의 아동청소년 문학·문화의 주요 테마, 매체 환경, 생산 및 소비 방식 등이 집약되어 나타난다.

그동안 해방 후 한국 아동청소년 문화사에 관한 연구는 세계명작의 수용이나 전집의 출판과 같은 정전 형성 및 특정 영화나 애니메이션의 작품 분석에 초점이 맞추어졌다. 기실 이러한 연구들은 절대적으로 그 수가 적을 뿐 아니라 아동청소년용 잡지, 신문, 만화책 등 다양한 매체를 토대로 하는 논의는 매우 한정적이어서[11] 아직 기초 자료의

---

10 1987년 한국이 세계저작권협약에 가입하기 전 오랜 기간 한국 아동청소년 문화사에서 무분별하게 행해졌던 무단 도용의 작품 생산 방식에 관해, 이 글은 이것이 표절이 아니라고 주장하거나 '시대적 한계'에 불과한 일이었다고 치부하고 싶지는 않다. 마찬가지로 이를 부끄러운 베끼기의 역사라고 단순하게 평가내리고 싶지도 않다. '소년소녀세계문학전집'이나 'SF애니메이션(장편만화영화)' 등 이 시기에 그러한 방식으로 생산되었던 다양한 문학·문화콘텐츠들을 실증적으로 고찰하여 한국 아동청소년 문화사는 물론이고 한국 현대문화사에 있어 이들이 차지하는 비중이나 파급효과, 그 공과 등을 좀 더 심도 있게 논의할 필요가 있음을 강조하고 싶다. 이것이야말로 한국 아동청소년 문학·문화의 역사를 실제적이고도 입체적으로 이해하는 초석이 될 것이기 때문이다.
11 연구 대상의 시기나 범위는 다르지만 1960~1970년대에 제작된 한국 소년SF영화 〈대괴수 용가리〉와 〈우주괴인 왕마귀〉의 각색 과정과 냉전 서사로서의 특징에 대해 논의한 송효정의 연구, 1960~1970년대에 만화와 애니메이션으로 유행했던 〈우주소년 아톰〉과 〈로보트 태권V〉의 수용 방식과 각각의 텍스트에 내재된 사회문화적 함의를 분석한 최애순의 연구, 1920년대 발표된 방정환의 〈칠칠단의 비밀〉이 1970년대 이후 아동탐정소설, 어린이 라디오 드라마, 애니메이션 등으로 매체를 달리하여 각색되었던 양상을 고찰한 염희경의 연구는 시대적인 연속선상에서 1980년대 아동청소년 문화콘텐츠의 생산 및 수용 방식을 살펴보는 데 많은 도움이 되었다. 송효정, 「한국 소년SF영화와 냉전 서사의 두 방식 -〈대괴수 용가

실태조차 제대로 파악되지 않았다. 이 가운데에서도 1980년대의 아동 청소년 문화콘텐츠에 관한 연구는 이제 시작 단계에 불과하다.[12] 영화 〈E.T.〉에 관해서도 내용을 소개하는 신문이나 잡지 기사, 당시의 추억담을 서술한 개인 블로그의 글은 여럿이지만 관련 학술 연구는 찾을 수 없었다. 따라서 이 글은 『보물섬』 창간호를 통해 한국에 처음으로 〈E.T.〉의 전체 플롯이 자세하게 소개되는 1982년 10월부터 〈E.T.〉가 정식으로 개봉하는 1984년 6월을 거쳐 ET열풍이 사그라드는 1984년 말까지, 2년여 동안 다양하게 (재)생산되었던 ET콘텐츠들을 분석함으로써 1980년대 아동청소년 문화사에서 ET콘텐츠가 지니는 의미를 고찰해 보고자 한다.[13]

리)와 〈우주괴인 왕마귀〉의 개작 과정 연구」, 『어문논집』 73, 민족어문학회, 2015; 최애순, 『공상과학의 재발견 – 소설과 만화로 들여다본 한국 공상과학 연대기』, 서해문집, 2022, 203~248쪽; 염희경, 「다매체 시대의 아동문화 콘텐츠 〈칠칠단의 비밀〉 연구 – 아동탐정소설, 어린이 라디오 드라마, 극장용 장편만화영화의 매체 변환을 중심으로」, 『한국학연구』 71, 인하대학교 한국학연구소, 2023 참조.

12 현재 1980년대 아동청소년 문학 및 문화콘텐츠에 관한 연구는 산발적으로 이루어진 몇 편에 불과하다. 임성규, 「1980년대 어린이문학 운동의 정치적 실천: 합동작품집과 무크지 운동을 중심으로」, 『아동청소년문학연구』 1, 한국아동청소년문학회, 2007; 박소영, 「한국 특촬물의 시작과 과학 기술을 향한 욕망: 〈외계에서 온 우뢰매〉 시리즈를 중심으로」, 『한국문학연구』 59, 동국대학교 한국문학연구소, 2019; 서은영, 「만화잡지를 통한 시대읽기(1) – 『보물섬』의 창간을 중심으로」, 『만화애니메이션 연구』 55, 한국만화애니메이션학회, 2019; 박소영, 「SF애니메이션 〈2020 우주의 원더키디〉 연구」, 『어문론집』 87, 중앙어문학회, 2021; 최배은, 「한국 아동·청소년 과학소설의 디스토피아 연구 – 우주 시대부터 인공지능 시대까지」, 『현대문학의 연구』 76, 한국문학연구학회, 2022; 서은영, 「만화잡지를 통한 시대 읽기(2) – ≪보물섬≫(1982.10~1992.10)의 게재작품과 작가를 중심으로」, 『만화웹툰연구』 4(1), (사)한국만화웹툰학회, 2024.

13 직접적인 연구사는 아니지만 ET콘텐츠를 둘러싼 맥락을 이해하는 데 있어 중요하게 참조한 선행 연구는 다음과 같다. 먼저, 서양 과학소설의 국내 수용 양상에

2. 외계인에 대한 호기심과 크로스미디어 스토리텔링의 확산

1982년 10월에 창간된 『보물섬』은 창간호부터 1983년 5월호까지 8회에 걸쳐 영화 〈E.T.〉의 전체 내용을 만화로 연재한다.[14] 『보물섬』의 창간호 표지에는 "세계를 휩쓴 화제의 미국 영화" "긴급 입수 연재" "국내 최초로 소개" 등의 광고 문구와 함께 이티와 엘리엇이 나란히 서 있는 영화 스틸을 싣고 있다. 『보물섬』에 게재된 만화들은 원작이 있을 시 원작자와 각색자를 구분하여 밝히고 있는데, 〈E.T.〉의 경우 원작자는 '윌리엄 코츠윙클'[15]로 '각색·그림'은 '채일병'[16]으로 명시하

대해 통시적으로 일별하고 있는 김창식의 글은 당시 외국에서 제작된 SF 영화나 드라마가 한국에 들어와 큰 인기를 끌었던 상황을 1980년대적인 특징으로 지적하고 있어 선구적이다(김창식, 「서양 과학소설의 국내 수용 과정에 대하여」, 대중문학연구회, 『과학소설이란 무엇인가』, 국학자료원, 2000). 또한 1980년대 아동청소년 문화사와 관련된 본격적인 연구로는 최근에 발표된 서은영의 연구가 유일하다. 서은영은 1982년 10월에 창간된 만화전문잡지 『보물섬』의 작가와 작품에 관한 기초 자료를 구축하고 통계 분석을 시도함으로써 『보물섬』의 매체 특성을 규명하고 이를 만화사적 맥락에서 논의했다. 『보물섬』은 〈E.T.〉의 수용 과정에 있어서도 맨 앞자리에 놓이는 중요한 매체인데, 『보물섬』에 ET만화가 연재되던 시기의 지면 구성이나 매체 경향을 살필 수 있게 해주었다는 점에서 서은영의 논문은 유의미한 참조점이 되었다. 서은영(2024), 앞의 논문.

14 이 글에서 다루고 있는 『보물섬』은 한국만화영상진흥원의 만화도서관에 있는 디지털 열람실에서 제공하는 원문을 통해 전편의 내용을 확인한 것이다. 만화라는 매체의 특성상 그림체나 칸의 구성 등 실제 만화 장면을 예시로 제시하며 설명하는 것이 좀 더 효과적일 테지만 한국만화영상진흥원의 원문 제공 서비스 규정상 디지털 열람실 내 특정 PC에서 열람만 가능하기에 『보물섬』 관련 내용에서는 그림 자료를 첨부하지 못했다.

15 『보물섬』에서는 ET만화의 원작자명을 '윌리엄 코츠윈클'로 표기하고 있다. 이 밖에도 1980년대에 나온 자료들을 보면, ET소설의 저자인 '윌리엄 코츠윙클

고 있다. 무엇보다 『보물섬』 창간호에서는 영화 〈E.T.〉를 만화로 연재하게 된 경위를 언급하고 있어 눈길을 끈다. 당시 미국 샌프란시스코에서 수학하던 『어깨동무』의 김수영 기자는 선풍적인 인기로 화제에 오른 〈E.T.〉에 관한 자료를 긴급 입수하였고, 『보물섬』 측에서는 이를 토대로 '똘이와 공룡'으로 친숙한 채일병의 그림을 통해 국내 최초로 독자들에게 소개한다는 것이다.[17] 김수영 기자가 입수하여 전달한 '자료'가 무엇인지 구체적으로 밝히고 있지 않으나 이러한 언급은 〈E.T.〉가 한국에 어떻게 들어오게 됐는지 그 경로를 짐작해 볼 수 있게 해준다. 『보물섬』에 연재된 만화가 전체적으로 영화의 장면 구성을 그대로 옮기고 있다는 점, 만화의 원작자를 소설의 작가인 윌리엄 코츠윙클로 명시했다는 점, 만화의 시작 부분에 나오는 설명글이나 이티의

(Kotzwinkle, William)'의 성(姓)이 '코츠빈클', '코츠윈클', '카츠윙클' 등으로 조금씩 다르게 표기되어 있다. 이는 당시 '윌리엄 코츠윙클'의 한국어 인명 표기가 통일되지 않은 데서 기인하므로, 이 글에서는 혼란을 방지하기 위해 본문을 포함하여 참고문헌에서도 저자의 한국어 인명 표기를 '윌리엄 코츠윙클'로 통일하고자 한다. 같은 이유로 '엘리오트' '엘리어트' 등으로 표기된 주인공 소년의 이름도 '엘리엇'으로 통일하여 표기할 것이다. 아울러 다양한 ET콘텐츠의 내용을 직접 인용할 경우, 표기법과 띄어쓰기는 현행 규정에 맞춰 수정하였다.

16 채일병은 1958년에 데뷔했으며 우뢰매 로봇 디자인 관련 작업을 하였고, 1981년 어문각에서 발행한 "새소년 클로버 문고"의 2자분(NC) 5~6빈으로 출간된 『공룡100만년 돌이』의 그림을 그린 작가이다. 채일병에 관한 설명은 클로버문고의 향수 카페 편저, 『클로버문고의 향수』, 한국만화영상진흥원, 2009, 223쪽 참조.

17 〈E.T.〉 제1회, 『보물섬』, 1982.10, 248쪽. 원작 영화의 연출자 스티븐 스필버그에 관한 소개와 관련 자료를 입수한 『어깨동무』의 김수영 기자에 대한 설명이 실려있는 이 페이지는 한국만화영상진흥원의 원문에는 없는 낙장이다. 이에 관한 내용은 『보물섬』 창간호의 소장본을 소개하고 있는 개인 블로그 〈추억은 방울방울〉의 포스팅을 참조하였다(https://m.blog.naver.com/champ76/222514736708, 2024. 08.01. 접속).

감정을 표현하는 글이 소설 『E.T.』에 나오는 문장들과 거의 같다는 점을 고려할 때, 『보물섬』측에서 입수한 자료에는 소설책과 더불어 영화 비디오나 스토리북도 포함되어 있었을 것으로 추측된다.

만화 〈E.T.〉는 매회 20쪽 안팎의 분량으로 총 8회에 걸쳐 연재되었고 각 화가 시작되는 페이지에는 영화의 스틸과 지난 화의 줄거리가 제시되었다. 만화의 플롯, 장면 구성, 그림체 등을 살펴보았을 때 『보물섬』의 〈E.T.〉는 원작인 영화를 그대로 옮기는 데 초점을 맞춘 것으로 보인다.[18] 특히 영화의 클라이맥스 부분인 아이들의 자전거가 날아올라 탈출하는 장면은 3페이지에 걸쳐 15개의 칸으로 나누어 자세히 묘사하는 동시에 하늘을 나는 자전거의 모습은 1/2페이지를 하나의 칸으로 구성하여 두 페이지 연속해서 보여준다. 이티 캐릭터도 영화에 나온 모습 그대로 그려지면서도 영화에 비해 좀 더 어른스럽고 심

---

18 『보물섬』 연재와 같은 시기에 단행본의 형태로 ET만화책이 출간되기도 했다. 1983년 2월에는 어문각에서 발행한 "새소년 클로버문고"의 2차분(NC) 86~87번으로 김승연이 짓고 그린 『E.T.』가, 1983년 3월에는 청문출판사에서 장원식이 짓고 그린 『E.T. 외계인 수색작전』이 출간되었다. 두 작품 모두 실물을 확인할 수 없어 본문에서는 자세히 다루지 못했지만, 클로버문고판의 경우 '클로버문고의 향수 카페'에서 펴낸 아카이빙 자료집을 통해 대략적인 내용과 그림체를 확인할 수 있었다. 클로버문고판도 『보물섬』 연재판과 유사하게 "기본적으로는 영화의 내용을 따라가면서, 영화 장면을 삽입하여, 아직 영화를 보지 못한 어린이들에게 영화에 대한 정보를 전달"하고 있으며, 엘리엇의 생김새는 서양 어린이에 가깝게 그려져 있다. 다만 아카이빙 자료에서 이티의 내면 묘사나 엘리엇의 어머니에 대한 이티의 감정 등 원작과 다르게 "약간의 각색이 이루어"졌다고 설명한 부분은 ET소설의 특징에 해당되기에, 이는 '한국식/작가의 각색'이라기보다는 이 만화의 저본이 소설이었음을 확인시켜주는 부분이라 하겠다(클로버문고의 향수 카페 편저, 앞의 책, 230~231쪽 참조). 청문출판사판 역시 직전에 출간된 창인사판 소설과 표제가 같은 점을 미루어 볼 때, 창인사판 소설을 저본으로 하여 만화가 만들어졌을 가능성이 크다.

각한 표정이 특징적인데, 이는 채일병 작가의 스타일이 반영된 것이다. 등장하는 사람 인물의 머리가 모두 검은색이라는 점, 주인공 엘리엇을 비롯하여 아이들의 생김새나 옷차림이 한국 어린이의 모습에 가깝다는 점도 작가의 스타일에서 기인한 특징인데, 이로 인해 작품과 독자 사이의 거리가 좁혀지고 한국 독자들의 감정이입이 쉽게 이루어질 수 있었을 것이다. 또한 대사나 독백을 통해 이티의 속마음과 감정을 영화보다 더 직접적이고 자세하게 표현한 것은 소설 『E.T.』를 참조했기 때문으로 볼 수 있다.

또 하나, 『보물섬』의 연재만화 〈E.T.〉의 특징적인 점은 원작을 거의 그대로 옮기면서도 마지막 회에는 원작 영화나 소설에 없는 내용이 들어가 있다는 점이다. 인물들의 마지막 대사를 옮겨 보면 아래와 같다.

    ◦ 이티 : (엘리엇의 가슴에 손바닥을 대며) 나는 떠나지만, 나의 마음은 언제나 너의 가슴속에 남아 있을 거야.
    ◦ 엘리엇: 나를 잊지 마.
    ◦ 이티 : 그래 영원히 잊지 못할 거야.
    ◦ 엘리엇: 안녕… 외계인…
    ◦ 이티 : 안녕… 엘리엇…
    (우주선 앞까지 간 이티가 뒤를 돌아보며)
    ◦ 이티 : 엘리엇…너에게 한 가지 약속해 줄 것이 있어.
    ◦ 엘리엇: ?
    ◦ 이티 : <u>언젠가…그 날이 언제가 될지는 몰라도, 내가 살고 있는 별나라로 너를 초대하겠어.</u>
    ◦ 엘리엇: (눈물을 흘리며) 고…고마워.[19]

원작 영화의 마지막 장면에서는 이티와 엘리엇이 작별의 포옹을 한 후 이티는 불이 들어온 손가락 끝으로 엘리엇의 '이마'를 가리키며 "나는 항상 여기 있을게"라고 말한다. 소설의 마지막 장면에서 이티는 엘리엇에게 함께 떠나겠냐고 묻고, 엘리엇이 지구에 남겠다고 하자 이티는 엘리엇의 '가슴'을 가리키며 항상 여기에 있겠다고 말한다. 영화도 소설도 다음 만남을 기약하지 않는다. 이티와 엘리엇의 만남이 순간적이면서도 일회적인 것으로 설정된 만큼 이들이 이별하는 마지막 장면은 아쉽고 슬픈 감정으로 여운이 길게 남는다. 그러나 『보물섬』의 〈E.T.〉에서는 이티가 언젠가 자신의 행성으로 엘리엇을 초대하겠다고 굳게 약속한다. 이는 『보물섬』의 연재본이 크로스미디어 스토리텔링의 과정에서 '지구 어린이의 우주여행'이라는, 1970년대 한국 아동청소년 SF 만화 및 애니메이션의 핵심 테마를 전유한 것으로 볼 수 있다.[20]

『보물섬』에 만화 〈E.T.〉가 연재된 지 3개월이 지나지 않은 시점인 1982년 12월 무렵부터는 윌리엄 코츠윙클의 소설이 세 군데 출판사에서 동시에 번역되어 출간된다.[21] ET소설은 출간 직후 화제가 되어 곧바로 교보문고 베스트셀러 순위에 올랐고, 그로부터 6개월이 채 안 된 시점에는 10종이 넘는 번역본이 연달아 출간되면서 당시 문공부는

---

19 「E.T.」 제8회, 『보물섬』, 1983.05, 128~129쪽. 이티와 엘리엇의 동작을 보여주는 괄호 안의 설명은 장면의 이해를 돕기 위해 인용자가 삽입한 것이다. 아울러 강조를 위한 밑줄은 인용자의 것, 이하 동일.
20 이는 곧이어 제작되는 ET애니메이션의 주요 배경을 이루는데, 이에 관해서는 다음 장에서 자세히 다루고자 한다.
21 「소설 『ET』 국내서도 인기 3개 출판사서 번역…베스트셀러로 독자들의 외계인에 대한 관심 짐작케」, 『동아일보』, 1983.01.19, 11쪽.

대한출판문화협회에 자율규제를 해주도록 권하기까지 했다.[22] 1982~1983년에 출간된 ET번역본 15종은 20만 부 이상의 판매고를 기록했으며, 『E.T.』는 1980년대 한국에서 출간된 과학소설 중에서 가장 많이 판매된 작품이 되었다.[23] 1982년부터 출간된 ET소설책의 목록은 다음과 같다.

[표 1] 1980~1990년대 출간된 'ET소설책' 목록

연번	표제	역자	발행처	발행일	스틸
1	이티(E.T.)	공문혜	한벗	1982.12.05.	○
2	E.T. 외계인	정성호	거암	1982.12.10.	○
3	E.T.-외계인 수색작전	조경철	창인사	1983.01.01.	○
4	외계인 E.T.	이진수	신원문화사	1983.02.10.	○
5	(샘터 특별편집)E.T.	샘터 출판부	샘터	1983.02.23.	○
6	E.T.(이티) -외계인수색작전	서성언(편역)	서음출판사	1983.02.28.	○
7	E.T.[24]	미상	지혜문화사	1983.02.28.	○
8	E.T.-네 가슴에 영원히	장백일	대명사	1983.03.05.	○
9	외계인 E.T.	박종신	은광사	1983.03.15.	○
10	E.T.-외계인	설영환	태종출판사	1983.03.25.	○

---

22 「출판화제」, 『동아일보』, 1983.05.16, 7쪽.
23 교보문고는 1981년 6월부터 1987년 말까지 판매한 2천 3백만 권의 책 가운데 매달 7위권 이내에 들었던 소설 1백19종, 비소설 1백25종을 집계한 80년대 종합 베스트셀러를 발표했다. 이 결과에 따르면 소설 베스트셀러는 『소설 손자병법』(정비석)『나의 라임오렌지 나무』(바스콘셀로스)『단』(김정빈)『인간시장』(김홍신)『파리대왕』(윌리엄 골딩)『1984년』(조지 오웰)『E.T.』(윌리엄 코츠윙클)『사람의 아들』(이문열)『꼬마 니콜라』(르네 고시니)『영웅문(김용)』의 순서였다. 「소설 손자 병법 배짱으로 삽시다 80년대 베스트셀러」, 『경향신문』, 1987.12.24, 7쪽.

11	E.T.[25]	배무아(주해)	영어연구사	1983.04.05.	×
12	(소년소녀세계공상과학문학전집21) 외계에서 온 E.T.	이경애	계림출판사	1983.07.20.	○
13	내가 만난 숲속의 작은 괴물	미상	훈민사	1983.07.25.	○
14	(우주과학어드벤처 ET·ET1) E.T.	황종호	동서문화사	1983.12.24.	×
15	외계에서 온 우주인 E.T.	미상	두풍	1983.00.[26]	○
16	(어린이를 위한 세계SF·추리문학15) E.T-외계인과 지구 소년	미상	서영출판사	1986.09.20.	○
17	(세계공상과학모험명작선1) E.T.	황종호	학원 출판공사	1990.05.10.	×
18	(어린이들의 영원한 벗 E.T. 시리즈1) 내 친구 E.T.	이슬기(번안) /윤만기(그림)	재능출판	1993.03.15.	×
19	(해바라기문고212과학소설) E.T.-우주인과 지구 소년	이명용	중앙미디어	1993.07.20.	×

24 이 책은 영어 대본과 한국어 번역(역자 미상)이 나란하게 병렬된 형태로 편집되어 있다. 「인사말」에서는 〈Screen Series No Ⅱ〉로 〈E.T.〉를 출간하는 과정에서 편집부는 많은 어려움을 겪었다고 밝히고 있는데, 그 어려움이란 높은 흥행 수입가 때문에 당초 예상했던 개봉 시기가 "내년 1월경(1984년 1월-논문 필자 주)으로 늦추어져 책을 펴내는 데 자료 입수 불가능으로 어려움이 많았고", "애써 확보한 Audio가 외계인이란 주인공의 대사로 원문을 Dictation 하는 데 어려움이 많았"으며, "배역진의 유사한 음성으로 Cast의 이름을 찾아내는 데 문제가 많았다"는 것이다. 이러한 문제점을 해결하기 위해 해설 테이프 녹음 시 외국인 아나운서를 데려다가 다시 녹음시킴으로써 원음을 완벽하게 재현하려는 노력을 했으므로 〈E.T.〉가 "국내에 상륙할 때 자막을 보지 않고 한편의 영화를 감상할 수 있는 그날이 되기를 필자는 간절히 바라"는 것으로 인사말을 끝맺고 있다(필자 미상, 「인사말」, 『E.T.-Screen Series Ⅱ』, 지혜문화사, 1983). 즉, 이 책의 원고는 입수된 〈E.T.〉의 녹음 파일을 받아쓰기하는 식으로 작성되었으며, 책과 함께 해설용 테이프도 함께 판매했다고 한다.

1980년대에 출간된 총 16종의 ET소설 중 지혜문화사와 영어연구사에서 출간한 2종은 영어 원문으로 된 영어학습용 서적이다. 나머지 14권의 번역본은 출판 형태에 따라 단행본 11종과 전집본 3종으로 나눌 수 있는데, 계림출판사 동서문화사 서영출판사 판본은 모두 각각의 출판사에서 발행한 아동청소년용 세계SF전집에 수록되어 있다. 특기할 만한 것은 계림출판사에서 출간한 "소년소녀세계공상과학문학전집"의 경우 1번에서 20번까지는 책의 장정을 제외하고 작품 목록 구성, 역자, 해설, 삽화까지 전부 1981년 진영출판사에서 나온 "옹달샘소년소녀SF세계문학전집"과 동일한데, 마지막 21번(『외계에서 온 E.T.』)만 새롭게 추가되었다는 점이다. 아마도 계림출판사가 진영출판사판 SF전집을 그대로 인수하거나 복제하여 출간하는 과정에서 당시 화제의 중심에 있었던 SF 작품인 『E.T.』를 포함한 것으로 보인다. 서영출판사판 전집의 경우에도 1차분 12권은 1981년에 출간되었고 1985~1986년에 4권이 추가분으로 구성되었는데, 이때 『E.T.』가 포함되었다.[27] 동서문화사판은 전집명에도 'ET·ET'가 들어가 있는데, 이

---

25 이 책은 전체가 영어 대본으로 구성되어 있고, 2~3페이지마다 하단에는 영어 단어와 숙어에 대한 설명이 담긴 일러두기 박스가 있다. 국립중앙도서관에 등재된 서지사항에는 표제가 "(大學 Screen 英語)E.T."로 되어 있지만, 실제 책의 판권에서는 표제가 "E.T."로만 되어 있었다.

26 두풍에서 출간된 책은 판권지가 남아 있지 않아 출간일을 포함한 구체적인 간기(刊記)를 확인할 수 없었다. 다만, 이 책의 원문을 제공하고 있는 국립중앙도서관의 DB 정보에서는 출간 연도가 1983년으로 기록되어 있었으므로 [표 1]에서는 1983년도의 가장 마지막 순서에 배치하였다. 그러나 이 책의 겉표지에는 "올칼라" "완역판", 뒤표지에는 "storybook"이라는 표지(標識)가 있고 본문 중간중간에 삽입된 영화 스틸이 모두 칼라판이었으며 전체 분량이 90페이지가 채 되지 않은 압축된 구성임을 고려할 때, 두풍판은 유사한 형태를 띤 거암판이나 샘터출판사판이 출간된 1983년 초에 나왔으리라 추측해 볼 수 있다.

는 당시 SF전집의 기획 및 발간 주체가 『E.T.』를 SF의 대표작으로 인식했음을 방증한다.

아울러 단행본 11종은 저본(底本)에 따라 소설 완역본과 스토리북 버전으로 구분해 볼 수 있다. 거암, 샘터, 두풍에서 나온 번역본은 스토리북으로, 소설의 내용을 1/3로 압축한 것이기에 주요 사건 위주로 대강의 줄거리만 보여준다. 이에 반해 완역본들은 전체적으로 영화의 플롯을 그대로 따라가면서도 이티가 목욕하는 장면이나 엘리엇의 엄마인 메리를 '버드나무 요정'이라 부르며 메리에게 이성애를 느끼는 장면을 새로 삽입했고, 이티와 식물들이 나누는 대화와 이티가 느끼는 고독감 등의 감정을 구체적으로 묘사한다. 이러한 차이를 의식한 탓인지, 소설 『E.T.』가 여러 출판사에서 경쟁적으로 출간을 준비하고 있던 때 가장 먼저 발행된 한벗판의 역자는 자신이 번역한 책이 "1982년 미국의 뉴욕 Berkley Books 출판사에서 발행된 소설"을 "번역한 완역본으로서, 줄거리만 줄인 스토리북과는 다르다는 것"을 역자의 말에서 강조하고 있다.[28]

단행본/전집본, 완역본/스토리북에 상관없이 이러한 ET소설책이 당대의 다른 소설들과 대별되는 지점은 영화 〈E.T.〉에서 골라낸 스틸을 대거 싣고 있다는 점이다. 스틸들은 여러 컷이 한꺼번에 표제지와 목차 사이에 수록되거나 한 컷씩 본문에서 삽화를 대신하여 실려 있

---

27 한국 아동청소년 독서문화사에서 1980년대는 SF전집이 가장 많이 출간된 시기로 특기할 만하다. 이 시기 출간된 SF전집에 관해서는 지면을 달리하여 논의할 계획이므로 이 글에서는 전집본 『E.T.』의 출간에 관한 특징적인 사항만 다루고자 한다.
28 공문혜, 「옮긴이의 말」, 윌리엄 코츠윙클, 공문혜 옮김, 『이티(E.T.)』, 한벗, 1982, 277쪽.

다. 대부분의 ET소설책은 5~7면에 걸쳐 9~13컷 정도의 스틸을 싣고 있는데, [그림 1]과 [그림 2]에서 보는 바와 같이 각기 다른 판본일지라도 영화에서 선택한 장면은 대동소이한 편이다.

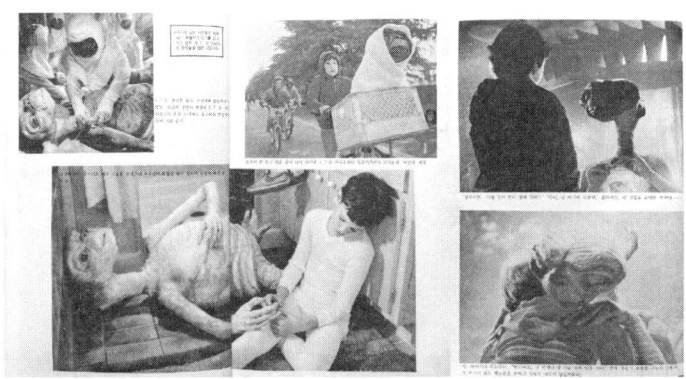

[그림 1] 한벗판(1982)에 수록된 영화 장면

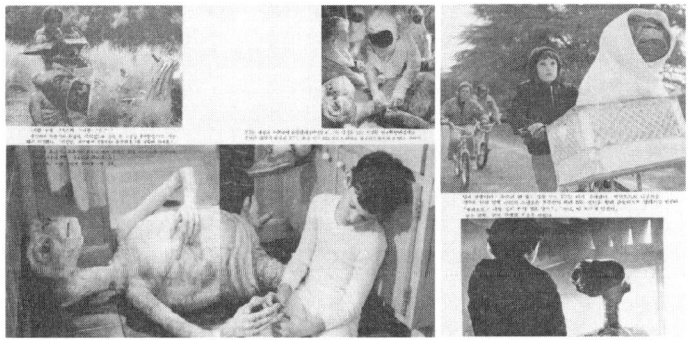

[그림 2] 창인사판(1983)에 수록된 영화 장면

이러한 스틸은 모두 영화의 스토리 진행 순서에 맞게 배치되어 있고 캡션에서는 해당 장면 및 그 장면의 앞뒤 맥락을 함께 이야기해

주고 있으므로 독자는 스틸들을 따라가다 보면 자연스럽게 영화의 요약본을 감상하게 된다. 이 가운데 [그림 3]과 같이 스틸을 소설 본문 안에 삽화처럼 배치한 스토리북 형태의 책들도 여럿이었는데, 이 경우는 좀 더 자세한 영화 요약본을 보는 느낌이 든다. 특히 ET스틸들은 대부분이 컬러 사진이었으며 표지에 '컬러판'임을 강조하고 있기도 하다.[29]

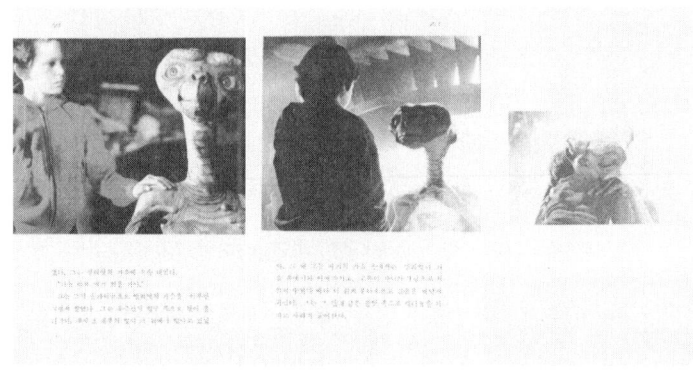

[그림 3] 거암판(1982)에 수록된 영화 장면

영화의 개봉이 계속해서 지연되던 상황에서 '영화 미리 보기'의 가장 직접적 형태라고 할 수 있는 영화 스틸의 공유는 굉장한 인기를

---

[29] 1980년 12월 한국에서는 '컬러TV방송시대'가 개막되었다. 1981~1983년 사이 컬러TV 수상기는 3백만 대 이상 팔렸고, 1985~1986년 무렵에는 전 가구의 51.4%가 컬러TV 수상기를 보유했다. 컬러TV가 선도한 "새로운 '색의 혁명'"은 "본격적인 소비자본주의 체제로의 편입을 가속화시키게" 되었다(강준만, 『한국 현대사 산책 −1980년대편』 1권, 인물과사상사, 2003, 272쪽·277~278쪽·281쪽 참조). '컬러판 스틸'은 신기한 외계인의 모습을 더욱 실감 나게 전달해 주는 데 주요한 역할을 했다고 할 수 있다.

끌었던 것으로 보인다. 당시 명동의
중고서적상가에서는 영화 〈E.T.〉의
화보가 실린 외국잡지들이 인기가
많아 예약주문을 받기도 했고[30] 『레
이디경향』과 같은 여성지에서도 〈E.T.〉
의 스틸을 특별 화보로 편성했다.[31]
이 시기 ET열풍에 상업성이 큰 영향
을 끼쳤다는 것은 부정할 수 없는 사
실이지만,[32] 영화에 관한 지나칠 정
도의 호기심과 관람 열망이 상업성
만으로 설명될 수는 없을 것이다. 상
업성 또한 수용자의 수요나 욕구와

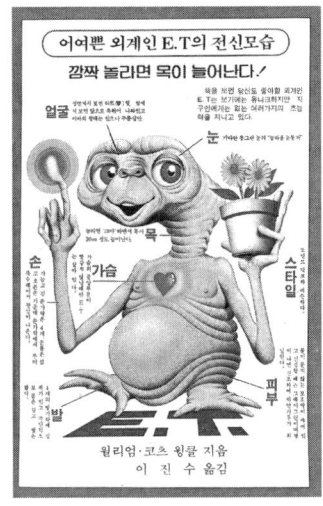

[그림 4] 신원문화사판(1983)
이티 소개

완전히 무관하게 작용할 수는 없기 때문이다. 〈E.T.〉에 대한 호기심의
중심에는 '실사(實寫)'의 형태로 접할 수 있는 외계인의 형상이 있었

---

30 「'ET바람' 너무 드세다」, 『동아일보』, 1983.03.28, 7쪽.
31 『레이디경향』은 "드디어 레이디경향에 상륙" "전장면 오리지널필름 긴급입수 독점공개"라는 문구를 내세우며 40여 컷의 ET스틸과 함께 5쪽에 걸쳐 영화의 줄거리를 자세히 소개했다. 『레이디경향』 제22호의 발간일이 1983년 3월 22일인 점을 감안한다면, 여기에 실린 스틸은 당시로서는 가장 다양하고도 많은 영화 장면을 보여준다고 할 수 있다. 「(레이디경향 개봉관)E·T」, 『레이디경향』 22, 1983.03, 46~51쪽.
32 "아직 ET영화가 국내에 들어오지도 않은 상태에서 우리는 ET의 내용이 무엇인지, 그것이 얼마나 감동적인지 그 ET의 신비성이 지구인을 얼마나 매료시키는지 알지 못한" 채 무분별한 장삿속만 채우고 있다는 비판이 1983년 3~5월에 자주 제기되었다. 정복선, 「(칼럼-주부 기자석)어른들 장삿속에 일그러진 『꿈의 ET』」, 『경향신문』, 1983.04.27, 7쪽.

다. 이와 관련하여 ET소설책 중 6종이 [그림 4]와 같이 이티를 소개하는 페이지를 책머리에 따로 넣고 있어 눈길을 끈다. 여기서 강조되는 것은 이티의 생김새와 초능력이다.

> 키는 우산대 만하고 머리통은 배추포기 같으며 배는 장구통처럼 축 처져 있다. 그러나 그는 영원한 우주의 지혜와 텔레파시의 초능력을 가진 1천만 세의 노식물학자다.[33]

> 지금까지 소설이나 영화에 등장한 우주인 중에서 가장 그로테크스크한 ET. 그러나 10세의 소년들은 그를 만나는 순간, 그 ET에게 우애를 느낀다.[34]

> E.T.(이티)(Extra-Terrestrial)-이것은 지구 밖의 우주 생물을 뜻한다. (… 중략 …) 우리는 지금까지 두려움의 대상이던 외계인이 아니라 지구인처럼 피와 눈물이 있는 같은 인간 차원으로 승화시켰다는 점에서 이 작품을 높이 평가한다.[35]

> 괴물처럼 생긴 우주 생물체 E.T.는 멀리서 보아도 징그럽게 여겨지지만, 결코 되돌아서서 피할 만큼 징그럽거나 무섭지만은 않은 다정한 외계인이다.[36]

---

33 조경철, 뒤표지 글, 윌리엄 코츠윙클, 조경철 옮김, 『E.T.-외계인 수색작전』, 창인사, 1983, 뒤표지.
34 장백일, 「이 큰 '사랑의 만남'」, 윌리엄 코츠윙클, 장백일 옮김, 『E.T.』, 대명사, 1983, 34쪽.
35 서성언, 「머리말」, 윌리엄 코츠윙클, 서성언 편역, 『E.T.(이티)-외계인수색작전』, 서음출판사, 1983, 14쪽.
36 글쓴이 미상, 「책 머리에」, 윌리엄 코츠윙클, 박종신 옮김, 『외계인 E.T.』, 은광사, 1983, 4쪽.

인용한 글들은 각기 다른 판본의 ET소설책에 실려 있는 머리말이나 역자의 말이다. 이들은 모두 이티가 얼핏 보면 징그럽거나 그로테스크하다고 느껴질지도 모르지만 실은 귀엽고 다정한, '당신도 좋아할 외계인'임을 강조한다. 이는 ET콘텐츠가 외계 생명체라는 미지의 영역에 대한 인식의 변화를 이끌어내고 있음을 암시하는 것이기도 하다. SF의 주요 소재이자 캐릭터인 '외계인(alien)'은 우리(인간)와는 '다른 존재'를 폭넓게 지칭해 왔지만, 영화의 표제인 'E.T.'가 'The Extra Terrestrial'의 약어이듯이 1970~1980년대에는 지구 밖 다른 행성에서 살아가는 지적인 생명체를 가리키는 말로 통용되었고, 〈E.T.〉의 세계적인 성공 이후로 이티는 외계인의 대표격이 되었다.[37] 19세기 말 H. G. 웰스가 지구인보다 지능이 뛰어난 생명체가 외계에 살고 있다고 가정하며 이들의 지구 점령 시도를 『우주 전쟁』에서 그린 후 SF 장르에서는 '외계인 침입 이야기'라는 새로운 모티프가 만들어졌다.[38] 이후 외계인은 감정 없는 침략자나 정복자로 상상되기 시작했고, 지구로 찾아오는 외계인들은 더욱 위험하거나 사악한 존재로 그려지곤 했다. 세계과학소설사에서 '좋은 이미지'의 외계인이 등장하기 시작하는 것은 1970년대 이후였는데,[39] 전 세계적으로도 그러하지만 한국

---

[37] 대부분이 꾸민 이야기이긴 하지만 외계 생명체와의 근접 조우에 대한 증언을 조사해 보면 외계인의 유형은 약 70가지나 되는 아주 다양한 모습임에도 불구하고 대부분 성인 인간보다 키가 작고 골격은 난쟁이 같으며 전체적으로 인간과 비슷하게 생겼다는 공통점이 있다. 이는 이티의 생김새에도 그대로 적용된다. 외계인의 형상에 관해서는 기욤 페이에, 김주열 옮김, 『상대적이며 절대적인 외계인 백과사전』, 열린책들, 2000, 151쪽 참조.

[38] H. G. 웰스가 창시한 외계인 침입 이야기에 관해서는 아이작 아시모프, 김선형 옮김, 『아시모프의 과학소설 창작백과』, 오멜라스, 2008, 37쪽 참조.

에서도 이티는 호기심과 우애의 마음을 지니고 지구에 방문한 '외계인 친구'의 대명사가 되었다.

장면 구성 및 재현 방식에 있어 영화, 만화, 소설 등에 비해 일정 정도 제약을 지닌 아동극의 경우에도 지구인의 일상적 공간에 나타난 외계인 서사인 〈E.T.〉는 다른 SF 작품보다 구현하기에 훨씬 용이한 편이었다. 1983년 3월에서 5월까지 두 달여 동안 세종문화회관에서는 4개의 극단이 연이어 ET아동극을 올려 화제가 되었다.[40] 이중 총 7장으로 구성된 극단 새들의 〈외계인 E.T.〉[41]는 무대라는 제한된 공간의 특성에 맞게 엘리엇의 집안에서 주요 사건이 일어나도록 구성했다. 다양한 의료 장비가 동원되는 후반부 장면은 우주 과학자인 키즈 박사가 흰 천을 이티에게 덮는 것으로 처리하고 자전거가 떠오르는 장면은 생략했으며 우주선의 착륙은 효과음과 조명으로 구현했다. 엘리엇의 동네 친구들은 한 명도 등장하지 않기에 자연스럽게 엘리엇과 이티의 대화가 극에서 가장 큰 비중을 차지한다. 이에 반해 예일극장이 올린 〈굿바이 E·T〉[42]는 총 26장으로 구성되었고 장면 전환이 빠른 편인데, 집안과 거리를 교차하는 식으로 장면을 구성하여 엘리엇과

---

[39] SF의 역사에서 외계인의 이미지에 대한 변화는 임성래, 「과학소설의 전반적 이해」, 대중문학연구회, 『과학소설이란 무엇인가』, 국학자료원, 2000, 14~15쪽 참조.
[40] 당시 여러 극단이 경쟁하듯 ET아동극을 연달아 올렸던 실상과 아동극계의 현안 문제에 관해서는 김경애, 「기획취재 '아동극단'-실태와 방향」, 『한국연극』 85, 한국연극협회, 1983.05, 40쪽·43쪽 참조.
[41] 윌리엄 코츠윙클 원작, 이상화 각색, 권재우 연출, 『외계인 E.T.: 극단 새들 제36회 공연작품[공연대본]』, 극단 새들, 1983.
[42] 윌리엄 코츠윙클 원작, 김일부 각색, 이경록 연출, 『굿바이 E·T: 예일극장 제10회 공연작품[공연대본]』, 예일극장, 1983.

이티가 소소한 일상을 나누는 와중에도 이티를 쫓는 무리를 계속해서 보여줌으로써 긴장과 불안의 정서를 배음(背音)으로 깔고 있다. 이 작품 또한 마지막에 이티가 치료를 받는 장면은 대폭 삭제했으나 자전거가 날아오르는 클라이맥스 장면은 앞쪽 무대(apron stage)를 이용하여 연출했다는 점이 특기할 만하다. 극단 은하수가 올린 〈E.T: 넌 귀여운 외계인〉[43]은 ET아동극 중 가장 단출한 12장으로 구성되었지만 각 장의 대사는 가장 많은 편이며, 삼나무와 이티의 대화를 넣는 등 이티의 대사가 다른 작품들에 비해 상당히 많은 편이다.

요컨대 자전거가 날아오르는 장면과 같이 이티의 초능력을 보여줄 수 있는 장면 연출에 있어 어느 정도 한계를 지닐 수밖에 없었던 아동극의 경우에도 〈E.T.〉의 각색에 열을 올렸던 이유는, 이 작품에 관한 화제성의 중심에는 이티라는 외계인 캐릭터와 원작이 다루고 있는 주제의 특별함이 있음을 극단들이 간파했기 때문이다. 즉, 이티 캐릭터의 특징 및 외계 존재의 우정은 ET콘텐츠의 성공적인 크로스미디어 스토리텔링의 핵심 자원이었다.[44] 크로스미디어 스토리텔링은 매체

---

[43] 윌리엄 코츠윙클 원작, 김야설 각색, 김정택 연출, 『E.T: 넌 귀여운 외계인[공연대본]』, 청소년극장 은하수, 1983.
[44] 〈E.T.〉의 스토리를 우리말 번역으로 제작한 오디오북이 카세트테이프 형식으로 출시되기도 했다. 이는 미국 MCA레코드가 퀸시 존스의 연출로 만든 스토리북을 우리말로 옮긴 것인데, 산울림의 리더인 김창완이 연출하고 성우 배한성이 해설을 맡은 50분짜리 오디오북으로 대성음반이 제작했다. 영화 〈E.T.〉의 내용과 음악을 소리로 들을 수 있게 한 점이 특징적이었으며, 주제곡 〈Some One In The Dark〉를 〈내 친구 꼬마별〉로 번안하기도 했다(「E·T카세트테이프 〈내 친구 꼬마별〉 나와」, 『경향신문』, 1983.01.31, 12쪽). 김창완이 부른 주제가 또한 이티의 캐릭터를 보여주는 데 초점을 맞추고 있는데, 가사는 다음과 같다. "식빵같이 생긴 이티의 머리 아하하하 우스워/송아지 닮았네 이티의 눈은 아하하하 귀여워/이티- 이티- 외계인 이티/이티- 이티- 내 친구."

전환을 위해 스토리의 큰 변화 없이 원작을 각색하는 방식을 일컫는다.[45] "어떤 스토리는 매체 전환을 위한 안정성과 침투력을 더 많이 가지고 있"는데[46] ET콘텐츠가 여러 매체를 통해 반복, 재생산, 확산될 수 있었던 것은 영화 개봉의 지연이라는 콘텍스트와 선량하고 다정한 외계 존재라는 텍스트의 특징이 함께 어우러진 결과라 할 수 있다.

3. 한국적 토착화를 통한 SF 모험 서사의 확장

1983년 2월 16일자 『조선일보』의 TV프로그램 소개 코너에서는 당일 오후 5시 30분부터 MBC의 어린이인형극 프로그램인 〈모여라 꿈동산〉이 〈한국에 온 E·T〉 제2편을 방영한다는 안내와 함께 간단한 극의 줄거리를 싣고 있다.[47] 이와 더불어 1983년 5월 1일자 『조선일보』에는 "5월은 가정의 달 특집"으로 소설가 최인호의 콩트 〈서울 어린이의 어느 하루〉가 실린다. 이 콩트의 주인공인 도단이는 학교에서 돌아와 아파트인 집에서 혼자 밥을 챙겨 먹고 TV 어린이 프로그램을 본다. 엄마도 아빠도 전화만 왔을 뿐 아무도 도단이를 보살펴 주지

---

45 서성은, 『크로스미디어 스토리텔링』, 커뮤니케이션북스(주), 2018, 7쪽.
46 위의 책, xx쪽.
47 〈모여라 꿈동산〉의 실제 자료는 구할 수가 없었고, 신문에서 제시한 줄거리는 다음과 같다. "지구의 요격편대가 자기를 찾고 있다는 것을 알게 된 우주인들은 뽀삐박사를 남겨둔 채 자기네 카라치스별로 날아간다. 달랑과 샛별은 우주선에 타지 못하고 지구에 남은 E·T를 자기 집 다락에 숨기는데…" 「오늘의 TV 하이라이트」, 『조선일보』, 1983.2.16, 12쪽.

않는다. 옷장에 걸려 있는 아빠 양복의 주머니를 뒤져 동전 몇 개를 모은 도단이는 전자오락실에 갔다가 '우주인을 죽이는' 전자오락 게임을 한다. 밤이 깊어 집으로 돌아오는 길, 도단이는 어둡고 캄캄한 아파트 구석에 조그만 꼬마 하나가 우두커니 서 있는 것을 본다. 목이 길고 가슴엔 하트 모양의 심장을 달고 있으며, 얼굴엔 주름이 많은 이상하게 생긴 외계인이었고, 그는 "난 ET야"라고 자신을 소개한다. 도단이는 ET를 집에 데려와 삶은 콩과 감자와 우유를 챙겨주고, 이를 맛있게 먹은 ET는 자신의 아빠에게 전화를 걸어 새로운 UFO를 지구로 보내달라고 한다. 잠시 후 먼 하늘에서 세발자전거 모양의 우주선이 아파트 베란다를 통해 방으로 들어온다.

"얘. 우리 함께 먼 우주로 떠나지 않을래. 한 사람은 아직 더 탈 수 있으니까."
"싫어."
도단이는 머리를 흔들었습니다.
"난 이 지구가 좋아."
"그럼 잘 있어. 난 네 가슴속에 영원히 있을 거야. 안녕."
ET는 세발자전거의 우주선을 타고 밤 하늘로 날아가버렸습니다.[48]

[그림 5] 최인호 콩트의 삽화

이후 도단이는 창문을 통해 세발자전거 우주선이 먼 하늘로 날아가는 모습을 보다가 아빠에게서 걸려 온 전화를 받는다. 아빠는 엄마가

---

48 최인호, 「서울 어린이의 어느 하루」, 『조선일보』, 1983.05.01, 7쪽.

들어오면 내일 아침에 귀가한다고 전해달라며, 도단이에게 "난 너를 누구보다 사랑하고 있"고, "난 언제까지나 네 가슴속에 있을 거야"라고 말한다. 이야기는 여기서 끝이 나는데, 짧은 콩트지만 이 작품은 원작의 포인트들을 요령 있게 전유하고 있다. 이를테면 이티의 생김새, 이티가 지구에 낙오하게 된 이유, 지구 어린이가 이티에게 간식을 챙겨주는 것, 이티의 마지막 대사 등은 원본에서 그대로 가져오되, 영화에서 이티가 집으로 돌아가고 싶을 때마다 외치던 대사인 "이티, 집에 전화해(E.T. phone home)"는 이티가 실제로 집에 전화를 거는 행동으로, 하늘을 나는 자전거는 자전거 모양의 우주선으로, 엘리엇이 이티에게 준 M&M 초콜릿은 삶은 콩과 감자로 변화를 주었다.

무엇보다 이 콩트에서 도단이와 외계인이 함께 있는 공간적 배경은 주목을 요한다. 영화 〈E.T.〉에서 이티가 지구에서 가장 많은 시간을 보내는 곳, 즉 사건이 생겨나고 플롯이 진행되는 과정의 가장 핵심적인 장소는 엘리엇의 '집안'이다. 이곳에서 엘리엇과 이티가 나누는 소소한 일상의 경험과 이를 바탕으로 한 '신체와 감정의 동기화'는 영화 〈E.T.〉를 이제까지 거의 본 적이 없는 특별한 외계 존재의 이야기로 만들었다. 최인호의 꽁트는 이를 '서울 어린이'가 살고 있는 '아파트'라는 공간으로 전유함으로써 '이티가 한국에 온다면'이라는 가정에 현실감을 더한다. 이처럼 ET열풍이 거세지면서 다른 매체를 통해 '영화 미리 보기'를 넘어 한국을 배경으로 하는 'ET이야기 다시 쓰기'가 다양하게 이루어진다. 이러한 다시 쓰기의 중심에는 '이티가 지금-여기의 한국 어린이 앞에 나타난다면 무슨 일이 벌어질까' 하는 상상이 자리하며, 이것이 극대화된 ET콘텐츠가 『소년한국일보』의 연재만화 〈서울에 온 ET〉이다.

[그림 6] 한희작, 〈서울에 온 ET〉 제1화, 『소년한국일보』, 1983.03.01.

한희작[49]이 그린 〈서울에 온 ET〉는 『소년한국일보』에 1983년 3월 1일부터 1984년 10월 14일까지 1년 7개월 14일 동안 총 501회 연재되었고, 한국에서 나온 ET콘텐츠들 가운데 가장 많은 분량과 다양한 에피소드를 지닌 작품이라 할 수 있다. 매화 거의 3줄에 15~18개의 칸으로 서사가 진행되는 〈서울에 온 ET〉는 면의 배치나 칸의 규모, 무엇보다 연재 기간을 고려할 때 『소년한국일보』에 연재된 다른 작품에 비해서도 결코 적은 비중을 차지하지 않는다.[50] 무엇보다 연재 초반

---

49 1943년 서울에서 태어나 16세부터 만화수업을 받았던 한희작은 1960년 독수리문고에서 나온 〈달나라로 달려라〉로 데뷔했다. 그는 1980년대 들어 성인만화의 재전성기를 열었다는 평을 받고 있는데(김성호, 『한국의 만화가 55인』, 프레스빌, 1996, 301~305쪽 참조), 같은 시기 상당수의 아동청소년만화를 창작하기도 했다. 특히 『소년한국일보』에서는 장기간 SF만화를 연재했다는 점이 특기할 만하다. 〈서울에 온 ET〉를 연재하기 직전 한희작은 『소년한국일보』에 판타지SF 〈미래소년 쿤다-버뮤다 5000년〉을 제109회까지 연재했고, 〈서울에 온 ET〉의 연재가 끝난 후에는 바로 이어서 〈우주소년 돈키호테〉를 연재한다. '〈미래소년 쿤다-버뮤다 5000년〉 → 〈서울에 온 ET〉 → 〈우주소년 돈키호테〉'로 이어지는 연작의 경향을 볼 때, 한희작은 『소년한국일보』에서 '판타지+SF 장르'를 담당했던 것으로 보인다.
50 평일에 발간된 일반적인 형태의 『소년한국일보』는 총 4쪽으로 구성되어 있고, 쪽마다 1~2편의 연재만화가 배치되어 있다. 〈서울에 온 ET〉가 연재되기 시작하던

에는 한국에 온 이티가 어떻게 한국 생활을 하는지, 즉 한국어로 말하고 한국 음식을 먹고 한국 학교에 다니는 이티에 대해 자세하게 다루고 있는데, 이를 잘 보여주는 치얼과 이티의 대화를 옮겨 보면 다음과 같다.

- 치얼: 히야~신기하다. 어떻게 우리말을 듣고 말할 줄 알지? 우주인들은 한국어를 쓰나?
- 이티: 그게 아냐. 작년부터 우리 별의 법이 바뀌어서 식물채집을 떠나는 대원들은 지구의 목적지 나라의 언어를 필수적으로 배우고 떠나게 돼 있어. 그래서 나도 한국에 오기 전 한국어 강습소를 6개월 동안 다니며 한국어를 배웠어.
- 치얼: 누가 가르치는데?
- 이티: 컴퓨터. 한국의 방송국들이 내는 말소리를 강력한 전파를 이용하여 우리 별까지 끌어와… 컴퓨터에 수록하여 한국어 선생을 만드는 거야.
- 치얼: (생각풍선) 흠! 생긴 모습은 저래도 꽤 과학이 발달했군. 하긴 우주선을 타고 지구까지 오는 걸 보면…
- 이티: 아~ 시장하다.[51]

이티가 치얼의 집에 머물게 되자 치얼은 친구인 풍쇠와 다희를 불러 "이제부터 우리 셋이 힘을 모아 이 외계인을 숨겨 주고 보호하고 고향으로 되돌아가게 해주어 한국 어린이들의 따뜻한 마음씨를 전 우

무렵 1쪽에는 이원복의 〈먼나라 이웃나라〉와 임웅순의 네컷만화 〈팔방이〉, 2쪽 하단에는 〈서울에 온 ET〉, 3쪽에는 신문수의 〈호박동자〉, 4쪽에는 이상무가 쓰고 신영이 그린 〈격정의 마운드〉가 연재되었다.
51 한희작, 〈서울에 온 ET〉 제13화, 『소년한국일보』, 1983.03.15.

주에 알려야 한다"고 말한다.[52] 이티는 혼자 몰래 빵과 우유를 사 먹다가 탈이 나기도 하고 치얼의 부모님께 먼저 인사를 드리는 등 같은 시기 『보물섬』에서 연재되었던 '아기공룡 둘리'처럼 엉뚱한 행동으로 소소한 사건을 일으킨다. 즉, 한희작의 이티 캐릭터는 원작 영화의 이티보다 당돌하고 엉뚱한 면이 강하고, 고향에 대한 향수와 고독감을 토로하긴 하지만 치얼과 교감을 나누거나 서로의 감정이 전이되는 등의 행동은 보이지 않는다.

흥미로운 것은 이티가 지구(한국)에서 처음으로 선망하는 존재가 '야구선수'라는 점이다.[53] 이 시기 아동청소년 매체나 문화콘텐츠에 빠지지 않고 등장했던 것이 '(프로)야구'였다. 이티는 한국의 학교로 전학한 후 친구들에게 부탁해 야구부 입단 테스트를 받기도 한다(제27화). 그러는 사이 외계인의 신체 구조를 연구하여 그들의 과학 수준을 알아내기 위해 이티를 노리는 악당 어른들이 등장하고, 이들이 이티를 위험에 빠뜨리려고 하자 지구 어린이들은 기지를 발휘하여 이티를 구한다. [그림 7]과 같이 야구선수가 되고자 하는 이티의 열망은 번번이 좌절되는데, 제50화까지 〈서울에 온 ET〉는 야구를 하려는 이티와 이

---

52 한희작, 〈서울에 온 ET〉 제19화, 『소년한국일보』, 1983.03.22.
53 한국프로야구는 1982년 3월에 출범했다. 전두환 정권의 각 부처는 앞다투어 프로야구 지원책을 마련했고, 프로야구의 흥행을 위해 '선수들의 스타화'와 '어린이회원제'를 이용하였다. 당시 어린이회원제에 가입할 수 있는 어린이 회원은 국민학교 재학생으로 한정되어 있었음에도 불구하고 1982년 여름 당시 프로야구 구단이 확보했던 어린이 회원은 15만 명에 육박했다고 한다(강준만, 『한국 현대사 산책-1980년대편』 2권, 인물과사상사, 2003, 109쪽). '야구선수가 되고 싶어 하는 이티'의 모습은 다른 시기, 다른 나라가 아니라 '1980년대 초 한국'에 도착한 외계인을 잘 보여주는 에피소드라 할 수 있다.

티를 잡으려는 악당 어른들의 좌충우돌 에피소드가 주를 이룬다.[54]

[그림 7] 한희작, 〈서울에 온 ET〉 제50화, 『소년한국일보』, 1983.04.28.

원작 영화와 마찬가지로 〈서울에 온 ET〉를 관통하는 핵심적인 주제는 이티와 지구 어린이들의 우정과 연대이다. 또한 이티와 지구 어린이들이 주동적 인물이라면 반동적 인물로는 지구의 어른들이 나온다. 이티를 납치하려는 악당들은 대부분 이티를 이용해 부자가 되려고 하거나 이티의 별을 정복하려고 한다. 이티는 매번 다른 악당을 만날 때마다 납치당하거나 감금되지만 치얼을 비롯한 지구 어린이들의 도움으로 악당을 물리치거나 교화시키고 이들의 아지트를 빠져나

---

54 참고로 1983년 3월 23일자 『소년한국일보』 4쪽 하단에는 『소년중앙』 4월호의 광고가 크게 실려 있는데, 여기서 눈여겨보아야 할 것은 『소년중앙』의 별책부록이었던 『만화중앙』에 만화 〈한국에 나타난 E·T〉가 새롭게 연재된다는 예고이다. 실물 자료를 구할 수 없어 이 만화의 내용을 확인할 수는 없었지만, 광고에 나오는 이티가 한복을 입고 갓을 쓰고 있다는 점, 인터넷 중고서점에서 발견한 『만화중앙』 표지에는 이티가 야구복을 입고 마운드에서 공을 던지는 투수의 모습을 하고 있다는 점에서 이 작품의 내용이 〈서울에 온 ET〉와 크게 다르지 않았을 것으로 추측해 볼 수 있다.

오는 동시에 또 다른 장소에서 같은 패턴의 모험을 이어 나간다. 특히 이티와 지구 어린이들이 모험을 겪게 되는 장소는 서울, 남극, 무인도, 정글 등으로 '지구'를 벗어나지 않는다. 또한 연재 중반부터는 우주 정복을 꿈꾸는 미치광이 과학자가 악당으로 등장한다. 반동적 인물이 매드 사이언티스트의 형상을 띤 만큼 이 작품은 기계새, 기계공룡, 투명인간, 타임머신 등 기존 SF에서 쉽게 접할 수 있었던 소재들을 코믹하게 전유한다.

원작 영화도 그러하지만 〈서울에 온 ET〉 또한 이티가 지구를 떠나는 것으로 마무리된다.[55] 만화·소설·아동극·오디오북 등 이 시기에 나온 대부분의 ET콘텐츠들은 이티가 지구에 도착하면서 서사가 시작되고 이티가 지구를 떠나면서 서사는 끝이 난다. 그러나 ET애니메이션의 경우 지구 어린이들이 이티를 만나러 지구 밖 행성으로 우주여행을 떠나면서 서사가 시작되고, 이들이 지구로 돌아오면서 서사가 끝난다. 플롯이 진행되는 중심 공간도 다른 행성이나 우주선 안으로, 지구 어린이들의 일상적 공간은 거의 나오지 않는다. 즉, 이티 캐릭터

---

55 그러나 〈서울에 온 ET〉의 결말은 황당하기도 하고 아쉽기도 하다. 제439화에서 '애니'라는 지구의 성인 여성을 만난 이티는 사랑에 빠지게 되고, 애니의 약혼자를 구해주기도 하지만 결국 이티를 사랑하게 된 애니는 이티를 찾아오고, 애니가 더 이상 곤란해지지 않도록 이티는 애니를 위해 지구를 떠나면서 만화는 막을 내린다. 또한 애니의 등장 이후부터 지구 어린이들과 함께 협력하여 위기의 상황을 빠져나간다는 기본 패턴이 약화되고 지구 어린이들이 출현하는 빈도도 줄어든다. 이티와 애니의 사랑 이야기는 갑작스러울 뿐만 아니라 전체적인 작품의 톤과도 맞지 않는 것처럼 보인다. 이러한 결말의 구체적인 내용은 1980년대 성인물 만화를 많이 그렸던 작가의 작품 경향과도 관련이 있겠지만, 무엇보다 1984년 6월 영화 〈E.T.〉의 개봉 이후 여름방학이 지나면서 ET콘텐츠에 관한 관심과 흥분이 어느 정도 사그라들 무렵 급하게 연재를 종료한 것으로 추정할 수 있다.

[그림 8] 〈황금연필과 개구장이 외계소년〉
포스터(1983.08.13. 개봉)[57]

[그림 9] 〈UFO를 타고 온 외계인 왕자〉
포스터(1984.01.01. 개봉)[58]

를 활용한 장편 애니메이션 〈황금연필과 개구장이 외계소년〉(1983)과 〈UFO를 타고 온 외계인 왕자〉(1984)는 지구 어린이와 외계인의 만남, 협력, 우정, 연대를 보여주면서도 광막한 우주를 배경으로 한 스페이스 오페라(우주활극)[56]의 문법 안에서 서사를 전개한다는 점에서 특징적이다. 두 영화 모두 주인공으로는 지구 어린이 3~4명이 등장하는데, 이들은 처음 보는 우주선을 두려워하거나 무서워하지 않고 영화에서

---

56 '스페이스 오페라(space opera)'는 20세기 초반에 형성된 SF의 하위 장르 중 하나로, 광활한 우주를 배경으로 우주 탐험, 외계 생명체와의 조우, 대규모의 우주 전쟁 등을 다루고 있는 작품들을 일컫는다. 미국에서도 한국에서도 스페이스 오페라를 바탕으로 외계 생명체와의 조우를 그려 왔던 SF의 흐름에서 〈E.T.〉는 변곡점이 되는 작품이라 할 수 있다. '우주활극'으로도 번역되었던 '스페이스 오페라'에 관한 설명은 박상준 엮음, 『멋진 신세계』, 현대정보문화사, 1992, 59쪽 참조.

본 이티를 만날 수 있으리라는 기대로 우주여행에 동참한다.

1983년 8월 13일에 개봉한 이영수 감독의 〈황금연필과 개구장이 외계소년〉(중앙영화사 제작, 63분)은 컴퓨터 대마왕을 숭배하는 컴퓨터 제국의 마왕과 꽃별성에서 황금에너지를 지키는 여왕 사이의 전쟁을 배경으로, 꽃별성의 왕자인 니켈과 지구 어린이들이 협력하여 마왕을 물리치는 SF 모험 서사이다. 니켈의 겉모습은 이티와 흡사하게 생겼되 니켈의 피부는 초록색이며 이티와는 다르게 옷을 입고 있다. 또한 여왕과 니켈은 텔레파시 능력을 지니고 있을 뿐 아니라 니켈의 경우 두 번째 손가락 끝에서 나오는 광선이 초능력으로 작용한다는 점에서 니켈은 이티를 연상시키기에 충분하다. 지구 어린이들과 니켈은 연필함대를 타고 우주를 가로지르며 컴퓨터 마왕이 보내온 로봇이나 우주문어와 몇 차례의 '우주 전쟁'을 벌이는 와중에 이들은 황금연필로 만든 전투기를 직접 조종하며 미사일을 발사하여 적의 로봇을 폭파시키기도 한다. 결국 니켈과 지구 어린이들은 합심하여 컴퓨터 대마왕을 격파하고 우주는 다시 평화를 찾는다. 니켈은 작은 비행접시를 타고 꽃별성으로 돌아가고, 지구 어린이들은 황금연필함대를 타고 지구로 돌아가며 영화는 끝난다.

1984년 1월 1일에 개봉한 조민철 감독의 〈UFO를 타고 온 외계인

---

57 애니메이션 〈황금연필과 개구장이 외계소년〉의 포스터 이미지는 한국영상자료원이 제공하는 디지털 자료를 캡처한 것이다(https://www.kmdb.or.kr/db/kor/detail/movie/K/05390/own/image#dataHashI mageDetail0, 2024.08.01. 접속).

58 애니메이션 〈UFO를 타고 온 외계인 왕자〉의 포스터 이미지는 한국영상자료원이 제공하는 디지털 자료를 캡처한 것이다(https://www.kmdb.or.kr/db/kor/detail/movie/K/05360/own/image#dataHashImageDe tail0, 2024.08.01. 접속).

왕자〉(한국교육영화사 제작, 67분)는 우연히 UFO를 타게 된 지구 어린이들이 초록별에 도착하여 병이 든 비잔타 왕자를 만난 후 함께 힘을 합쳐 초록별을 파괴하려던 붉은별 두목을 무찌르는 이야기이다. 비잔타 왕자는 이티보다 주름은 적지만 체형과 얼굴의 생김새가 이티와 흡사하며, 텔레파시 능력이나 검지를 이용한 초능력의 사용 등은 이티 캐릭터와 같다.[59] 비잔타 왕자가 살고 있는 초록별은 물질적인 과학보다는 정신적 에너지가 매우 발달한 곳이고, 호시탐탐 초록별을 노리고 있는 붉은별은 핵무기를 마치 신처럼 모시며 기계문명만을 발달시킨 곳이었다. 결국 지구 어린이들은 기지를 발휘하여 붉은별 두목을 물리치고 두목의 가슴에 있던 심장(마음과 용기)은 비잔타의 가슴으로 되돌아오면서 비잔타는 살아난다.

〈황금연필과 개구장이 외계소년〉과 〈UFO를 타고 온 외계인 왕자〉는 둘 다 1970년대 한국의 장편 애니메이션이 공유하던 스페이스 오페라의 문법에 이티라는 캐릭터와 〈E.T.〉의 주제를 결합하는 방식으로 만들어졌다. 즉 '이티가 한국에 온다면'이라는 가정이 '이티와 함께

---

[59] 마지막 대폭발이 일어나 비잔타와 지구 어린이들이 탈출하는 장면에서 비잔타는 지구 어린이들에게 자신이 타고 있던 휠체어를 단단히 잡으라고 한 후 휠체어를 우주 공간으로 떠오르게 한다. 이 역시 자전거가 날아오르는 원작 영화의 장면을 쉽게 연상시킨다. 이후 비잔타와 지구 어린이들은 다시 우주선을 타고 우주여행을 떠났다가 지구로 돌아온다. 마지막에는 〈서울에 온 ET〉처럼 비잔타를 잡아서 큰 돈을 벌어보려는 지구의 나쁜 어른과의 대결이 그려진다. 서커스 단장인 악당은 비잔타와 지구 어린이들을 가두고 서커스 쇼를 위해 이들에게 외발자전거를 가르치는데, 외발자전거를 탄 비잔타와 아이들은 비잔타의 초능력을 이용하여 하늘을 날아 탈출한다. 4대의 외발자전거가 일렬로 떠올라 공중을 날아가는 마지막 장면 역시 〈UFO를 타고 온 외계인 왕자〉가 영화 〈E.T.〉를 원본으로 하고 있음을 대놓고 보여주는 것이라 할 수 있다.

우주로 간다면'으로 전유된 것이다. 1970년대 한국의 아동청소년 문화의 장에서는 SF 애니메이션이 붐을 일으켰는데, 허무맹랑하고 흥미 위주라는 이유로 비판의 대상이 되기도 했던 이 시기 SF 애니메이션은 모두 광활한 우주를 배경으로 하는 스페이스 오페라류였다.[60] 이런 작품들은 우주 공간이나 미래 공간을 배경으로 하며 거대 로봇이 등장하여 적과 싸운다. 주인공 어린이는 로봇에 탑승하여 로봇을 조종함으로써 신체를 확장하고 더 큰 힘을 갖는다. 인간과 로봇은 하나의 신체로 '합체'된 것 같지만 감정이나 정서를 공유하지는 않는다.[61] 다시 말해, 1970년대 한국 SF 애니메이션에 공통적으로 등장하는 핵심적 요소가 '우주여행' '거대 로봇을 이용한 우주 전쟁의 승리' '지구 수호'였다면, 영화 〈E.T.〉의 핵심은 '지구(일상) 방문' '약하지만 다정한 외계인' '외계인과 감정의 동기화' '지구 어른들로부터 외계인 친구의 수호'라 할 수 있는데, 1980년대 ET애니메이션에는 양쪽의 요소가 한

---

60 1967년 신동헌 감독의 〈홍길동〉을 기점으로 한국 장편 애니메이션의 제작이 시작된다. 〈홍길동〉을 비롯하여 1960년대 제작된 한국 장편 애니메이션은 총 7편이며 주로 고전소설이나 일본에서 전해 내려오는 이야기를 각색한 것이 대부분이었다. 1970년대에 들어서면 29편이나 제작되는데 이 중 20여 편이 SF장르 영화이다. 1960~1970년대 한국 장편 애니메이션 제작 현황 및 SF 애니메이션의 붐에 관해서는 이성희, 「1970년대 한국 SF 애니메이션 연구: 한국 사회의 근대적 욕망에 대한 소망충족을 중심으로」, 중앙대학교 석사학위논문, 2007, 5~8쪽 참조. 1970년대 한국 SF영화에 등장하는 침략자 외계인 캐릭터나 우주 전쟁에 관해서는 송효정, 「한국 소년SF영화와 냉전 서사의 두 방식-〈대괴수 용가리〉와 〈우주괴인 왕마귀〉의 개작 과정 연구」, 『어문논집』 73, 민족어문학회, 2015, 103~105쪽 참조.
61 1970년대 한국 SF 애니메이션에 등장하는 로봇은 "기계에서 인간-사이보그로, 그리고 다시 기계로의 과정을 겪는 '자동기계'"라고 정의할 수 있다. 이 시기 애니메이션의 로봇에 대한 정의는 이성희, 「1970년대 한국 SF 애니메이션 연구: 한국 사회의 근대적 욕망에 대한 소망충족을 중심으로」, 중앙대학교 석사학위논문, 2007, 18~22쪽 참조.

데 섞이면서 외계인 친구와 그의 별을 지키기 위해 지구 어린이들이 우주여행을 떠나고 외계인 친구와 합심하여 적을 무찌르며 우주의 평화를 지킨다는 내용으로 확장되었다. 이와 더불어 ET콘텐츠를 향유했던 아동청소년 독자들 또한 확장된 스토리텔링을 즐기며 자신만의 방식으로 이를 다시 전유했다.

[그림 10] '어린이날 특집 기사', 『소년한국일보』, 1983.05.05.

[그림 10]은 1983년 5월 어린이날을 맞아 『소년한국일보』에 실린 특집 기사이다. 외계인 이티에 대한 어린이들의 생각을 담은 글을 모은 기사인데, 이 가운데에서 특히 주목할 만한 것은 서울 신도국민학교 5학년 김희선 어린이가 쓴 [외계인 나라 방문]이라는 '동화'이다. 원작 영화를 보지 못한 상황에서, 외계인과 UFO에 대한 호기심이나 지구 밖 다른 세계에 대한 궁금증, ET붐에 대한 소감을 넘어서 이티가

등장하는 다른 이야기를 창작해 보는 것은 ET콘텐츠를 향유하는 가장 적극적인 방법이기도 했을 것이다. 미디어 발달사의 관점에서 보자면 스토리텔링의 기술은 서사 중심에서 캐릭터 중심으로 전환되고 있다. 향유자가 캐릭터를 차용하여 자신만의 시공간에 배치하고 자기만의 방식대로 플롯을 짜고 이야기를 만드는 것은 현재 "스토리텔링의 미래를 가늠하게 하는 중요한 잣대"[62]가 되는데, 이미 이것의 성공적인 사례를 1980년대 ET콘텐츠에서 확인할 수 있는 것이다.

4. 1980년대 한국 아동청소년 문화사와 ET콘텐츠

한국 대중예술의 수용 및 소비의 경향은 1950년대 후반부터 '일본 중심'에서 '미국 중심'으로 선회했고, 이후 수십 년간에 걸친 축적이 이루어지고 난 다음인 1980년대에 이르면 질적으로도 심화될 뿐만 아니라 다양한 형식과 매체로 대중예술의 영역이 확대된다. 이 시기 한국의 대학가에서는 클래식다방이 사라지고 전자오락실과 만화가게가 우후죽순 생겨나기 시작했으며, 아동청소년은 문화상품의 구매력을 지닌 소비자로 급부상한다.[63] 1981년 컬러TV의 보급, 1982년 프로야구 개막과 만화전문잡지 『보물섬』 창간 등 1980년대 초에 나타난

---

62 이동은, 『스토리 유니버스』, 사회평론아카데미, 2022, 436쪽.
63 한국의 대중문화예술사에 있어서 1980년대가 지니는 특징은 이영미, 「총론」, 한국예술연구소 엮음, 『한국현대예술사대계Ⅵ–1980년대』, 시공아트, 2005, 26~29쪽 참조.

사회문화적 현상과 독서문화사에서의 변화가 'E.T.'라는 텍스트에 모두 담겨 있다. 또한 '대중문화상품'으로서 이티 캐릭터는 순식간에 엄청난 인기를 끌었으며 다양한 ET콘텐츠는 아동청소년 문화사에서 상업적/산업적 대중문화의 성공적인 표본이 된다.

'이티 유니버스' 즉 ET콘텐츠들이 공유하고 있던 세계관의 핵심은 무엇이었을까. 원작 영화를 충실하게 옮기든, 자신만의 스타일로 각색하든 상관없이 ET콘텐츠들이 원본에서 차용한 핵심 아이디어는 동일했다. 바로 이티라는 지적인 외계 생명체와 지구 어린이라는 '서로 다른 두 문화의 접촉'이다. 1970년대까지 한국에서 유통되었던 SF 문학 및 문화콘텐츠가 자주 다루어 왔던 광활한 우주, 적과의 전쟁, 거대 괴물, 소년 영웅 등이 영화 〈E.T.〉에는 등장하지 않는다. H. G. 웰스의 『우주 전쟁』(1989)에서부터 1970년대 한국의 애니메이션까지 우주는 전쟁을 치르는 적대적 공간이며 외계인은 위협적이고 미개한 존재로 그려져 왔던 전통을[64] ET콘텐츠들이 깨뜨린 것이다. 즉, ET콘텐츠는 지구인과 외계인이라는 다른 두 문화가 만날 때 벌어지는 일에 대한 상투적인 상상에 전환점을 가져왔다고 할 수 있다.

어린이가 자라서 어른이 되듯이, 누구에게나 지나온 어린 시절이 있다. 한 시대를 풍미했던 문화콘텐츠는 사회문화적 맥락의 소산이겠지만 그것을 향유하고 전유했던 수용자는 그 경험을 어떤 식으로든 내면에 새긴 채 성인으로 자라난다. 1980년대 초 〈E.T.〉를 비롯한 다

---

[64] 외계인을 위험하면서도 미개한 존재로 상상하고 우주를 지구인과 외계인이 전쟁을 일으키는 적대적 공간으로 그려왔던 SF의 역사에 관해서는 셰릴 빈트, 전행선 옮김, 정소연 해제·감수, 『에스에프 에스프리-SF를 읽을 때 우리가 생각할 것들』, 아르테, 2019, 37~58쪽 참조.

양한 미국발 문화콘텐츠를 즐기던 아동청소년들은 10년 후 '1990년대 신세대' 혹은 'X세대'가 되어 한국의 문화주체로 떠오른다. ET콘텐츠의 전유와 확산을 고려할 때 1990년대 신세대/X세대 문화의 특징이라 할 수 있는 미국 중심 문화, 소비 지향, 미디어 테크놀로지의 지배력 강화 등은[65] 이미 1980년대 초 어느 정도 예비된 것으로 볼 수 있다. 따라서 90년대 새롭게 등장한 젊은 세대의 특성을 87년 체제 이후 갑자기 돌출된 것인 듯 바라보는 시각은 이들이 10대 초중반에 향유했던 아동청소년 문화콘텐츠의 역사를 소거하는 것과 같다. 이는 문화사 연구에서 아동청소년 문화 연구를 적극적으로 끌어들여야 할 이유이기도 하다. 80년대의 아동청소년 문화콘텐츠와 90년대의 문화콘텐츠를 네트워크하여 이들의 지형을 좀 더 넓게 고찰해 보는 것은 다음의 과제로 남겨둔다.

---

65 1990년대 신세대의 특징은 주창윤, 『한국 현대문화의 형성』, 나남, 2015, 316~322쪽 참조.

어린이 애니메이션 〈신비아파트〉 시리즈에 반영된 무속적 해원구조의 콘텐츠화 양상과 의미

권선경

1. 어린이 애니메이션 〈신비아파트〉 시리즈에 주목하는 이유

문화콘텐츠가 각광받기 시작하면서 원천콘텐츠의 보고로 고전이 주목받기 시작했다. 고전은 저작권으로부터 자유로우면서 오랜 시간 동안 전승됐다는 측면에서 이미 대중적 공감대를 확보했다고 볼 수 있기 때문이다. 그동안 설화, 판소리, 고전 소설 등의 고전이 다양한 문화콘텐츠로 활용되었다. 이 중에서도 설화가 원천콘텐츠로서의 활용도가 가장 높았다. 누구나 접근이 가능한 이야기 구조를 통해 가장 광범위한 향유층을 기반으로 하기 때문이다.[1]

이 글에서는 전통적인 원혼담뿐만 아니라 무속적 원혼 인식과 해원

구조를 스토리텔링하여 성공한 국내 제작 애니메이션 〈신비아파트〉 시리즈에 주목하고자 한다. 〈신비아파트〉 시리즈는 원혼담이라는 이야기뿐만 아니라 무속 의례인 굿을 콘텐츠화하여 수용자층과 현대적 상황에 맞게 변용하여 구현했기 때문이다.

〈신비아파트〉는 CJ E&M이 제작한 국내 애니메이션이다. 2014년 12월 31일 어린이 전문 채널인 투니버스에서 방송된 후 2025년 현재까지 8개의 정규 TV 시리즈, 4편의 영화, 6편의 뮤지컬, 10여개의 게임, 3편의 웹드라마 등으로 제작되었다. 이뿐만 아니라 다양한 캐릭터 상품과 한자 및 색칠 공부 등의 상품으로도 개발되었다.

파일럿 프로그램으로 제작됐던 〈신비아파트 444호〉가 〈신비아파트〉라는 정규 TV 시리즈로 제작되어 시즌을 거듭하고 있을 뿐만 아니라 다양한 장르로 재생산되면서 다양한 콘텐츠 상품으로까지 개발되고 있다. 이는 〈신비아파트〉 시리즈가 성공한 콘텐츠 애니메이션이라는 점을 잘 보여주는 대목이다.

가장 먼저 〈신비아파트〉 시리즈에 주목한 송소라는 이 시리즈가 귀신을 활용한 아동 대상 공포애니메이션으로 유일할 뿐만 아니라 귀신 이야기를 성공적으로 콘텐츠화했다고 보았다. 송소라는 〈신비아파트〉 시리즈가 일상 속에서 갑자기 출몰하는 귀신의 형식인 현대 괴담의 형식을 전통적 귀신담인 원귀형의 구조 속에 조화롭게 수용했다고 평가했다. 또한 원귀형 귀신의 수용과 고스트 피규어로의 전환을 통해 귀신을 아동 콘텐츠화하는데 성공할 수 있었다고 보았다.[2]

---

1 정혜경, 「고전서사를 활용한 콘텐츠 동향과 기획」, 『우리문학연구』 57, 우리문학회, 2018, 119~159쪽.

다음으로 천수연은 〈신비아파트〉 시리즈를 수용자적 측면에서 분석하였다. 〈신비아파트〉에 등장하는 원귀의 원한이 당대 사회의 문제를 함의하고 있다는 송소라의 지적을 그대로 받아들여 〈신비아파트〉의 주수용자층인 초등학교 고학년의 인식을 조사한 것이다. 연구의 결과를 통해 〈신비아파트〉에서 제기한 원귀의 문제를 현재 초등학생들 역시 공감하고 있다는 것을 확인했다.[3]

선행연구를 통해 〈신비아파트〉 시리즈가 전통적인 귀신담을 성공적으로 콘텐츠화했음을 알 수 있었다. 여기에 더해 〈신비아파트〉에 귀신은 원귀형이면서 그 원한은 현대 사회의 문제라는 점도 밝혀졌다. 원혼이 등장하고, 그 원혼을 해원하는 개별 회차의 이야기는 무속의례의 대표적인 해원굿의 구조와 같다. 선행연구에서도 〈신비아파트〉 시리즈와 무속과의 상관성을 지적하였지만 귀신과 소통하는 주인공 하리와 하리를 통해 원혼들이 해원되어 승천하게 된다는 이야기의 전제가 무속의례의 정신을 계승하고 있다고만 언급하였다. 이 글에서는 여기에 더해 〈신비아파트〉 시리즈의 무속적 해원구조가 애니메이션으로 어떻게 콘텐츠화됐는지 살펴보고 그 의미를 찾아보고자 한다.

이 글에서는 〈신비아파트〉 파일럿 작품인 〈신비아파트 444호〉와

---

2 송소라, 「애니메이션 〈신비아파트〉 고스트볼의 비밀〉의 구성적 특징과 전통귀신담의 콘텐츠화의 의미」, 『고전문학과 교육』 39, 한국고전문학교육학회, 2018, 137~180쪽.
3 천수연, 「애니메이션 텍스트 분석을 통한 등장 귀신의 '원한' 분석과 한국 초등학생들의 현대 사회문제 인식 연구: 〈신비아파트:고스트 볼의 비밀〉 중심으로」, 『학습자중심교과교육연구』 21(18), 학습자중심교과교육연구학회, 2021, 211~226쪽.

〈신비아파트〉 첫 정규 시리즈인 〈신비아파트: 고스트볼의 비밀〉을 중심으로 분석하기로 하겠다. 선행연구에서 밝힌 바와 같이 〈신비아파트〉의 서사 구조는 정형적인 틀을 지니는데,[4] 파일럿 작품과 시즌1에서 보여준 서사 구조가 이어지는 시리즈에서도 반복·확장되기 때문이다.

2. 〈신비아파트〉의 구성적 특성과 무속적 해원구조의 콘텐츠화 양상

1) 무속적 해원구조 마련을 위한 구조적 장치인 외화

〈신비아파트〉 시리즈는 형식상 내화와 외화로 이루어져 있다. 하리와 두리 남매를 중심으로 한 일상적인 이야기인 외화 안에 원혼을 해원시켜주는 내화가 포함되어 있다.

〈신비아파트〉 시리즈의 시작이자 파일럿 작품인 〈신비아파트 444호〉의 1화에서는 〈신비아파트〉 시리즈의 전체적인 틀을 제시한다. 주인공인 하리가 귀신이 나온다고 알려진 100년이나 된 신비아파트, 그 중에서도 가장 무서운 일이 많이 일어난다는 444호로 이사를 오게 되면서 이야기는 시작된다.

하리와 두리 남매는 신비아파트에 살고 있는 102살 된 도깨비 신비를 만나게 되고, 신비의 엿을 뺏어 먹게 되면서 귀신을 볼 수 있는

---

4 송소라, 앞의 논문, 145쪽.

능력이 생긴다. 그러자 신비는 하리와 두리에게 이승을 떠도는 귀신들을 승천시켜주면 소원을 하나씩 들어준다는 조건의 계약을 한다. 여기까지가 내화를 구성하기 위한 외화이다. 이렇게 외화로 전체적인 틀이 제시된 후 개별 회차별로 원혼을 해원시켜주는 내화가 이어진다.

〈신비아파트 444호〉는 총 4화로 이루어졌는데, 하리와 두리는 신비와 함께 개별 회차별로 등장한 '승강귀(엘리베이터 귀신), 도립귀(물구나무 귀신), 술래귀(숨바꼭질 귀신), 묘인귀(지하실 귀신)'의 원한을 풀어주어 승천시켜준다.

〈신비아파트 444호〉는 '하리·두리 남매와 신비의 만남-신비의 엿을 먹은 후 귀신을 볼 수 있는 능력이 생긴 하리와 두리-신비와 원혼 승천을 시켜주기로 계약을 맺는 하리와 두리'로 이루어진 외화의 틀 안에 '귀신의 출현-하리·두리·신비와 귀신의 대결-원혼의 해원과 승천'인 내화가 개별 회차별로 반복되는 구조로 이루어진다.

후술하겠지만 이러한 내화구조는 무속의 해원굿과 동일하다. 내화인 해원굿이 연행되기 위해서는 굿을 연행하는 무당, 무당이 굿을 연행할 수 있도록 영험함을 부여해주는 신적 존재, 해원시켜야 하는 원혼이 있어야 한다.

굿을 연행하는 무당은 일반적인 사람이 아닌 신에게 선택받은 존재로 신과 소통하면서 신의 힘을 빌어 영적 능력을 발휘하는 존재이다. 이때 신과 소통할 수 있는 존재로 무당을 선택하고 영적 능력을 부여하는 신을 몸주신이라고 한다. 신에게 선택받은 사람은 그 신을 자신의 몸주신으로 받아들이고 그 외의 무속신들을 받아들이는 내림굿을 통해 사회적으로 무속의 사제자인 무당이 되었음을 공인받는다.

무당은 굿을 하거나 점을 칠 때 '방울·부채·엽전' 등의 무구(巫具)가 필요하다. 무구는 내림굿 전에 신과의 소통할 수 있는 능력을 보여주는 것의 하나로 구애비로 얻기도 하고, 내림굿을 하면서 신부모에게 받기도 한다. 이 중에서도 방울은 소리를 통해 신을 청배(請陪)하는 기능을 하는데, 특히 인격신과 소통할 때 필요한 무구(巫具)이다. 따라서 굿을 의뢰한 재가집의 조상신들을 불러 모실 때 반드시 무당이 드는 무구가 방울이다.[5]

〈신비아파트〉 시리즈의 시작인 〈신비아파트 444호〉의 외화인 '하리·두리 남매와 신비의 만남-신비의 엿을 먹은 후 귀신을 볼 수 있는 능력이 생긴 하리와 두리-신비와 원혼 승천을 시켜주는 계약을 맺는 하리와 두리'의 과정은 하리와 두리가 도깨비신인 신비를 몸주신으로 받아들이고 그와 소통하면서 다른 영적 존재와도 소통할 수 있는 영적 능력을 부여받는 내림굿으로 이해할 수 있다.

무당이 되기 위해서는 무당이라는 사제자가 되었음을 사회적으로 공인받는 절차로 입사의례인 내림굿을 받아야 한다. 내림굿은 사람이 원한다고 해서 받을 수 있는 것은 아니다. 신이 선택한 자만이 내림굿을 통해 무당이 될 수 있다. 무당이 되는 사람들은 보통 내림굿을 받기 전에 (귀)신을 보고, 구애비를 떠오거나 아는 소리를 하는 등의 이상행동을 통해 신과 소통하고 있음을 보여준다.[6]

하리와 두리가 신비를 만난 것은 신비가 그들에게 자신을 드러냈기 때문이다. 신비는 하리와 두리에게 자신의 존재를 드러낼 뿐만 아니

---

5 최진아, 「서울굿의 무구 연구」, 『한국무속학』 12, 한국무속학회, 2006, 216쪽.
6 양종승, 「무당의 신병과 신들림」, 『한국무속학』 2, 한국무속학회, 2000, 116~125쪽.

라 자신의 엿을 뺏어 먹게 하여 귀신을 볼 수 있는 능력을 부여한다. 이러한 점은 무당이 내림굿을 받기 전에 보여주는 양상과 동일하다. 그리고 자신이 부여한 능력을 통해 원혼을 승천시켜주면 소원을 들어준다는 계약을 맺는다. 신에게 영험함을 부여받고 이를 통해 원혼을 해원시켜 주어 천도해주는 것은 무당의 중요한 역할 중의 하나이다. 이러한 능력의 부여는 당연히 무당이 된 후에야 가능하기 때문에 하리·두리와 신비의 계약은 내림굿을 의미한다고 볼 수 있다.

무당의 영험함은 무당에게서 표출되는 것은 아니고, 무당이 모시는 신격인 몸주신의 영험함에서 비롯된다. 내림굿은 무당이 될 사람이 몸주신을 확인하고 받아들이는 과정이기도 하다. 그런 점에서 신비는 하리·두리의 몸주신이라고 할 수 있다.

다만 도깨비신이 몸주신인 것이 일반적인 양상은 아니다. 도깨비는 애니메이션을 비롯한 대중매체에서 가장 많은 콘텐츠화가 이루어진 신이다. 이를 통해 어린이들에게 친숙하게 수용됐을 가능성이 크다.[7] 신비는 초등학생인 하리와 두리보다도 작고, 2등신의 외향을 지니면서 어리숙한 행동을 주로 보인다. 이러한 신비의 모습 또한 신으로서의 두려움이나 외경심보다는 친숙함으로 다가오게 했을 것이다.

이뿐만 아니라 〈신비아파트〉의 첫 정규 시리즈인 〈신비아파트: 고스트볼의 비밀〉의 1화의 외화에서 신비가 하리와 두리에게 선물한 고스트볼은 자신을 비롯한 고스트피규어를 소환할 수 있는 것으로 무당의 방울과 같은 역할을 한다.[8]

---

[7] 김태완·김민, 「스토리텔링 기반의 한국도깨비 원형탐구와 상품화」, 『조형미디어학』 24(1), 한국일러스아트학회, 2021, 158~159쪽.

〈신비아파트 444호〉 1화의 외화에서 하리와 두리 남매는 신비를 몸주신으로 하는 사제자인 무당으로서의 자격을 획득하게 되고, 이후 이어지는 개별 회차이자 내화에서 개별 원혼들을 해원시켜 승천하게 해준다.

〈신비아파트 444호〉에서 보여준 외화와 내화의 구조는 이후 정규 시리즈에서도 그대로 이어진다. 다만 이야기를 좀 더 풍부하게 구성하기 위해 고스트볼처럼 〈신비아파트 444호〉의 기본 구조를 바탕으로 몇 가지 구성 요소를 추가한다.

정규 시리즈에서는 등장인물로 하리의 친구들이 추가되면서 이야기가 좀 더 다채로워진다. 새로 등장한 하리 친구들 중 강림이는 퇴마사로, 정규 시리즈부터 하리를 도와 개별 회차에 등장하는 악귀를 퇴치한다. 〈신비아파트〉 정규 시리즈의 내화부터는 '귀신의 출현-하리·두리·신비와 귀신의 대결-원혼의 해원과 승천 혹은 악귀의 퇴치'로 이루어지기 때문이다.[9]

이상의 무속적 세계관, 그 중에서도 해원굿을 연행할 수 있는 제반 사항으로 '무당·몸주신·원혼'을 콘텐츠화한 외화는 내화인 해원굿을

---

8 최진아, 앞의 논문, 216쪽.
9 〈신비아파트: 고스트볼의 비밀〉의 끝부분인 21화에는 지하국대적도 등장한다. 지하국대적은 대천사였으나 천계에서 쫓겨나 악귀가 된 존재로 이후 〈신비아파트〉 시리즈를 이끌어갈 큰 축 중의 하나이다. 지하국대적의 등장은 이후 〈신비아파트〉 시리즈의 전체 구성이 악의 축인 지하국대적과 그에 대응하는 하리와 친구들의 대결로 이어질 것을 보여준다. 각 회차별로 이루어지는 원혼의 해원 혹은 악귀의 퇴치는 지하국대적을 소멸하는 전체 과정에서 이루어지는 일화들이다. 〈신비아파트〉 시리즈는 개별 회차의 반복을 통해 궁극적인 목적인 지하국대적의 소멸로 나아가는 구조라는 것을 〈신비아파트: 고스트볼의 비밀〉 이후 시리즈를 통해 알 수 있다.

위한 구조적 장치의 마련이라고 볼 수 있다. '하리·두리 남매와 신비의 만남-신비의 엿을 먹은 후 귀신을 볼 수 있는 능력이 생긴 하리와 두리-신비와 원혼 승천을 시켜주기로 계약을 맺는 하리와 두리'라는 외화를 통해 해원을 위한 구조적 장치를 마련한 후 내화에서 '귀신의 출현-하리·두리·신비와 귀신의 대결-원혼의 해원과 승천 혹은 악귀의 퇴치'라는 해원 및 승천이 이루어지기 때문이다.

2) 개별 원혼을 통한 무속적 해원구조의 반복인 내화

(1) 무속적 해원구조의 콘텐츠화

〈신비아파트〉의 개별 회차 구성이자 내화인 '귀신의 출현-하리·두리·신비와 귀신의 대결-원혼의 해원과 승천 혹은 악귀의 퇴치'는 무속, 좁게는 굿의 해원구조가 애니메이션으로 재현된 것이라고 할 수 있다. 한국 무속에서는 비정상적으로 죽음을 맞이한 경우 저승으로 천도되지 못하고 이승에 남아서 산 사람을 해코지하게 되는 원혼이 된다고 믿는다. 그리고 이러한 원혼들을 해원시켜 주는 의례가 발달되어 있다. 개별굿으로는 망자천도굿이 여기에 속하고, 개별굿 안의 한 절차인 뒷전류도 이러한 원혼들을 달래주는 역할을 한다.

억울하게 죽었다는 섬에서 망사천노굿의 원혼과 뒷전류의 원혼들은 큰 차이가 없다. 다만 이승에서 원혼을 해원시켜 줄 존재가 있어야 망자천도굿이 가능하다. 한국 무속에서는 이승에서 비정상적으로 죽은 경우 저승으로 천도받지 못하고 이승에 남아 산 사람을 괴롭힌다고 여긴다. 이때 원혼이 괴롭히는 대상은 자신의 혈족이나 인척이다.

이와 달리 자손을 아끼고 보호하려고 만지는 경우에도 병이 되거나 문제가 되기도 한다.[10] 〈신비아파트〉의 원혼 중에서는 〈신비아파트: 고스트볼의 비밀〉의 2화에서 가은이의 언니인 흑진귀가 여기에 속한다. 가은이의 언니는 죽은 후에도 가은이를 보호하고자 가은이의 곁에 머물지만 그게 오히려 가은이에게 문제를 유발했기 때문이다.

이승에서 산 사람과의 관계가 모두 끊어진 원혼은 불특정 다수를 괴롭힐 수 있다고 믿는다. 이 경우는 대개 뒷전류에서 놀려주는 것으로 해결된다. 다만 원혼의 한이 클 경우 뒷전류만으로는 해결되지 않는다.

산 사람과의 관계가 끊긴 원한이 큰 원혼이 해코지하는 존재는 주로 자신이 머물고 있는 공간에 들어오는 사람들이다. 사람이 빠져 죽은 물가나 교통사고로 사람이 죽은 자리에서 계속 사람이 죽는다고 여기는데, 그곳에 빠져 죽은 원혼이 산 사람들을 죽음으로 모는 해코지를 한다고 믿기 때문이다. 이러한 경우 이 공간에서 지속적으로 죽음이 발생하기 때문에 사회적으로도 문제가 된다. 원혼의 해코지를 멈추게 하는 방법은 그 공간에 머물고 있는 원혼을 해원시켜 주는 것이다. 원혼이 죽은 이유는 당대 사회의 문제를 고스란히 담고 있는 경우가 많기 때문에 원혼의 해원은 일반적으로 해당 사회를 대표하는 장(長)이 맡는다. 원혼의 해코지가 사회적으로 문제가 된 상황이라는 점에서도 원혼의 해원은 해당 사회의 문제이기 때문이다.

원혼이 지속적으로 마을에 문제를 일으킬 경우 마을에서 진혼(鎭魂)한 후 마을신으로 모시기도 한다. 마을에 해코지를 했던 힘이 마을 사람들에 의해 진혼이 되면 그 힘은 마을 사람들을 위해 발휘하는 쪽

---

10 최길성, 『한국인의 조상숭배와 효』, 민속원, 2010, 427쪽.

으로 전환된다고 믿기 때문이다. 서울의 왕십리 애기씨당, 동해안의 해랑당이 대표적이다.[11]

〈신비아파트〉에서 원혼들이 해원·승천 후 고스트피규어가 되어 하리와 두리를 돕는 것도 이와 같은 맥락이다. 〈신비아파트: 고스트볼의 비밀〉부터는 하리와 두리 등을 통해 해원되어 승천한 원혼들은 고스트볼로 소환할 수 있는 고스트피규어가 된다. 이들은 신비와 마찬가지로 고스트볼로 소환할 수 있고, 신비처럼 하리와 두리가 귀신들과 싸울 때 도움을 준다. 이런 점에서 고스트피규어로 소환되는 존재들은 신비처럼 하나의 신격으로 볼 수 있다. 다만 건물에서 탄생한 도깨비신인 신비와 달리 이들은 사람이 죽어서 된 인격신이다.

고스트피규어는 자신들의 특화된 능력을 통해 하리와 두리를 돕는데, 그 능력은 그들이 원혼이었을 당시의 특징이 특화된 것이다. 〈신비아파트: 고스트볼의 비밀〉 1화의 벽수귀는 물탱크에 갇혀 죽은 어린아이의 원혼들로 물을 통해 자신들을 드러냈는데, 고스트피규어로 소환될 때는 엄청난 물을 동원하는 능력으로 하리와 친구들을 돕는다.

고스트볼과 고스트볼로 소환되는 고스트피규어는 무구인 방울로 무당에 의해 굿판에 모셔지는 인격신의 모습과 동일하다. 무속에서도 사람이 죽어서 된 인격신이 존재하기 때문이다. 물론 아무나 신이 될 수 있는 것은 아니다. 전술한 것처럼 사회적인 문제로 원혼이 됐을 때, 즉 사회적 죽음일 때 신이 될 수 있다고 여긴다.[12] 〈신비아파트〉

---

11 최길성, 앞의 책, 438~441쪽; 천혜숙, 「화장마을 당신화의 요소 및 구조 분석」, 『민속연구』 6, 안동대학교 민속학연구소, 1996, 57~81쪽.

시리즈에서 해원·승천 후 고스트피규어가 되는 원혼들도 '영유아 돌봄 문제, 또래 집단 따돌림' 등인 사회적인 문제로 죽은 존재들이다.[13] 이 부분에 대해서는 후술하기로 하겠다.

〈신비아파트〉 시리즈의 개별회차는 '귀신의 출현-하리·두리·신비와 귀신의 대결-원혼의 해원과 승천 혹은 악귀의 퇴치'로 내화가 반복되지만 〈신비아파트〉 시리즈가 개별 회차로 이어질 수 있는 것은 회차별로 새로운 원혼(악귀)이 등장하기 때문이다. 〈신비아파트〉 시리즈의 내화는 동일한 구조가 반복되지만 새로운 원혼(악귀)으로 인해 서사의 새로움을 획득하여 개별회차가 이어질 수 있게 한다.

〈신비아파트〉 시리즈의 궁극적인 목적은 파일럿 작품인 〈신비아파트 444호〉에서 신비가 하리와 두리 남매에게 내세웠던 계약 조건에 잘 반영되어 있다. 원혼의 해원 및 승천을 통해 이승의 안정과 평화를 도모하는 것이다. 이러한 궁극적인 목적 위에 시리즈의 지속·확장을 위해 다른 요소들이 추가된다. 따라서 다음 장에서는 〈신비아파트〉 시리즈의 궁극적인 목적과 직결되며 개별회차가 이어질 수 있도록 하는 원혼을 귀신의 양상 속에서 살펴보도록 하겠다.

---

12 살았을 당시 한(恨)이 많은 경우 신이 된다고도 하는데, 이 경우에도 한(恨)은 사회적 한이어야 한다. 단순히 개인적인 원통함이 아니라 그 원통함이 사회적 모순이나 사회적 문제와 연결될 때 무속신이 될 수 있다. 최영장군, 남이장군, 천연두신인 호구가 대표적이다. 그런데 사람이 죽어서 무속신이 되는 경우는 한(恨)보다는 사회적 죽음이어야 한다. 원통하게 죽지 않았어도 그 죽음이 사회적 가치를 획득했을 경우 무속신이 될 수 있기 때문이다.
13 송소라, 앞의 논문, 147~153쪽; 천수연, 앞의 논문, 211~226쪽.

(2) 내화 구성 확장에 쓰인 개별 원혼의 종류와 의미

다음은 신비아파트 파일럿 프로그램과 첫 번째 정규시리즈인 〈신비아파트 고스트볼의 비밀〉에서 등장한 귀신의 종류이다.

[표 1] 〈신비아파트〉에 등장하는 귀신의 양상과 원혼

회차		제목	등장 귀신	귀신 양상	발생 이유
신비아파트 444호 스페셜	1-1화	어서 와 신비아파트. 엘리베이터 귀신!	승강귀 (엘리베이터 귀신)	원혼	죽음의 방식 (화재로 엘리베이터에 갇혀서 죽음)
	1-2화	쿵.쿵.쿵. 한밤의 층간소음 귀신!	도립귀 (물구나무 귀신)	원혼	죽음의 방식
	2-1화	쉿, 소리 내지마. 술래잡기 귀신!	술래귀 (숨바꼭질 귀신)	원혼	죽음의 방식 (술래잡기 놀이 중 교통사고로 죽음)
	2-2화	미로속의 노란 눈동자! 지하실 귀신!	묘인귀 (지하실 귀신)	원혼	죽음의 방식 (고양이를 돌보다가 지하실에 갇혀 죽음)
1		돌아온 신비아파트! 검은 물 속의 공포!	벽수귀	원혼	죽음의 방식 (물탱크에 갇혀 죽음)
2		벗어날 수 없는 저주, 소녀의 머리카락	흑진귀	원혼	죽음의 방식 (동생의 모자를 잡으려다 육교에서 추락사)
3		예뻐지고 싶니? 그림자 귀신의 유혹	팬텀 토르소	악귀	해당 안됨
4		창밖의 불길한 시선, 거미 귀신의 습격	모주귀	원혼	죽음의 방식 (아파트 베란다에서 떨어져 죽음)
5		저주받은 스마트폰	이드라	악귀	해당 안됨

6	정체를 알 수 없는 적, 얼굴 없는 귀신	무면귀	원혼	죽음의 방식 (자살)
7	불길한 멜로디의 저주, 발레리나의 오르골	마리오네트퀸	원혼	죽음의 방식 (비행기 사고로 죽음)
8	공포의 4444번 버스	치돈귀	원혼들	죽음의 방식 (추락하는 버스에 갇혀서 죽음)
9	빠져나갈 수 없는 함정, 인간뽑기 기계	환마귀	원혼	죽음의 방식 (교통사고로 죽음)
10	붉은 눈동자의 소년 이안	시온, 뱀파이어	흡혈귀	해당 없음
11	4와 2분의 1 귀신지도	키클라스	악귀	해당 안됨
12	작은 인간 호문쿨루스	호문쿨루스	악귀	해당 안됨
13	죽음에서 돌아온 꽃	망부화	원혼	죽음의 방식 (병사)
14	공포의 수련회, 무덤속의 악령	골묘귀[14]	해당 안됨	해당 안됨
15	강철 짐승의 습격	불가사리	악귀	해당 안됨
16	꼭꼭 숨어라 머리카락 보일라! 귀신과의 숨바꼭질!	라바나브	악귀	해당 안됨
17	그림 로봇 그리고 푸른 저주의 영혼	기계 속의 원혼, 헤론	원혼	죽었을 때의 상태 (아프다가 죽은 아이)
18	엄마의 위기 끝나지 않은 악몽	객귀, 천계의 수호자, 마고할망	악귀	해당 안됨
19	뱀파이어의 왕	뱀파이어의 우두머리, 요하임 냉혹한 신사발로	뱀파이어	해당 안됨
20	비오는 날의 방문자 섬에서 온 귀신	빗 속의 방문자, 그슨새	악귀	해당 안됨

21	지하국대적의 등장	지하국대적	악귀	대천사였으나 천계에서 쫓겨나 악귀가 됨
22	안개속의 음모 하얀 날개의 괴수!	백색의 날개, 림사이코스	악귀	해당 안됨
23	신비 아파트 최후의 위기(상)	지하국대적과의 대결	악귀	대천사였으나 천계에서 쫓겨나 악귀가 됨
24	신비 아파트 최후의 위기(하)	지하국대적과의 대결	악귀	대천사였으나 천계에서 쫓겨나 악귀가 됨

이상의 귀신은 '원혼, 악귀, 해당 사항 없음'으로 나눌 수 있다. 원혼이란 이승에서 한을 품고 죽어서 저승으로 천도되지 못하고, 이승에 남아 산 사람들에게 해코지하는 존재이다. 이 경우 한을 풀어주면 산 사람들에게 해코지를 멈추고 저승으로 천도된다. 원혼은 해원되면 더 이상 원혼이 아니다. 실제로 〈신비아파트〉에 등장하는 원혼들은 하리와 신비 등을 통해 해원이 이루어지면 승천한다.

[표 1]에 등장한 귀신 중에서 원혼은 '승강귀, 도립귀, 술래귀, 묘인귀, 벽수귀, 흑진귀, 모주귀, 무면귀, 마리오네트퀸, 치돈귀, 환마귀, 망부화, 헤론(기계속의 원혼), 도립귀, 헤론'이다.

---

14 골묘귀는 오래된 무덤 속에 잠들어 있던 영혼인데, 사람들이 자신의 무덤을 침범하자 사람들에게 해코지를 시작했다. 골묘귀의 일화는 신비 및 하리가 골묘귀를 자신의 무덤 속으로 들어가게 한 후 일단락되었다. 하지만 18화에서 골묘귀를 소환하는 것으로 보아 고스트피규어가 됐다는 것을 알 수 있다. 이유없이 해코지를 하지 않았다는 점에서 악귀는 아니지만 원혼으로도 보기 어렵다. 원혼은 이승에서의 한으로 발생하기 때문이다.

이에 반해 악귀는 원혼과 달리 사람이 죽어서 된 존재가 아닌 경우도 있고, 해코지도 원혼과는 다르다. 원혼의 해코지는 자신의 원한을 이야기하려다가 의도치 않게 발생하는 경우가 많은 반면 악귀의 해코지는 그 자체가 목적이다.[15] 악귀의 악행은 원인이 없거나 그 자체가 목적이기 때문에 해결 방법 역시 축귀하는 수밖에 없다. 실제로 〈신비아파트〉의 악귀들은 대부분 강림이에 의해 봉인되는 방식으로 축귀된다. [표 1]에 등장한 악귀는 '팬텀 토르소, 이드라, 키클라스, 라바나브, 객귀,[16] 그슨새, 지하국대적[17]'이 여기에 해당한다.

마지막으로 해당 사항 없음에는 '시온, 뱀파이어'라고 등장하는 흡혈귀가 있다. 인간이나 동물의 피를 빨아먹는다고 여기는 흡혈귀는 서양 전설에 등장하는 존재이다. 〈신비아파트: 고스트볼의 비밀〉을 시작으로 이어지는 시리즈에는 다양한 흡혈귀들이 하리를 비롯한 친구들과 연합 혹은 대결하면서 이야기를 풍요롭게 한다. 흡혈귀의 등장

---

15 지하국대적은 〈신비아파트〉 시리즈에서 최종적으로 해결해야 할 대(大)악귀이다. 지하국대적은 대천사였으나 천계에서 쫓겨나면서 악귀가 되었기 때문에 악귀가 된 원인이 존재한다. 하지만 원혼과 달리 사람들에게 해하는 해코지가 자신의 원한을 표출하는 도중에 의도치 않게 발생하는 것이 아니라 해코지 자체가 목적이라는 점에서 원혼과는 분명한 차이가 있다.

16 객귀는 객사한 귀신으로 한국 무속에서는 원혼으로 인식하는데, 〈신비아파트〉에서는 악귀로 등장한다. 〈신비아파트〉에서는 '죽음의 방식에 대한 문제'로 발생한 원혼에서 죽음의 방식을 사고사로만 인식한 것으로 판단된다. 이로 인해 객사는 제외된 것으로 보인다. 과거 자신의 집 안방에서 죽는 경우를 제외한 모든 죽음을 객사로 봤고, 객사는 원혼이 되는 이유 중의 하나였다. 그런데 현재 대부분의 사람들은 병원에서 죽음을 맞이한다. 대부분이 객사에 해당되는 것이다. 그러나 현재 병원에서의 죽음을 객사라고 보지는 않는다. 시간이 흐름에 따라 죽음의 인식이 변했고 그러한 변화양상이 〈신비아파트〉에도 반영된 것으로 볼 수 있다.

17 지하국대적의 경우 대천사였으나 천계에서 쫓겨나면서 악귀로 변신한 존재이다. 〈신비아파트〉 시리즈의 최종 목적은 지하국대적의 퇴치에 있다.

은 요즘 아이들에게 익숙한 존재를 등장시켜 서사를 좀 더 풍요롭게 하기 위한 것으로 생각된다.[18]

전술한 바와 같이 이 중에서도 원혼이 가장 주목된다. 〈신비아파트〉 시리즈의 시작을 알리는 파일럿 프로그램이었던 〈신비아파트 444호〉에서 이어지는 정규 프로그램인 〈신비아파트〉 시리즈의 목적이 원혼의 해원 및 승천에 있기 때문이다. 〈신비아파트〉 시리즈의 원혼을 살펴보면 다음과 같다.

[표 1]에서 살펴본 〈신비아파트〉에 등장하는 원혼은 '승강귀, 도립귀, 술래귀, 묘인귀, 벽수귀, 흑진귀, 모주귀, 무면귀, 마리오네트퀸, 치돈귀, 환마귀, 망부화, 헤론'이었다. '승강귀, 도립귀, 술래귀, 묘인귀, 벽수귀, 흑진귀, 모주귀, 마리오네트퀸, 치돈귀'는 '엘리베이터에 갇혀서, 교통사고, 지하실에 갇혀서, 물탱크에 갇혀서, 육교에서 추락해서, 아파트 베란다에서 떨어져서, 비행기 사고, 차사고' 등의 사고사로 원혼이 됐다. 무면귀는 자살, 환마귀, 망부화, 헤론[19]은 병사로 원혼이 되었다. 이들은 모두 죽음의 방식이 문제가 되어 원혼이 된 존재들이다. 자신의 수(壽)를 다 누린 후 삶을 마감한 것이 아니기 때문이다.

이중 '도립귀'는 죽음의 사연 즉 원한의 이유가 제시되어 있지 않나. 노립귀가 사람들에게 해코지를 한 이유는 자신의 죽은 친구 윤석이를 찾기 위해서였다. 윤석이의 영혼을 보자 한 장소에 집착하는 자

---

18 송소라, 앞의 논문, 171~172쪽.
19 헤론의 죽음이 명확하게 나오지는 않지만 평소 몸이 아파서 자유롭게 움직이지 못하고 누워 있었던 것을 볼 때 병사했던 것으로 보인다.

신의 정체성을 포기하고 윤석이와 바로 승천하기 때문이다. 이를 볼 때 도립귀가 해코지를 발휘하는 부분 역시 윤석이의 급작스러운 죽음으로 생각되기 때문에 넓은 의미에서 '죽음의 방식에 대한 문제'로 볼 수 있다.

이상의 원혼들이 원혼이 된 원인인 사고사는 선행연구에서 지적된 것처럼 단순한 사고만을 의미하지는 않는다.[20] 술래귀와 흑진귀는 왕따로 대표되는 아이들 사이의 소외문제가 사고사의 원인이었다. 벽수귀와 묘인귀는 공통적으로 이웃의 무관심이 원인이었다. 여기에 벽수귀는 아이 돌봄의 문제가 중첩되었고, 묘인귀는 캣맘을 캣맘충이라고도 부르는 데에서 드러나는 것처럼 고양이 돌봄과 관련된 특정 사람들에 대한 혐오 문제가 겹쳐 있다. 이러한 아이들 사이의 소외문제, 이웃의 무관심으로 인한 문제, 아이 돌봄의 문제, 혐오 문제는 현재 우리 사회의 한 단면을 보여준다.

그런데 이상의 원혼에서 또 하나의 점이 주목된다. '술래귀, 벽수귀, 마리오네트퀸, 헤론'은 어린아이들의 원혼이었고, '승강귀, 묘인귀, 흑진귀'는 혼인하지 않은 젊은 여성으로 여겨진다. 이들 원혼 중에서 4명이 어린아이들이었고, 3명은 젊은 여성이었다. 이 부분은 다음 장에서 살펴보기로 하겠다.

---

[20] 송소라, 앞의 논문, 147~153쪽.

3. 〈신비아파트〉 시리즈에 반영된 무속적 해원 구조의 콘텐츠화의 의미

1) 무속적 신관념을 통한 구조의 확장-고스트볼과 고스트피규어를 통한 신격의 소환과 좌정

앞장에서 살펴본 〈신비아파트〉의 원혼들은 해당 공동체의 문제로 죽은 존재들이다. 이러한 원혼들은 해원 후 무속신(神)이 되기도 한다. 최영장군, 호구신 등이 대표적이다. 이들은 무속신으로만 좌정하는 것이 아니라 무당의 몸주신으로 모셔지기도 한다.

무당은 자신의 내림굿에서 몸에 실린 신명(神名)들을 나열하는 과정을 통해 몸주신들을 명확하게 인지하고 모시게 된다. 그런데 무당이 된 이후에도 몸주신을 더 모시는 경우가 있다. 현몽 등을 통해 자신을 모시길 원하는 신을 모셔오기도 하고, 무당의 필요에 의해 모시기도 한다. 이렇게 새로 모시는 신은 무신도 등으로 모시게 된다.[21] 무당은 자신이 모시는 신을 그림 형태인 무신도나 무구 형태로 모시는데, 여기에 해당 신이 깃든다고 보기 때문이다.[22]

〈신비아파트〉 시리즈에서 고스트피규어로 전환되는 원혼은 해당 공동체의 문제로 죽은 이후 해원되어 신격으로 좌정한 무속신의 모습을 연상케 한다. 원혼에서 고스트피규어로 전환되는 양상은 원혼이 신으로 좌정하는 모습을 애니메이션으로 콘텐츠화한 것이라고 볼 수

---

21 최진아, 「새로운 신을 받아들이는 종교현상 구애비」, 『한국민속학』 50, 한국민속학회, 2009, 490~493쪽.
22 최진아(2006), 앞의 논문, 181~190쪽.

있다. 고스트볼을 통해 고스트피규어를 소환하는 것은 굿에서 무구인 방울로 인격신을 청신(請神)하는 것으로 이해된다. 무당이 모시는 무신도에 해당 신이 깃들어 있다고 보는 것처럼 고스트피규어가 해당 신격이라고 보는 것이다.

원혼이 고스트피규어로 전환되는 것은 무속적 원혼 인식을 애니메이션으로 콘텐츠화한 것에 그치지 않고, 〈신비아파트〉 시리즈의 구조적 긴밀성 및 확장에 기여한다. 원혼이 고스트피규어로 전환됨으로써 해당 원혼은 개별 회차에서 퇴장하지 않고, 이후 서사에서도 지속적으로 등장할 수 있게 된다. 고스트볼을 통해 고스트피규어를 이후 회차에서 반복적으로 소환할 수 있기 때문이다.

하리와 두리가 고스트피규어를 소환하는 이유는 그들의 힘을 빌려 귀신과 싸우기 위해서이다. 원혼 당시 사람들에게 해코지할 수 있었던 힘은 고스트피규어로 전환된 후에는 귀신과 맞서는 힘이 된다. 물에 갇혀 죽은 벽수귀는 물을 동원할 수 있는 고스트피규어가 되고, 긴머리카락으로 사람들을 두려움에 떨게 했던 흑진귀는 긴머리카락으로 귀신과 맞선다. 벽수귀나 흑진귀가 원혼이 됐던 이유가 달랐던 것처럼 고스트피규어는 각자만의 능력을 지닌다.

무속신들은 관장 영역과 그에 따른 신적 능력을 지닌다고 여긴다. 특히 사람이 죽어서 된 인격신은 고스트피규어처럼 살아있었을 때의 특성이 신격의 직능과 긴밀하게 연결된다. 천연두를 앓다가 후손을 두지 못하고 젊은 나이에 죽은 것으로 인식되는 서울굿의 호구는 자신이 천연두로 죽은 만큼 천연두를 비롯한 질병 및 액을 막아주는 역할을 한다.[23]

〈신비아파트〉의 원혼과 고스트피규어는 무속적 해원구조를 수용

하여 원혼과 이후 해원을 통해 신격화 양상을 애니메이션 콘텐츠로 담아낸 것이다.[24]

2) 무속적 원혼 인식의 확장

2장에서 살펴본 〈신비아파트: 고스트볼의 비밀〉의 원혼은 '승강귀, 도립귀, 술래귀, 묘인귀, 벽수귀, 흑진귀, 모주귀, 마리오네트퀸, 치돈귀, 도립귀, 무면귀, 환마귀, 망부화, 헤론'이었다. 이들은 사고사 혹은 병사라는 '죽음의 방식에 대한 문제'로 원혼이 되었다.

이중 흑진귀는 '죽었을 때의 상태에 대한 문제'도 있는 원혼으로 보인다. 흑진귀는 초등학생인 가은이의 언니로 과거 사회에서 가장 무서운 원혼으로 여겼던 처녀 귀신으로 생각되기 때문이다. 묘인귀와 승강귀도 해원 후의 모습이나 고스트피규어로 전환된 모습을 봤을 때 흑진귀처럼 젊은 여성으로 여겨진다는 점에서 흑진귀와 마찬가지로 '죽었을 때의 상태에 대한 문제'도 있는 원혼이라고 할 수 있다. 하지만 〈신비아파트〉에서는 이들이 원혼이 된 이유가 사고사라는 '죽음의

---

23 권선경, 「여성 원혼의 신격화 양상과 의미」, 『민족문화연구』 65, 고려대학교 민족문화연구원, 2014, 319~344쪽.
24 추후 시리즈인 〈신비아파트:고스트볼 더블X〉에서부터 고스트피규어는 고스트피규어끼리 합체가 되기도 한다. 고스트피규어를 소환할 수 있는 하리와 두리의 고스트볼이 합체하면 합체형 고스트볼이 만들어지는데, 이를 통해 합체된 고스트피규어를 소환할 수 있는 것이다. 합체된 고스트피규어의 능력은 각각의 고스트피규어의 능력이 결합된 방식으로 나타나서 귀신과 대결하는데 더 큰 도움을 줄 수 있다. 해원구조를 바탕으로 한 무속적 신관념을 원혼과 고스트피규어로의 전환에 그치지 않고 합체라는 방식까지 더해 이야기를 더욱 풍부하게 확장시킨 것이다.

방식에 대한 문제'였다고 명확하게 이야기한다. 이들은 하리와 친구들에 의해 죽음의 방식에서 발생한 문제가 해결되자 해원되어 승천했기 때문이다. 그렇다면 '승강귀, 묘인귀, 흑진귀'가 굳이 젊은 여성일 필요는 없다. 한국 무속에서는 젊은 여성이 아니더라도 이들처럼 사고로 죽을 경우 원혼이 된다고 믿었기 때문이다.

한국 무속에서는 비정상적으로 죽으면 저승으로 천도되지 못하고 이승에 남아 산사람들에게 해코지를 하는 원혼이 된다고 믿었다. 여기서 말하는 비정상적인 죽음이란 통과의례를 모두 거치고, 자신의 집에서 자신의 수(壽)를 다 누리고 죽는 죽음 외의 모든 죽음을 말한다. 통과의례를 모두 거쳐야 된다는 점에서 '죽었을 때의 상태에 문제'가 있어도 원혼이 된다고 믿었고, 자신의 집에서 자신의 수를 다 누려야 된다는 점에서 '죽음의 방식에 대한 문제'가 있어도 원혼이 된다고 생각했다. 따라서 젊은 나이에 죽은 경우, 자살한 경우, 사고로 죽은 경우, 객사한 경우 모두 원혼이 된다고 믿었다.

원혼 중에서도 처녀귀신을 가장 무섭다고 인식했다. 원혼이 발생하는 가장 큰 이유는 저승으로 천도되지 못해서인데, 후손이 있을 경우 망자천도굿 등을 통해 저승으로 천도시켜줄 수 있지만 처녀귀신은 후손을 두지 못했기 때문이다.[25]

'승강귀, 묘인귀, 흑진귀'가 굳이 젊은 여성으로 등장한 이유는 한국 무속의 원혼 인식에서 그 이유를 찾을 수 있다. 전술한 바와 같이

---

25 총각귀신도 처녀귀신과 동일하게 가장 무서운 귀신중의 하나로 여겼지만 남성의 경우 부계집단에서 사후 일정기간동안 제사를 지내주기도 했다는 점에서 처녀귀신과는 차이가 있다. 최길성, 앞의 책, 427쪽.

한국 무속에서는 혼인하지 못하고 죽었거나 혼인했으나 자손을 두지 못하고 죽은 젊은 여성을 가장 무서운 원혼이라고 여겼다. 이로 인해 처녀 귀신은 대표적인 원혼으로 인식되기도 한다.[26] 이들은 원혼들을 모시는 굿의 말미 거리에서 반드시 호명되는 원혼이면서 서울굿에서는 본거리에서도 모실 만큼 중요한 신격으로 인식한다.[27] '승강귀, 묘인귀, 흑진귀'가 굳이 젊은 여성으로 등장한 것은 이러한 무속적 원혼 인식이 반영된 것이다.

이와 함께 '술래귀, 벽수귀, 마리오네트퀸, 헤론'도 모두 어린 나이에 사고나 병으로 죽었기 때문에 결혼과 임신·출산이라는 통과의례를 거치지 못하고 죽은 원혼이다. 이들도 '승강귀, 묘인귀, 흑진귀'처럼 굳이 통과의례를 거치지 못한 어린아이일 필요는 없다. 사고사라는 문제적인 죽음만으로도 이미 원혼의 발생 이유는 충족됐기 때문이다. 실제로 〈신비아파트〉에서도 이들의 원한은 죽음의 방식에 있었고, 그 부분이 해결되자 해원되어 승천한다.

그런데 이들은 '승강귀, 묘인귀, 흑진귀'가 굳이 젊은 여성으로 등장한 것과는 또 다른 의미를 지닌다. 처녀귀신으로 대표되는 젊은 여

---

[26] TV 드라마나 영화 등의 공포물에서도 처녀 귀신을 비롯한 여자 귀신은 귀신의 전형으로 그려진다. 박주영, 「1998년 이후 한국 귀신영화에서의 여성 재현」, 연세대학교 석사학위논문, 2004, 1~101쪽; 김지영, 「1970-1980년대 한국 사극 공포영화의 서사관습과 의미구조」, 『한국문예비평연구』 72, 한국현대문예비평학회, 2021, 519~559쪽.

[27] 젊은 여성, 보다 정확하게 말해서 생산이 가능했으나 혼인하지 못하고 죽었거나 혼인했으나 자손을 두지 못하고 원혼을 서울 무속에서는 호구라고 한다. 현재는 본거리의 부속거리로만 존재하지만 과거에는 독립적인 제차에서 모셨을 만큼 중요한 신격이 호구였다. 권선경, 앞의 논문, 319~344쪽.

성 원혼이 가장 무서운 원혼으로 인식되는 것과 달리 어린아이는 통과의례를 거치지 못하고 '죽어 죽었을 때의 상태의 문제'로 발생한 원혼 중에서도 크게 주목받지 못한 존재였기 때문이다. 실제로 원혼들을 모시는 굿의 말미거리에서 어린아이가 지칭되는 경우는 거의 없다.[28] 〈신비아파트〉 시리즈의 원혼 중에서 적지 않은 숫자가 어린아이의 원혼이라는 것은 그런 점에서 의미가 있다. 당대 사회에서 소외받고 억울하게 살다가 원혼이 된 존재들을 풀어먹이는 뒷전류에서 조차 주목받지 못했던 어린아이의 존재에 주목했기 때문이다.

〈신비아파트〉 시리즈의 원혼들은 모두 '죽음의 방식에 대한 문제'로 원혼이 되었다. 한국 무속에서 원혼이 되는 두 가지 이유 중의 하나인 '죽었을 때의 상태에 대한 문제'로 원혼이 된 경우는 없었다.[29] 그러나 이들 원혼들은 적지 않은 경우 통과의례를 거치지 못한 존재이기도 했다는 점에서 '죽었을 때의 상태에 대한 문제'도 동시에 지니고 있던 존재들이었다. 사고사 등으로 원혼이 된 존재들은 처녀귀신으로 여겨지는 젊은 여성과 어린아이가 주된 원혼이었기 때문이다. '죽음의 방식에 대한 문제' 안에 '죽었을 때의 상태에 대한 문제'를 녹여낸 것이다.

다음으로 객사를 중요한 원혼으로 인식했던 한국 무속과 달리 〈신비아파트〉에서는 객사귀를 원혼으로 보지 않았다. 과거 객사는 자신의 집 안방에서 죽는 경우를 제외한 모든 죽음이 해당됐다. 그러나

---

28 호남굿에서 아이혼신이 등장하지만 다른 지역의 뒷전류에서는 거의 등장하지 않는다.
29 물론 〈신비아파트〉의 원혼들이 모두 '죽음의 방식에 대한 문제'로 원혼이 된 것은 원혼들의 서사가 존재해야 이야기를 구성할 수 있기 때문이기도 하다.

이러한 객사의 인식은 장례가 집이나 마을이 아닌 병원과 장례식이라는 전문적인 기관으로 이양된 현재와는 맞지 않는 측면이 있다. 현재 대부분의 사람들은 병원에서 삶을 마감하고 병원 장례식장에서 장례를 치르기 때문이다. 또한 현재는 당연히 병원에서 죽음을 맞이하는 경우를 원혼이 발생할 만큼의 문제적 죽음으로 여기지도 않는다. 〈신비아파트〉에서 객사를 원혼으로 보지 않는 것은 이러한 현재 사회의 인식이 반영된 것이라고 볼 수 있다.

이상을 통해 〈신비아파트〉 시리즈에 등장하는 원혼에는 한국 무속의 원혼 인식이 반영되어 있다는 것을 알 수 있었다. 이와 함께 한국 무속에서 중요하게 여겼던 객사귀를 원혼으로 인식하지 않고, 중요한 원혼으로 인식하지 않았던 어린아이의 원혼을 중요하게 다루고 있다는 점도 확인할 수 있었다. 이들 원혼에는 아이들이 직접 경험하고 느끼고 있는 왕따와 같은 소외문제, 캣맘과 같은 사회적 갈등문제, 아이 돌봄 문제 등을 투영하여 아이들의 공감을 높였다. 따라서 〈신비아파트〉 시리즈의 원혼 인식과 변용은 무속적 원혼 인식의 토대 위에 현대적 흐름을 반영하면서 주수용층인 어린아이들에게 맞게 변용했다고 볼 수 있다.

4. 맺음말

이 글은 인기리에 방영 중인 어린이 애니메이션 〈신비아파트〉 시리즈에 주목한 것이다. 〈신비아파트〉 시리즈는 전통적인 원혼담뿐만 아니라 무속적 해원구조를 스토리텔링하여 성공한 국내 제작 애니메이션이다. 이 글에서는 〈신비아파트〉 시리즈에 반영된 무속적 해원구조가 어떻게 콘텐츠화됐는지 살펴보고 그 의미를 파악해 보았다.

〈신비아파트〉는 외화와 내화로 구성되어 있는데, 내화는 개별적인 해원굿을 콘텐츠화한 것이었고, 외화는 이러한 내화를 실현시킬 수 있는 구조적 장치를 콘텐츠화하였다. 외화는 내화인 해원굿을 연행할 수 있도록 해원굿을 연행할 무당, 그 무당에게 영험함을 부여할 몸주신, 굿연행에 필요한 무구 등을 마련하였다. 내화는 외화에서 마련된 해원굿의 구조적 장치 위에 개별 원혼들을 해원시켜 승천시켜주는 해원굿의 다름 아니었다.

이러한 〈신비아파트〉 시리즈의 무속적 해원구조의 콘텐츠화는 무속적 신관념을 통한 구조의 확장과 무속적 원혼 인식의 확장에서 그 의미를 찾을 수 있었다. 먼저 사회적 문제로 죽은 원혼의 경우 무속신으로 좌정하기도 한다는 무속적 신관념이 원혼의 고스트피규어로의 전환으로 나타났다. 원혼이 고스트피규어로 전환됨으로써 해당 원혼은 개별 회차에서 퇴장하지 않고, 고스트볼을 통해 이후 서사에서도 지속적으로 소환되어 등장하였다. 무속적 신관념이 고스트볼과 고스트피규어로 콘텐츠화하여 〈신비아파트〉의 개별 회차가 서로 긴밀하게 연결되면서 확장될 수 있게 하였다.

다음으로 〈신비아파트〉 시리즈의 원혼 인식은 커다란 틀에서 한국 무속의 원혼 인식과 동궤를 가지고 있었음을 확인할 수 있었다. 이와 함께 한국 무속에서 중요하게 여겼던 객사를 원혼으로 인식하지 않고, 중요한 원혼으로 인식하지 않았던 어린아이의 원혼을 중요하게 다루었다.

〈신비아파트〉의 원혼에는 아이들이 직접 경험하고 느끼고 있는 왕따와 같은 소외문제, 캣맘과 같은 사회적 갈등문제, 아이 돌봄 문제 등의 사회적 문제가 투영되어 있었다. 〈신비아파트〉 시리즈의 원혼은 한국 무속의 원혼인식을 수용하면서도 현대적 흐름과 주수용층에 맞게 변용했다. 이것이 〈신비아파트〉 시리즈를 성공으로 견인한 하나의 이유라고 볼 수 있다.

참고문헌

제1부 비인간의 목소리

▌배회하는 비인간 | 최빛나라

1. 기본 자료

구우, 최용철 옮김, 『전등삼종(상)』, 소명출판, 2005.
아사이 료이, 이용미 옮김, 『오토기보코』, 세창출판사, 2013.
淺井了意 著, 江本裕 譯, 『伽婢子』, 敎育社, 1980.
Dữ Nguyễn, Nguyễn Thế Nghi·Nguyễn Quang Hồng, 『Truyền Kỳ Mạn Lục Giải Âm』, Nxb. Khoa học xã hội, 2018.

2. 국내외 논저

김수성, 「금오신화와 전등신화의 비교 연구: 환경성과 시간 구조에 관하여」, 성균관대학교 박사학위논문, 1994.
김수연, 「韓中日 傳奇小說에 나타나는 '鬼'와 '死'의 미학」, 『한중언어문화연구』 32, 한국중국언어문화학회, 2013.
김영호, 「전등신화의 전래와 동아시아」, 『일본문화연구』, 동아시아일본학회, 2011.
_____, 「『오토키보코(伽婢子)』의 비교문학적 고찰: 권3의 제3화 「보탄보로(牡丹燈籠)」을 중심으로」, 『일본학연구』 35, 단국대학교 동아시아인문융복합연구소, 2012.
박일용, 「금오신화와 전등신화에 나타난 애정 모티프의 형상화 방식과 그 의미」, 『민족문화연구』 35, 고려대 민족문화연구원, 2001.
박희병, 『베트남의 기이한 옛이야기』, 돌베개, 2000.
_____, 「한국·중국·베트남 전기소설의 미적 특질 연구」, 『대동문화연구』 30,

　　　　　성균관대 대동문화연구원, 2000.
이재성, 「금오신화 가비자의 비교 연구」, 대구대학교 박사학위논문, 2001.
이학주, 「동아시아 전기소설의 예술적 특성연구:『剪燈新話』,『金鰲新話』,『伽婢子』,『傳奇漫錄』을 중심으로」, 성균관대학교 박사학위논문, 1999.
＿＿＿,『동아시아 전기소설의 문학세계』, 북스힐, 2002.
장개종, 「한·중·월 전기소설의 비교연구:『金鰲新話』,『剪燈新話』,『傳奇漫錄』」, 성균관대학교 박사학위논문, 1994.
전혜경, 「한·중·월 전기소설의 비교연구:『剪燈新話』,『金鰲新話』,『傳奇漫錄』을 중심으로」, 숭실대학교 박사학위논문, 1994.
정환국, 「금오신화와 전등신화의 지향과 구현화 원리」,『고전문학연구』 22, 한국고전문학회, 2002.
최기숙, 「귀신의 처소, 소멸의 존재론:『금오신화』의 '환상성'을 중심으로」,『돈암어문학』 16, 돈암어문학회, 2003.
최용철, 「중국 금서소설의 국내전파와 영향」,『동아시아문학의 연구』, 국학자료원, 1997.
한영환,『한·중·일 소설의 비교연구:『剪燈新話』,『金鰲新話』,『도기보오꼬』를 중심으로』, 정음사, 1985.

3. 기타

Diệu Hương, 「Huyền tích về ma cây gạo」,『Pháp luật Việt Nam』 https://baophapluat.vn/huyen-tich-ve-ma-cay-gao-post437602.html (검색일: 2025년 1월 25일)

▎'일할 수 없는 몸'을 전유하는 페미니스트 SF의 상상력 | 허윤

1. 기본 자료

김보영,『멀리 가는 이야기』, 행복한 책읽기, 2010.
＿＿＿,『진화신화』, 행복한책읽기, 2010.
＿＿＿,『천국보다 성스러운』, 알마, 2019.
＿＿＿,『얼마나 닮았는가』, 아작, 2020.

김보영 외, 『아직 우리에겐 시간이 있으니까』, 한겨레출판, 2017.

2. 국내외 논저

강은교·김은주, 「한국SF와 페미니즘의 동시대적 조우: 김보영의 「얼마나 닮았는가」와 듀나의 「두번째 유모」를 중심으로」, 『여성문학연구』 49, 한국여성문학학회, 2020.
김도현, 『장애학의 도전』, 그린비, 2020.
김미현, 「포스트휴먼으로서의 여성과 테크노페미니즘-윤이형과 김초엽 소설을 중심으로」, 『여성문학연구』 49, 한국여성문학학회, 2020.
노대원, 「포스트휴머니즘 비평과 SF」, 『비평문학』 68, 한국비평문학회, 2018.
_____, 「한국 포스트휴먼 SF의 인간 향상과 취약성」, 『한국문학이론과 비평』 86집, 한국문학이론과 비평학회, 2020.
서승희, 「포스트휴먼 시대의 여성, 과학, 서사: 한국 여성 사이언스 픽션의 포스트휴먼 표상 분석」, 『현대문학이론연구』 77, 현대문학이론학회, 2019.
성과재생산포럼, 『배틀그라운드』, 후마니타스, 2018.
연남경, 「여성 SF의 시공간과 포스트휴먼적 전망」, 『현대소설연구』 79, 한국현대소설학회, 2020.
우미영, 「한국 현대소설의 '과학'과 철학적, 소설적 질문」, 『외국문학연구』 55, 한국외국어대학교 외국문학연구소, 2014.
장애여성공감, 『시설사회』, 와온, 2020.
한민주, 「인조인간의 출현과 근대 SF문학의 테크노크라시」, 『한국근대문학연구』 25, 한국근대문학회, 2012.
로즈메리 갈런드 톰슨, 손홍일 옮김, 『보통이 아닌 몸』, 그린비, 2015.
로지 브라이도티, 이경란 옮김, 『포스트휴먼』, 아카넷, 2015.
마크 오코널, 노승영 옮김, 『트랜스휴머니즘』, 문학동네, 2018.
셸리 트레마인, 박정수 옮김, 『푸코와 장애의 통치』, 그린비, 2020.
캐서린 헤일스, 허진 옮김, 『우리는 어떻게 포스트휴먼이 되었나』, 열린책들, 2013.
킴 닐슨, 김승섭 옮김, 『장애의 역사』, 동아시아, 2020.
헤르만 R. 판 휜스테런, 장진범 옮김, 『시민권의 이론』, 그린비, 2020.

제2부 어린이라는 주체

▎'신대한소년'과 '아이들보이'의 문화 생태학 | 최기숙

1. 기본자료

『소년』
『청춘』
『아이들보이』

2. 국내외 논저

권보드래, 「『소년』과 톨스토이 번역」, 『한국근대문학연구』 6(2), 한국근대문학회, 2005.
김미정, 「근대초기 현상공모 일고찰: 잡지『청춘』을 중심으로」, 『반교어문학』 18, 반교어문학회, 2005.
소영현, 「청년과 근대」, 『한국근대문학연구』 6(1), 한국근대문학회, 2005.
조은숙, 「근대계몽담론과 '소년'의 표상」, 『어문논집』 45, 민족문학회, 2002.
정선태, 「근대전환기 언어 질서의 변동과 근대적 매체 등장의 상관성: 번역과 근대 소설 문체의 발견: 잡지『소년』을 중심으로」, 『대동문화연구』 48, 성균관대 대동문화연구원, 2004.
한기형, 「최남선의 잡지 발간과 초기 근대문학의 재편:『소년』,『청춘』의 문학사적 위상과 역할」, 『대동문화연구』 45, 성균관대 대동문화연구원, 2004.
홍일식, 『육당연구』, 일신사, 1959.
永嶺重敏, 『モダン都市の讀書空間』, 日本エディタースクール出版社, 2001.
_____, 『雜誌と讀者の近代』, 日本エディタースクール出版社, 2003.
_____, 『讀書國民の誕生』, 日本エディタースクール出版社, 2004.

▎프로문학 진영의 사회주의 아동 만들기 | 최은혜

1. 기본자료

고노암(高露岩), 「타작날」, 『별나라』, 1933.12.

고송, 「동심의 계급성: 조직화와 제휴함(1)」, 『중외일보』, 1930.3.7.
____, 「동심의 계급성: 조직화와 제휴함(3)」, 『중외일보』, 1930.3.9.
구봉학인, 「'푸로레' 동요론(3)」, 『조선일보』, 1930.7.9.
구직회, 「러시아의 공장」, 『신소년』, 1932.1.
권환, 「소년유물론」, 『별나라』, 1930.11.
____, 「미국의 영·파이오니아」, 『신소년』, 1932.7.
김순녀, 「인삼이야기: 노동소녀의 수기」, 『별나라』, 1930.11.
민병휘, 「소년문예운동 방지론을 배격」, 『중외일보』, 1927.7.2.
박고경, 「대중적 편집의 길로!: 6월호를 읽고」, 『신소년』, 1932.8.
박병도, 「용감한 동무」, 『신소년』, 1931.11.
박세영, 「새해에 보내는 송가」, 『별나라』, 1932.1.
_____, 「동요·동시는 어떻게 쓰나(2)」, 『별나라』, 1933.12.
_____, 「조선 아동문학의 현황과 금후 향방」, 조선문학가동맹중앙집행위원회서
      기국 편, 『건설기의 조선문학』, 1946.
박영희, 「'맑스'는 누구인가」, 『별나라』, 1930.10.
백락도(白樂道), 「앞날의 광명을 노래하자!」, 『별나라』, 1930.2-3.
사회학인, 「생산과 소비」, 『신소년』, 1933.2.
송영, 「월급은 무엇인가」, 『별나라』, 1930.1.
____, 「지주와 소작인」, 『별나라』, 1931.8.
승응순(昇應順), 「꿈?」, 『신소년』, 1932.1.
안준식, 「소비에트 러시아에 있는 농촌 '아이들의 집'」, 『별나라』, 1932.4.
엄흥섭, 「탈주일만리」, 『별나라』, 1932.3.
_____ 「작문·수필 이야기(2)」, 『별나라』, 1934.2.
윤기정, 「농군의 아들(2)」, 『별나라』, 1930.11.
이동규, 「동요를 쓰려는 동무들에게」, 『신소년』, 1931.11.
_____, 「곡마단」, 『신소년』, 1932.5.
이동춘, 「용천의 들에서」, 『별나라』, 1932.1.
이명식, 「무지개」, 『별나라』, 1930.6.
철아, 「노동」, 『신소년』, 1931.11.
____, 「임금 이야기」, 『신소년』, 1932.1.
____, 「잉여노동」, 『신소년』, 1932.2.

철아, 「상품의 가치」, 『신소년』, 1932.4.
팔봉, 「감상을 그대로: 약간의 문제에 대하여(1)」, 『동아일보』, 1927.12.10.
____, 「대중소설론(2)」, 『동아일보』, 1929.4.15.
____, 「프로詩歌의 대중화」, 『문예공론』 2, 1929.6.
현동주(玄東珠), 「공장과 우리들(××여공의 편지글)」, 『신소년』, 1931.9.

2. 국내외 논저

김선, 「'소년문학'의 문법: 방향 전환 이후 『신소년』의 양식적 담론의 전개와 르포문학적 특성」, 『한국문예비평연구』 65, 한국현대문예비평학회, 2020.
류덕제, 「『별나라』와 계급주의 아동문학의 의미」, 『국어교육연구』 46, 국어교육학회, 2010.
____, 「일제 강점기 계급주의 아동문학의 방향전환론과 작품적 대응양상연구: 『별나라』와 『신소년』을 중심으로」, 『문학교육학』 43, 한국문학교육학회, 2014.
류영욱, 「카프가 별나라로 간 까닭은: 아동잡지 『별나라』를 통해 본 카프(KAPF)의 매체 전략」, 『아동청소년문학연구』 32, 한국아동청소년문학학회, 2023.
박정희, 「아지프로 텍스트 '벽소설' 연구」, 『한국현대문학연구』 60, 한국현대문학회, 2020.
박헌호, 「'계급' 개념의 근대 지식적 역학: 사회주의 연구노트1」, 『상허학보』 22, 상허학회, 2008.
손증상, 「1920-30년대 아동극 연구: 『어린이』, 『신소년』, 『별나라』를 대상으로」, 경북대학교 박사학위논문, 2018.
____, 「카프의 예술대중화론 모색과 실천, 별나라사 연합대학예회」, 『국어국문학』 194, 국어국문학회, 2021.
원종찬, 「'반짝반짝 작은 별'이 '붉은 별'이 되기까지: 1920년대 아동잡지 『별나라』」, 『창비어린이』 12(3), 창비어린이, 2014.
원종찬, 「계급주의 아동문학의 허와 실」, 『창비어린이』 13(3), 창비어린이, 2015.
이근화, 「『별나라』 소재 문예물 연구: 1930년대 아동문예물의 이면과 문학적 전략」, 『한국학연구』 43, 고려대학교 한국학연구소, 2012.
정진헌, 「1930년대 과학교양과 『별나라』」, 『동화와번역』 41, 건국대학교 동화와 번역연구소, 2021.
진선희, 「1930년대 『별나라』 수록 동시 연구」, 『아동청소년문학연구』 22, 한국아동청소년문학학회, 2018.
_____, 「1930년대 『신소년』 수록 동시 연구: 수록 현황 및 목소리 유형별 특징을 중심으로」, 『아동청소년문학연구』 27, 한국아동청소년문학학회, 2020.
최미선, 「『신소년』의 서사 특성과 작가의 경향 분석」, 『한국아동문학연구』 27, 한국아동문학학회, 2014.

▮ 트라우마의 반복적 재현과 수행성 | 장영은

1. 기본자료
〈폴란드로 간 아이들〉(2018)
〈김일성의 아이들〉(2020)

2. 국내외 논저
강채연, 「1950년대 북한의 전쟁고아정책-혼돈의 시기, 그 너머」, 『한국동북아논총』 26, 2021.
김보국, 「부다페스트 김일성 학원에서 북한의 전쟁고아 교육-헝가리 외교문서를 중심으로」, 『교육문화연구』 26(1), 2020.
이해성, 「폴란드에 남겨진 북한 전쟁고아의 자취를 찾아서」, 중동유럽학회 학술대회 발표논문집, 2014.
오미영, 「한국전쟁 시기 북한 전쟁고아와 몽골-몽골 문서보관소의 자료를 중심으로」, 『북한연구학회보』 23(2), 2019.
_____, 「북한신문에 나타난 북한 전쟁고아의 해외양육에 관한 연구」, 『평화통일연구』 3, 2021.
최정무, 박현선 역, 「상처의 연대-추상미의 〈폴란드로 간 아이들〉」, 『사이間SAI』 33, 2022.
Daniel Rupanov, 「냉전 초기 사회주의 국가 간의 인민연대와 북한 원조-한국전쟁 시기 불가리아와 북한의 관계를 중심으로」, 성균관대학교 동아시아학과 석사학위논문, 2017.

Ruza Katalin, 「냉전 초기 사회주의 진영 내부의 우의정치-한국전쟁 전후 헝가리로 간 북한의 전쟁고아와 장학생을 중심으로」, 성균관대학교 동아시아학과 석사학위논문, 2017.
아담 자모이스키, 허승철 옮김, 『폴란드사-중세부터 현대까지』, 책과함께, 2014.
역사문제연구소·포츠담현대사연구센터, 『한국전쟁에 대한 11가지 시선-한국, 동서독, 프랑스, 폴란드, 헝가리』, 역사비평사, 2010.
오카 마리, 김병구 옮김, 『기억·서사』, 소명출판, 2003.
자크 데리다·안 뒤푸르망텔, 이보경 옮김, 『환대에 대하여』, 필로소픽, 2023.
헨리 나우웬, 최원준 옮김, 『상처 입은 치유자, 두란노』, 2022.
Caruth, Cathy. Unclaimed Experience: Trauma, Narrative, and History. Johns Hopkins University Press, 1996.

3. 기타
「북 전쟁고아 길러준 폴란드 교사들 … 60년 지나도 못 잊어」, 중앙일보, 2018.10.18. https://www.joongang.co.kr/article/23047838

제3부 미디어의 재현

생명/서사의 탄생과 돌봄을 주관하는 삼신 신격의 특성 | 이은우

1. 기본자료
〈쓸쓸하고 찬란하神 도깨비〉 1회-16회
국립민속박물관, 『한국민속대백과사전』 〈https://folkency.nfm.go.kr/main〉
『매일신보』
『다산시문집』

2. 국내외 논저
김광언, 『한국의 집지킴이』, 다락방, 2000.
박흥주, 『(바람난) 삼신할매』, 인디북, 2009.

이능화, 『조선무속고』, 서영대 역, 창비, 2008.
_____, 『조선여속고』, 김상억 역, 동문선, 2009.
윤성재, 「특별한 날, 특별한 음식」, 『한국문화사: 자연과 정성의 산물, 우리 음식』, 국사편찬위원회, 두산동아, 2006.
이수자, 「삼신 신앙의 기원과 성격」, 『민요·무가·탈춤』, 국어국문학회, 태학사, 1998.
정연학, 「가신」, 국사편찬위원회 편, 『한국문화사: 삶과 생명의 공간, 집의 문화』, 경인문화사, 2010.
최남선, 『육당 최남선 전집11: 문화, 풍속』, 역락, 2003.
_____, 『육당 최남선 전집12: 문화, 풍속』, 역락, 2003.
김영진, 『충청도무가』, 형설출판사, 1982.
현용준, 『제주무속자료사전 개정판』, 각, 2007.
마사 누스바움, 『정치적 감정: 정의를 위해 왜 사랑이 중요한가』, 박용준 역, 글항아리, 2019.
우스다 잔운, 『완역 암흑의 조선』, 이시준 역, 박문사, 2016.
강성애, 「TV드라마에 나타난 계급의 영속성과 자본의 신격화 연구: 〈쓸쓸하고 찬란하神-도깨비〉를 중심으로」, 『한국극예술연구』 63, 한국극예술학회, 2019.
강소전, 「제주도 무녀 삼승할망 고찰」, 『한국무속학』 42, 한국무속학회, 2021.
김두얼, 「행장류 자료를 통해 본 조선시대 양반의 출산과 인구변동」, 『경제사학』 52, 경제사학회, 2012.
김용환, 「공감과 연민의 감정의 도덕적 함의」, 『철학』 76, 한국철학회, 2003.
류시현, 「일제강점기와 해방 후 최남선의 '조선 상식' 정리와 '한국학'의 대중화」, 『대동문화연구』 114, 2021.
박재인, 「드라마 〈도깨비〉와 고전서사의 관련성 및 그 스토리텔링의 의미」, 『인문과학』 65, 성균관대학교 인문학연구원, 2017.
염원희, 「텔레비전 드라마 〈도깨비〉에 재현된 전통문화의 변용 양상 연구」, 『인문콘텐츠』 48, 인문콘텐츠학회, 2018.
_____, 「삼신 관련 소재의 문화콘텐츠 활용 가능성 모색」, 『인문연구』 83, 영남대학교 인문과학연구소, 2018.
이은우, 「서울굿 말명 신격의 연구: '가족-조상'으로의 소통과 연결을 중심으로」,

『돈암어문학』 43, 돈암어문학회, 2023.
이은우, 「〈향랑전〉과 〈서울역〉에 드러나는 '집'의 장소성과 가부장제의 폭력성」, 『인문과학연구』 48, 성신여대 인문과학연구소, 2023.
정래진, 「삼신받기의 제 유형과 의미: 충남지방의 사례를 중심으로」, 『역사민속학』 28, 한국역사민속학회, 2008.
최진아, 「도깨비의 귀환: 드라마 '도깨비'에 내재한 한·중 전통 괴담서사의 원리」, 『중국문학연구』 67, 한국중문학회, 2017.
이용범, 「굿 의례음식: 무속 설명체계의 하나」, 『종교문화비평』 32, 한국종교문화연구소(종교문화비평학회), 2017.
한금윤, 「E Pluribus Unum의 사랑, 문학과 종교에 대한 이중적 시선: 마사 누스바움의 정치적 감정에 대한 서평」, 『문학과 종교』 25, 2020.
A. Guillemoz, 「삼신할머니: 동해안의 한 어촌에서의 신앙과 무가를 중심으로」, 『한국문화인류학』 7, 한국문화인류학회, 1975.

3. 기타

김진석, 「김은숙 "그게 되겠냐고 불리던 작품이 '도깨비'…"」, 일간스포츠, 2017.06.02.
박한선(정신건강의학과 전문의/신경인류학자), 「[인간 행동의 진화] 위험한 출산, 더 위험한 믿음」, 『동아사이언스』, 2021.02.07.

▎1980년대 이티(E.T.)의 문화사 | 고지혜

1. 기본자료

『경향신문』, 『동아일보』, 『레이디경향』, 『매일경제』, 『보물섬』, 『소년한국일보』, 『스크린』, 『조선일보』
윌리엄 코츠윙클, 공문혜 옮김, 『이티(E.T.)』, 한벗, 1982.12.05.
윌리엄 코츠윙클, 정성호 옮김, 『E.T. 외계인』, 거암, 1982.12.10.
윌리엄 코츠윙클, 조경철 옮김, 『E.T.-외계인 수색작전』, 창인사, 1983.01.01.
윌리엄 코츠윙클, 샘터출판부 옮김, 『(샘터 특별편집)E.T.』, 샘터, 1983.02.23.
윌리엄 코츠윙클, 서성언 편역, 『E.T.(이티)-외계인수색작전』, 서음출판사,

1983.02.28.
윌리엄 코츠윙클, 역자 미상, 『E.T.』, 지혜문화사, 1983.02.28.
윌리엄 코츠윙클, 장백일 옮김, 『E.T.-네 가슴에 영원히』, 대명사, 1983.03.05.
윌리엄 코츠윙클, 박종신 옮김, 『외계인 E.T.』, 은광사, 1983.03.15.
윌리엄 코츠윙클, 설영환 옮김, 『E.T.-외계인』, 태종출판사, 1983.03.25.
윌리엄 코츠윙클, 배무아 주해, 『E.T.』, 영어연구사, 1983.04.05.
윌리엄 코츠윙클, 훈민사편집부 엮음, 역자 미상, 『내가 만난 숲속의 작은 괴물』, 훈민사, 1983.07.25.
윌리엄 코츠윙클, 황종호 옮김, 『(우주과학어드벤처ET·ET1)E·T』, 동서문화사, 1983.12.24.
윌리엄 코츠윙클, 조영하 엮음, 역자 미상, 『외계에서 온 우주인 E.T.』, 두풍, 1983.
윌리엄 코츠윙클, 역자 미상, 『(어린이를 위한 세계SF·추리문학15)E.T-외계인과 지구 소년』, 서영출판사, 1986.09.20.
윌리엄 코츠윙클, 황종호 옮김, 『(세계공상과학모험명작선1)E·T』, 학원출판공사, 1990.05.10.
윌리엄 코츠윙클 원작, 이상화 각색, 권재우 연출, 『외계인 E.T.: 극단 새들 제36회 공연작품[공연대본]』, 극단 새들, 1983.
윌리엄 코츠윙클 원작, 김일부 각색, 이경록 연출, 『굿바이 E·T: 예일극장 제10회 공연작품[공연대본]』, 예일극장, 1983.
윌리엄 코츠윙클 원작, 김야설 각색, 김정택 연출, 『E.T: 넌 귀여운 외계인[공연대본]』, 청소년극장 은하수, 1983.
이영수 감독·각본, 〈황금연필과 개구쟁이 외계소년〉, 중앙영화사, 1983.08.13.
조민철 감독, 이일목 각색, 〈UFO를 타고온 외계인 왕자〉, 한국교육영화사, 1984.01.01.

2. 국내외 논저
김경애, 「기획취재 '아동극단'-실태와 방향」, 『한국연극』 85, 한국연극협회, 1983.05.
김성호, 『한국의 만화가 55인』, 프레스빌, 1996.
대중문학연구회, 『과학소설이란 무엇인가』, 국학자료원, 2000.
박상준 엮음, 『멋진 신세계』, 현대정보문화사, 1992.

박소영, 「한국 특촬물의 시작과 과학 기술을 향한 욕망: 〈외계에서 온 우뢰매〉 시리즈를 중심으로」, 『한국문학연구』 59, 동국대학교 한국문학연구소, 2019.
_____, 「SF애니메이션 〈2020 우주의 원더키디〉 연구」, 『어문논집』 87, 중앙어문학회, 2021.
서성은, 『크로스미디어 스토리텔링』, 커뮤니케이션북스, 2018.
서은영, 「만화잡지를 통한 시대읽기(1) - 『보물섬』의 창간을 중심으로」, 『만화애니메이션 연구』 55, 한국만화애니메이션학회, 2019.
_____, 「만화잡지를 통한 시대 읽기(2) - ≪보물섬≫(1982.10~1992.10)의 게재 작품과 작가를 중심으로」, 『만화웹툰연구』 4(1), (사)한국만화웹툰학회, 2024.
송효정, 「한국 소년SF영화와 냉전 서사의 두 방식 - 〈대괴수 용가리〉와 〈우주괴인 왕마귀〉의 개작 과정 연구」, 『어문논집』 73, 민족어문학회, 2015.
염희경, 「다매체 시대의 아동문화 콘텐츠 〈칠칠단의 비밀〉 연구 - 아동탐정소설, 어린이 라디오 드라마, 극장용 장편만화영화의 매체변환을 중심으로」, 『한국학연구』 71, 인하대학교 한국학연구소, 2023.
이동은, 『스토리 유니버스』, 사회평론아카데미, 2022.
이성희, 「1970년대 한국 SF 애니메이션 연구」, 중앙대학교 석사학위논문, 2006.
임성규, 「1980년대 어린이문학 운동의 정치적 실천: 합동 작품집과 무크지 운동을 중심으로」, 『아동청소년문학연구』 1, 한국아동청소년문학회, 2007.
주창윤, 『한국 현대문화의 형성』, 나남, 2015.
최배은, 「한국 아동·청소년 과학소설의 디스토피아 연구 - 우주 시대부터 인공지능 시대까지」, 『현대문학의 연구』 76, 한국문학연구학회, 2022.
최애순, 『공상과학의 재발견 - 소설과 만화로 들여다본 한국 공상과학 연대기』, 서해문집, 2022.
클로버문고의 향수 카페 편저, 『클로버문고의 향수』, 한국만화영상진흥원, 2009.
한국예술연구소 엮음, 『한국현대예술사대계Ⅵ - 1980년대』, 시공아트, 2005.
기욤 페이에, 김주열 옮김, 『상대적이며 절대적인 외계인 백과사전』, 열린책들, 2000.
셰릴 빈트, 전행선 옮김, 정소연 해제·감수, 『에스에프 에스프리 - SF를 읽을 때 우리가 생각할 것들』, 아르테, 2019.

아이작 아시모프, 김선형 옮김, 『아시모프의 과학소설 창작백과』, 오멜라스, 2008.

3. 기타
한국만화영상진흥원 만화규장각, https://www.kmas.or.kr/main(2024.08.01.)
한국영상자료원, https://www.kmdb.or.kr/(2024.08.01)

■ 어린이 애니메이션 〈신비아파트〉 시리즈에 반영된 무속적 해원구조의 콘텐츠화 양상과 의미 | 권선경

1. 기본자료
〈신비아파트 444호〉, 투니버스, 2014.12.31. (2화)
〈신비아파트 고스트볼의 비밀〉, 투니버스, 2017.7.20.~2017.01.18. (24화)

2. 국내외 논저
권선경, 「여성 원혼의 신격화 양상과 의미」, 『민족문화연구』 65, 고려대학교 민족문화연구원, 2014.
김지영, 「1970-1980년대 한국 사극 공포영화의 서사관습과 의미구조」, 『한국문예비평연구』 72, 한국현대문예비평학회, 2021.
김태완·김민, 「스토리텔링 기반의 한국도깨비 원형탐구와 상품화」, 『조형미디어학』 24(1), 한국일러스아트학회, 2021.
박주영, 「1998년 이후 한국 귀신영화에서의 여성 재현」, 연세대학교 석사학위논문, 2004.
송소라, 「애니메이션 〈신비아파트〉 고스트볼의 비밀〉의 구성적 특징과 전통귀신담의 콘텐츠화의 의미」, 『고전문학과 교육』 39, 한국고전문학교육학회, 2018.
양종승, 「무당의 신병과 신들림」, 『한국무속학』 2, 한국무속학회, 2000.
정혜경, 「고전서사를 활용한 콘텐츠 동향과 기획」, 『우리문학연구』 57, 우리문학회, 2018.

천수연, 「애니메이션 텍스트 분석을 통한 등장 귀신의 '원한' 분석과 한국 초등학생들의 현대 사회문제 인식 연구: 〈신비아파트:고스트 볼의 비밀〉 중심으로」, 『학습자중심교과교육연구』 21(18), 학습자중심교과교육연구학회, 2021.
천혜숙, 「화장마을 당신화의 요소 및 구조 분석」, 『민속연구』 6, 안동대학교 민속학연구소, 1996.
최길성, 『한국인의 조상숭배와 효』, 민속원, 2010.
최진아, 「서울굿의 무구 연구」, 『한국무속학』 12, 한국무속학회, 2006.
_____, 「새로운 신을 받아들이는 종교현상 구애비」, 『한국민속학』 50, 한국민속학회, 2009.

찾아보기

ㄱ

가리발디 103
『가비자(伽婢子)』 19, 20, 23
가신(家神) 171, 180~182, 195, 197, 208
「각기 제 생각」 117
「갑동이와 을남이의 상종」 100
계급주의 아동문학 125
고스트 피규어 254
고스트볼 256, 260, 262, 263, 265, 268, 272, 273, 278
고스트피규어 259, 263, 264, 271~273, 278
「글씨 나들이」 116
『금오신화(金鰲新話)』 19, 20, 49

ㄴ

나폴레옹 103

ㄷ

「다음 엇지」 117
「大韓海上史」 96
돌봄 171, 174, 185, 187, 188, 195, 197~199, 203, 206, 208~213

「쉬노는 그림 만드는 법」 116

ㄹ

『레 미제라블』 108
로봇 221, 245, 247
「로빈손무인절도표류기」 100
루즈벨트 104
링컨 104

ㅁ

「만복사저포기」 49~51
만화 217, 218, 220~222, 224, 234, 242, 243
멜리샤 마시슨(Melissa Mathison) 216
「모란등기(牡丹燈記)」 19~27, 29, 34~36, 38, 39, 43~45, 47~51
「모란등롱(牡丹燈籠)」 20, 22~25, 43~50
「목면수전(木棉樹傳)」 20, 22~24, 34, 35, 38~40, 42, 43, 47~50
무구 258, 263, 271, 278
무속 254, 255, 257, 261, 263, 274~279
문예대중화논쟁 121, 124, 147

문화콘텐츠 218, 219, 241, 250, 251
민영환 103

ㅂ
방울 258, 259, 263
베스트셀러 224, 225
『별나라』 121, 124~129, 134~136, 138, 140~142, 144, 147~149
『보물섬』 219~224, 241, 249
「북극탐색사적」 100
『붉은저고리』 85
비인간 19, 23~25, 27~31, 34, 37~43, 45, 47~51, 170, 192, 195, 198, 202, 207, 209, 211
비장애중심주의 64, 66, 67

ㅅ
사회주의 아동 127, 135, 149
「샹급 잇는 의사 보기」 116
〈서울에 온 ET〉 238~243, 246
「성냥갑이 작난」 116
성차 71, 76, 78
세계SF전집 227
『소년』 85~112, 114, 118, 119
「소년금광」 104
「소년논어」 105
「소년문단」 109
「少年史傳」 101
「少年時言」 87, 90, 96, 100, 104
「소년 이과교실」 101
「소년통신」 95, 110

『소년한국일보』 238, 239, 242, 248
「소년훈」 104, 105
수행성 151, 157, 164, 166
스토리텔러 200, 207, 210
스티븐 스필버그(Steven Spielberg) 215, 216, 221
스페이스 오페라 244, 246, 247
신대한국민 85, 86, 96, 110
신대한소년 86~88, 96, 99, 104, 106, 110, 111, 118, 119
신비아파트 256, 265
〈신비아파트〉 254~264, 267~269, 271~273, 275~279
『신소년』 121, 124~129, 135, 136, 138, 140~142, 144, 147~150

ㅇ
아기씨 182, 187, 190, 208, 211
아동 대중 122, 124, 126, 128, 133, 135, 142, 147
아동청소년 문화사 218~220, 249, 250
아동청소년 문화콘텐츠 218, 219, 251
『아이들보이』 85, 86, 111~119
애니메이션 217, 218, 224, 244~247, 250
애듸손 104
양육 171, 181, 182, 184, 185, 199, 208, 210~212
『어깨동무』 221

어린아이 263, 270, 275~278
어린이 254, 259, 277
어머니 187, 188, 191, 195, 197, 199, 203, 208, 209, 212
SF 220, 224, 227, 228, 233, 234, 236, 239, 243~245, 247, 250
『ABC 契』 108
H. G. 웰스 233, 250
역진화 64, 70
연대 242, 244
외계인 215, 220, 223, 226, 230~235, 237, 238, 240, 241, 244, 245, 247, 248, 250
우생학 58, 61, 62, 67, 80
우정 235, 242, 244
우주여행 224, 243, 245~248
『우주 전쟁』 233, 250
원혼 253, 255~279
윌리엄 코츠윙클 220, 221, 224, 225
〈UFO를 타고 온 외계인 왕자〉 244~246
「이솝의 이야」 108
이충무공 104
이티 215, 216, 220~224, 228, 232~235, 238, 240~243, 245, 246, 248, 250
〈E.T.〉 216, 217, 219~224, 226, 228, 231, 233~235, 238, 243, 244, 246, 247, 250
『E.T.』 216, 222, 223, 225, 227, 228
ET소설 220, 222, 224, 225, 227~229, 232, 233
ET아동극 234, 235
ET콘텐츠 218, 219, 221, 233, 235, 236, 238, 239, 243, 248~251
인귀교환 22, 24, 25, 34, 35, 47, 49
임신 172, 174, 176, 179

ㅈ
장애화 58
재현 153, 160, 163, 165, 166
전기소설(傳奇小說) 19, 22, 49
『전기만록(傳奇漫錄)』 19, 20
『전등신화(剪燈新話)』 19~22
젠더 58, 72, 73, 80
증언 155, 161, 166

ㅊ
채일병 220, 221, 223
처녀귀신 274~276
『청춘』 85, 93~96, 111, 112, 118, 119
최남선 86, 91, 93~95, 108
출산 172~176, 178~182, 184~186, 197, 208, 211, 212

ㅋ
카프 121, 124, 125, 126
컬러TV 218, 230, 249
콘텐츠화 254, 255, 259, 260, 271, 272, 278
「쾌소년세계주유시보(快少年世界周

遊時報)」 88, 94, 97, 100, 111
크로스미디어 217, 220, 224, 235

ㅌ
트라우마 151~158, 160, 161, 163, 165, 166

ㅍ
페미니스트 SF 56, 71, 81
페스탈로치 104
페터 대제 103, 104
〈폴란드로 간 아이들〉 151~155, 157, 159~161, 164~166
폴란드 프와코비체 152, 153, 155
프랭클린 104, 105

프로문학 121~123, 126, 128, 141, 147, 149, 150
프롤레타리아 아동 122, 124, 126

ㅎ
한국전쟁 고아 151~153, 160, 162
「한문교실」 101
한희작 239, 241
할머니 182~185, 187, 195~197, 208, 209, 211
해원 253, 255, 257, 259~264, 267, 269, 271~275, 278
〈황금연필과 개구장이 외계소년〉 244~246

수록 논문 출처

최빛나라
「배회하는 비인간: 동아시아 인귀교환(人鬼交驩)의 번역과 서사적 의미」, 『동양예술』 66, 한국동양예술학회, 2025, 295~320쪽.

허윤
「'일할 수 없는 몸'을 전유하는 페미니스트 SF의 상상력: 김보영 소설을 중심으로」, 『여성문학연구』 52, 한국여성문학학회, 10~35쪽.

최기숙
「'신대한소년'과 '아이들보이'의 문화 생태학: 『소년』과 『아이들보이』를 중심으로」, 『상허학보』 16, 상허학회, 215~247쪽.

최은혜
「프로문학 진영의 사회주의 아동 만들기: 1930년대 초반 『별나라』와 『신소년』의 대중화 전략」, 『아동청소년문학연구』 33, 한국아동청소년문학학회, 2023, 117~149쪽.

이은우
「생명/서사의 탄생과 돌봄을 주관하는 삼신 신격의 특성: 드라마 〈쓸쓸하고 찬란하神 도깨비〉를 중심으로」, 『인문과학연구』 49, 성신여자대학교 인문과학연구소, 2024, 27~67쪽.

고지혜
「1980년대 이티(E.T.)의 문화사: 영화 〈E.T.〉의 수용과 다매체 문화콘텐츠로의 전유를 중심으로」, 『아동청소년문학연구』 35, 한국아동청소년문학학회, 2024, 281~320쪽.

권선경
「어린이 애니메이션 〈신비아파트〉 시리즈에 반영된 무속적 해원구조의 콘텐츠화 양상과 의미」, 『우리어문연구』 74, 우리어문학회, 2022, 371~398쪽.

저자 소개

고지혜	신라대학교 국어교육과 조교수
권선경	덕성여자대학교 차미리사교양대학 조교수
이은우	고려대학교 민족문화연구원 연구교수
장영은	성균관대학교 동아시아학술원 초빙교수
최기숙	연세대학교 한국학협동과정 교수
최빛나라	고려대학교 민족문화연구원 연구교수
최은혜	고려대학교 민족문화연구원 연구교수
허 윤	이화여자대학교 국어국문학과 부교수

호모 아토포스 라이브러리 03
어린이 / 비인간의 목소리

2025년 6월 20일 초판 1쇄 펴냄

지은이 고지혜·권선경·이은우·장영은
　　　　최기숙·최빛나라·최은혜·허윤
펴낸이 김흥국
펴낸곳 보고사
등록 1990년 12월 13일 제6-0429호
주소 경기도 파주시 회동길 337-15 보고사
전화 031-955-9797
팩스 02-922-6990
메일 bogosabooks@naver.com
http://www.bogosabooks.co.kr

ISBN 979-11-6587-858-0　94800
　　　979-11-6587-696-8　94080 (세트)
ⓒ 고지혜·권선경·이은우·장영은
　 최기숙·최빛나라·최은혜·허윤, 2025

정가 22,000원
사전 동의 없는 무단 전재 및 복제를 금합니다.
잘못 만들어진 책은 바꾸어 드립니다.